Zeichenerklärung / key / légend / spiegazione di segni

Eisenbahnen / railways / chemins de fer / ferrovie

Streckennummer / Kursbuchnummer	official line number / timetable number	numéro de ligne officiel / tableau horaire	numero interno ÖBB; quadro d'orario ufficiale
zweigleisige Hauptbahn (Tunnel)	main-line, double-track (with tunnel)		linea principale, binario doppio (galleria)
eingleisige Hauptbahn (Tunnel)	main-line, single track		linea principale, binario semplice
zweigleisige Nebenbahn	local railway, double track		linea secondaria, binario doppio
eingleisige Nebenbahn / Schmalspurbahn	local railway, single track / dto., narrow gauge		linea secondaria, binario semplice / dto., scartamento ridotto
ohne Personenverkehr / dto., Schmalspur	only freight traffic / dto., narrow gauge		senza traffico viaggiatori / dto., scartamento ridotto
außer Betrieb / dto., Schmalspur	line not in use / dto., narrow gauge	ligne fermée / dto., voie étroite	linea chiusa al traffico / dto., scartamento ridotto
abgebaut / dto., Schmalspur	former line, removed / dto., narrow gauge	ligne déposée / dto., voie étroite	linea smantellata / dto., scartamento ridotto
Zahnradbahn	rack railway	chemin de fer à crémaillère	ferrovia a cremagliera
Privatbahn	private railway (not ÖBB)	chemin de fer privé	ferrovia privata
nichtöffentliche Eisenbahn	non public railway	chemin de fer non public	ferrovia non pubblica
Museumsbetrieb ausschl. / gelegentlich	touristic line / intermittent tourist-traffic	chemin de fer touristique - exclusif / occasionel	esercizio storico - esclusivo / a proposito
Draisinenverkehr	touristic line with track cars	ligne touristique exploitée par draisines	esercizio turistico a carrelli
im Bau bzw. geplant	line under construction resp. planned	ligne en construction / projetée	linea in costruzione / progettata

Elektrischer Betrieb / electric operated lines / traction électrique / trazione elettrica

15 kV 16,7 Hz ~ (ÖBB / Privatbahn)	15 kV 16,7 Hz AC (state / private railway)	15 kV 16,7 Hz ~ (chemin de fer de l'Etat / privé)	corrente alternata 15 kV 16,7 Hz (ferrovia dello stato / concessa)
25 kV 50 Hz ~	25 kV 50 Hz AC	25 kV 50 Hz ~	corrente alternata 25 kV 50 Hz
750-1500 V =	750-1500 V DC	750-1500 V =	corrente continua 750-1500 V
3000 V =	3000 V DC	3000 V =	corrente continua 3000 V

Stationen / stations / gares / stazioni

Personenbahnhof / Haltepunkt	station / halt, stop	gare voyageurs / point d'arrêt	stazione
Schnellbahn: Bahnhof / Haltepunkt	rapid transit: station / stop	métro régional: gare / point d'arrêt	fermata
Bahnhof ohne Personenverkehr, Bahnhofsteil	freight station or service station	gare des marchandises, gare de service	scalo merci, stazione di servizio
Anschlußstelle / Überleitstelle	siding / cross-over	raccordement privé / liaison de report	binario di raccordo / comunicazione
Abzweigung / Eigentumsgrenze	junction / owning border	bifurcation / frontière propriétaire	bivio, diramazione / limite di proprietà
Rangier- o. Abstellbahnhof	marshalling yard	triage	smistamento, fascio di binari
Umschlagbf.: Container / Huckepack	intermodal station: container / rail-road	gare intermodale (container / transport combiné rail-route)	traffico intermodale (container) / trasporto combinato strada-rotaia
Werkstätte / Traktionsstandort	workshop / motive power depot	atelier / dépôt	officina, deposito
Rollbock- / Rollschemel-Übergabe	loading installation for carrier trucks	installation de chargement des trucks porteurs	impianto di carico per carrelli trasportatore

Straßen-, Stadtbahnen / tramway - metro / tramway - métro / tranvie

Straßenbahn mit Haltestelle	tramway with stop	tramway avec point d'arrêt	tranvia con fermata
Stadtbahn, oberirdisch	metro, interurban - surface line	métro (surface)	ferrovia urbana
U-Bahn, unterirdisch	metro - underground line	métro (souterrain)	ferrovia urbana sotterranea

Seilbahnen / cableways / transports à cables / trasporti a fune

Standseilbahn, Luftseilbahn, Gondelbahn	funicular, cableway, gondola lift	funiculaire / téléphérique / télécabine	funicolare / funivia / cabinovia
Betriebslänge / Höhendiff. / max. Steigung	length / diff. in altitude / max. gradient	longueur exploitée / diff. d'altitude / rampe max.	lunghezza esercitata / dislivello / massima pendenza

Sonstiges / special signs / renseignements divers / altri segni

elektr. Systemwechsel	change of electric system	variation du système de courant	stazione bicorrente
max. Steigung	max. gradient	rampe maximale	massima pendenza
Staatsgrenze / Landesgrenze	national / provincial border	frontière d'état / limite de province	confine di stato / limite provinciale
Autobahn	motorway	autoroute	autostrada
Bergwerk - in Betrieb / stillgelegt	mine	mine	miniera, cava - in / fuori esercizio
Industrieanschluß / Kraftwerk	industrial works / power station	voie industrielle / usine électrique	binario di raccordo / centrale elèttrica
Waldflächen	forest	forêt	bosco
Torfmoor	peat-bog	fagne	palude

Eisenbahnatlas Österreich

Railatlas Austria

SCHWEERS + WALL

Umschlagfotos: ÖBB (3), Verlag Schweers + Wall GmbH (2), CargoServ (1)

ISBN 3-89494-128-6

Copyright © 2005 by Verlag Schweers + Wall GmbH

Alle Rechte vorbehalten. Kartographische Werke unterliegen dem Urheberrecht. Vervielfältigung ist nur mit ausdrücklicher vorheriger Genehmigung des Verlages zulässig. Als Vervielfältigung gelten auch Nachdruck, Fotokopie, Mikroverfilmung, Digitalisieren, Scannen, Speicherung auf Datenträger und Einspeisung in Datennetze.

Eine Gewährleistung für die Richtigkeit und Vollständigkeit der Kartendarstellung kann nicht übernommen werden. Eine Haftung des Verlages und seiner Beauftragten für Personen-, Sach- und Vermögensschäden ist ausgeschlossen.

Printed in Belgium 2005

Kartographie: Verlag Schweers + Wall GmbH
Druck: Grenz-Echo printing, Eupen

Inhalt · Table of contents

Karteneinteilung und Zeichenerklärung .... im Umschlagdeckel
Key map and legend .... inside front cover

Einführung / introduction 4

Österreich · Karten im Maßstab 1:150.000 6-101
Austria · maps of scale 1:150.000 6-101

Übersichtskarten · general maps

Streckenklassen 9
Privatbahnen · private railways .... hinterer Buchdeckel / inside back cover
Schmalspurbahnen · narrow gauge railwaysy ... hinterer Buchdeckel / inside back cover
Streckenbelastungen / density of traffic .... hinterer Buchdeckel / inside back cover
Terminals .... hinterer Buchdeckel / inside back cover

Detailkarten · enlargements 1:50.000

Baden bei Wien 38
Gmunden 32
Graz 105
Innsbruck 104
Linz 103
Salzburg 102
Semmeringbahn 53
Villach 101
Wien 108-111

Ortsverzeichnis · list of places 112-126
Tunnelverzeichnis · list of tunnels 127
Bahnunternehmungen · railway companies 128

Die Eisenbahnen in Österreich

Die Eisenbahnen in Österreich zeichnen sich durch eine Vielfalt aus, die der Topographie dieses Alpenlandes geschuldet ist, entwickelt aus der Zeit nach dem Bau und der Eröffnung der ersten Pferdeeisenbahnlinie von Gmunden über Linz nach Budweis. Diese ging am 7. September 1827 als erste Eisenbahn Österreichs als „k.k. priviligierte erste österreichische Eisenbahngesellschaft" in Betrieb. Mit der Spurweite von 1106 mm entsprach sie nicht der „Norm" von 1435 mm, infolge der aus England auf den Kontinent importierten Technik, insbesondere der Lokomotiven Stephensons, doch sie war die erste Nord-Süd-Verbindung im alten Kaiserreich.

Schon 1829 gab es Pläne für ein Eisenbahnnetz von 2.200 km Länge, u.a. von Wien bis Triest. Doch bis zum bestehenden heutigen Eisenbahnnetz war noch ein weiter Weg - verschiedene staatliche und private Eisenbahngesellschaften wurden gegründet und bauten Strecken - wurden verstaatlicht, privatisiert und wieder verstaatlicht. Die geschichtlichen Abläufe zwischen 1914 und 1945 veränderten nicht nur das Territorium des früheren Kaiserreiches, auch das Eisenbahnnetz wurde mehrfach einschneidenden Umwälzungen und Grenzänderungen unterworfen.

Heute umfaßt das Netz der ÖBB 5.598 km Streckenlänge, davon sind 3.327 km elektrisch betrieben. Die Strecken der Privatbahnen (nicht der bundeseigenen ÖBB gehörende Bahnen) summieren sich auf 589 km, davon sind 293 km elektrifiziert. Die höchste Erhebung über dem Meer im ÖBB-Schienennetz liegt auf 1.371 m (Brennerpaß), die niedrigste auf 128 m Höhe. Im Personenverkehr betreibt die ÖBB 394 besetzte und 1006 unbesetzte Bahnhöfe bzw. Haltestellen, im Güterverkehr 123 besetzte Bahnhöfe, 435 unbesetzte. Das größte Privatbahnnetz betreiben die Steiermärkischen Landesbahnen (StLB) mit 123,9 km, die im Eigentum des Landes Steiermark stehen, gefolgt von der im Bundeseigentum stehenden Graz-Köflacher Bahn und Busbetrieb GmbH mit 97,5 km Netzlänge. Die längste private Schmalspurbahn ist die Murtalbahn der StLB mit 65,5 km, die kürzeste die Reißeck-Höhenbahn der Verbund-Austrian Hydro Power AG mit 3,4 km. Sie führt zugleich auf die höchste Erhebung über dem Meer (im Schienennetz) mit 2.244 m Höhe, hat die kleinste Spurweite im Personenverkehr (600 mm) und weist den längsten Tunnel unter den Privaten auf (Tunnellänge 2.130 m). Diese statistischen Zahlen beruhen auf Angaben des Bundesministeriums für Verkehr, Innovation und Technologie und beziehen sich auf den Berichtszeitraum 2001/2002. Gegenüber den aktuellen Werten von 2005 können die Netzlängen durch Um- und Neubauten geringfügig differieren.

Die staatlichen Eisenbahnen in Österreich haben zahlreiche Gemeinsamkeiten mit denen in Deutschland, nicht nur in der Spurweite von 1435 mm und dem Stromsystem (15 kV 16,7 Hz). Dazu zählen u.a. auch das Zugsicherungssystem (Indusi und LZB), der Zick-Zack der Fahrleitung und das Rechtsfahrsystem, das inzwischen auf dem größten Teil des Netzes gilt. Linksbetrieb herrscht auf den meisten Strecken rund um Wien (außer Westbahn), insbesondere der Wiener Schnellbahn und der Südbahn. Dagegen fährt die Wiener Stadtbahn rechts (früher ein Teilbetrieb der Staatsbahn, heute als U-Bahn integriert in das Netz der Wiener Linien). Durch den fast flächendeckend eingeführten Gleiswechselbetrieb fallen Abweichungen vom Regelbetrieb „Rechts" oder „Links" wenig auf. In den Karten wird der Regelbetrieb „Rechts" oder „Links" durch Pfeile dargestellt.

Einige Schritte auf dem Weg zu dem von der EU angestrebten Ziel des freien Wettbewerbs im europäischen Schienenverkehr, nämlich der Durchlauf der Triebfahrzeuge vor langlaufenden Zügen über die Grenze, sind zwischen der DB und der ÖBB schon seit vielen Jahren realisiert. Freilich, wenn Privatbahnen im Spiel sind, die im grenzüberschreitenden Verkehr fahren wollen, ist es mitunter etwas diffiziler. DB-Lokomotiven liefen und laufen durch bis zum Brenner, bis Innsbruck, Villach oder Wien, ÖBB-Lokomotiven laufen durch bis München, Nürnberg (und vor Güterzügen auch bis Dortmund oder Hamburg Waltershof).

Vorwiegend ist es jetzt die Baureihe 1016/1116, die im grenzüberschreitenden Verkehr durch die ÖBB eingesetzt wird. In Ungarn wird bis Györ und Budapest sowie Szolnok gefahren. - Also schon ein Stück erlebtes Europa?

Der vorliegende „Eisenbahnatlas Österreich" wurde auf den Stand von September 2005 gezeichnet. Alle verfügbaren relevanten Daten wurden eingearbeitet.

Der Karteil wurde analog den Eisenbahn-Alanten von Deutschland und der Schweiz gestaltet, freilich mit der Maßgabe, Verbesserungen einzubauen.

Die Signaturen entsprechen den bisherigen Kartenwerken. Die Strecken werden im Kartenbild jeweils bezogen auf die **Eigentumsverhältnisse der Infrastruktur** dargestellt. Konzessionierte Eisenbahninfrastrukturunternehmen (EIU) und Eisenbahnverkehrsunternehmen (EVU), die im Kartenbild erscheinen, werden jeweils in den Textspalten am Kartenrand aufgeführt. Diesen Unternehmen wurden feste Kenn-Nummern zugewiesen, die den Bezug von der Karte zum Erläuterungstext herstellen. Diese Nummern finden sich auch im Anschriftenverzeichnis wieder.

Stillgelegte Strecken sind grau eingezeichnet. Der Schwerpunkt des Eisenbahnatlas liegt auf dem aktuell betriebenen Netz. Daher wurde aus Gründen der Übersichtlichkeit darauf verzichtet, jede ehemalige Verbindungskurve oder frühere Trassenverläufe wiederzugeben. Insbesondere die Darstellung von Wald- und Feldbahnen erhebt keinen Anspruch auf Vollständigkeit.

Schmalspurbahnen erhalten eine eigene Signatur, wie sie bereits im Eisenbahnatlas Deutschland und der Schweiz aus unserem Verlag eingeführt wurde. Für vom ÖBB-System abweichende Stromsysteme wurden ebenfalls die Farben aus diesen Kartenwerken übernommen.

Einige Betriebsstellen werden bei den ÖBB begrifflich anders gefaßt als bei der DB in Deutschland, insbesondere „Bahnhof" und „Überleitstelle". Zwar kennt die ÖBB auch Überleitstellen (Gleiswechsel auf der freien Strecke), der Wechsel von ein- auf zweigleisig im Streckenbereich wird jedoch als Abzweig definiert. Die Signaturen dieses Kartenwerkes werden entsprechend diesen Bedeutungen benutzt. Anschlußstellen werden bei den ÖBB als Anschlußbahnen bezeichnet. Haltestellen oder Ladestellen können mehrere Gleise aufweisen, nach den bei der DB AG gebräuchlichen Definitionen würden sie als „Bahnhof" bezeichnet. Sie erhalten in diesem Atlas das Bahnhofssymbol. Haltestellen ohne Weichen sind entsprechend dem deutschen Haltepunkt dargestellt.

Zusätzlich zum Ortsverzeichnis und dem Verzeichnis der Eisenbahntunnel findet sich im Serviceteil auch ein **Verzeichnis der öffentlichen Eisenbahnunternehmen** mit Adressen, Telefonnummern und Webseiten. Dabei korrespondieren die Kennnummern der Bahnen mit den Nummern im Karteil. Aufgeführt sind in dieser Liste nur die Unternehmen, die im Karteil erscheinen. Unternehmen, die beispielsweise ausschließlich im überregionalen Güterverkehr tätig sind und daher kartografisch nicht festgehalten sind (wie z.B. die LTE in Graz oder die SETG in Salzburg), sind nicht enthalten.

Wir hoffen, mit dem vorliegenden Eisenbahnatlas Österreich den Benutzern ein aktuelles und praktisches Nachschlagewerk an die Hand geben zu können. Allen, die uns Tips und Hinweise gegeben haben, die Auskünfte erteilt und Hilfestellung geleistet haben, sei an dieser Stelle herzlich gedankt. Insbesondere danken wir der ÖBB Infrastruktur Betrieb AG für die angenehme Zusammenarbeit. Stellvertretend nennen möchten wir Frau Mag. Dagmar Schweigl-Theil und die Herren Thomas Wimroither und Norbert Moser. Auch in Zukunft sind wir für jeden Hinweis auf Fehler, Ungenauigkeiten und eingetretene Änderungen dankbar.

Köln, im September 2005

The railways in Austria

The Austrian railways show a great variety deriving from the topography of this country in the Alps. The railway net was generated in the period after construction and inauguration of the horse railway from Gmunden to Linz and Budweis (Ceske Budejovice). This line was opened in 1827 at the 7th of september and was the first railway of Austria, named „k.k. priviligised first Austrian railway company" (k.k. means: royal and imperial and it is responsible for the former greater empire of Austria and Hungary). The gauge of 1106 mm did not correspond to the standard specifications of the railway technology imported from England to the continent, especially Stephenson´s locomotives. But this line was the first connection from the north to the south in the old Austrian empire.

In 1829 existed several plans to build a railway network of 2,000 km length between Vienna and Triest. It was a long development to the railway system of today. Several national and private railway companies were founded and they constructed railway lines, were taken over by the government, denationalized and nationalized again. History between 1914 and 1945 changed as well the territory of the former empire as the railway network by modifications of the borders at several times.

The OeBB Group started to operate on 1 January 2005. Based on the Federal Railway Structure Act 2003 (Bundesbahnstrukturgesetz 2003) one of the greatest Change Management processes ever in an Austrian business was successfully put on track. For OeBB and its employees, 2004 marked the greatest change ever experienced in the company's history.

Today the network of the state railway OeBB enclose a length of 5,598 km, about 3,327 km are electrified lines. The private lines (not in ownership of the state railway) add up to 589 km, and about 293 km operate by electrical service. The highest point is the Brenner pass with 1,371 m over sea-level, the deepest point is at 128 m sea-level. In passenger service OeBB manages 394 occupied stations and 1006 vacant halts, in freight service 123 occupied freight yards and 435 vacant stations.

The greatest private network operates the Steiermaerkische Landesbahnen (StLB) with a length of 123.9 km, in ownership of the country Steiermark followed by the state owned Graz-Koeflacher Eisenbahn with a net of 97.5 km. The longest narrow gauge line is the Murtalbahn (railway of the Mur valley) operated by StLB, 65.5 km. The shortest line is the Reisseck-Hoehenbahn of Verbund-Austrian Hydro Power AG with 3.4 km. The highest point of total railway network in Austria with 2,244 m over sea-level exists on this line, even the smallest gauge in passenger service (600 mm) and the longest tunnel of all private railways (length 2,130 m). These dates of the year 2001/2002 are created by the Bundesministerium fuer Verkehr, Innovation und Technologie (federal ministry of traffic, innovation and technology).

The national railways of Austria have several technical equipments in common with the Deutsche Bahn in Germany, not only the gauge of 1435 mm and the electric system 15 kV AC 16.7 Hz. Additional the train control system (Indusi or LZB = intermittent or continous automatic train-running control) and signalling, the zigzag of the overhead contact line and the operating on the right track of two tracks of each line is in common to German railways. On the most austrian lines trains run on the right side, esp. on the so called Westbahn, the western line (Vienna - Linz - Salzburg - Innsbruck - Bludenz - Bregenz). Trains run left on the lines around Vienna (without Westbahn) and the southern line (Semmering). The Stadtbahn in Vienna runs right, today a section of the underground of Vienna lines (Wiener Linien), formerly a part of the state railway system.

Two track lines with two-way working tracks are in use nearly all over the OeBB network and therefore differences in operation „right" or „left" are not so evidentially. In the maps of this atlas arrows show train running left or right.

Some steps on the way to the European Union´s aim of free competition in the European railway network are realized between DB and OeBB since many years ago, especially the through running tractive stock. If private trains cross international boarders, it will be a little bit more different and more complicated. But as time goes by it becomes more usual to cross boarders with private locomotives. Locomotives of DB run to Vienna, Brenner pass or Villach, locomotives of the OeBB run to Munich or Dortmund and Hamburg Waltershof (harbour). Today class 1016 and 1116 of OeBB dominate in cross boarder operations. In Hungary they run to Györ, Budapest or Szolnok. - Already a piece of living European Union?

The new edition of „Rail Atlas Austria" was updated to September 2005 and contents all available dates. All maps are similar designed to the railway atlases of Germany and Switzerland.

Keys correspond with maps in the rail atlas Germany. Licensed companies of railway infrastructure and licensed companies of railway transportation, shown in maps, are listed in text columns beside of the maps. These companies were assigned by fixed key numbers, which refer to the text aside. These keys you can also find in the service part with adresses.

Abandoned lines are painted grey. Lines are also marked grey like abandoned lines if infrastructure is present, complete or in parts, but out of operation (missing connecting switch). The theme of the rail atlas is the still operating railway net of today in Austria. Because of clearness there is not every former junction curve or removed line or part of former line shown in the maps especially in major centres.

Narrow gauge lines get a special key like the key in our rail atlases Germany and Switzerland. Other electric systems than OeBB-system are shown in the same color keys as in these atlases.

Some operating points are defined different to DB in Germany, especially „Bahnhof" (station) and „Ueberleitstelle" (cross-over). OeBB knows cross-overs as well as DB. But changing single to double track on free lines is named „Abzweigung" (junction). Therefore some keys are used different to rail atlas Germany. Halts with freight service may have some tracks in Austria, in Germany DB defines these as „Bahnhof" (station) - therefore our key in the maps is the station key.

Additional to the list of operating points and **tunnels** you will find in the service part a **list of railway companies of public transportation** with adresses, phone numbers and websites. The key numbers of the railway companies correspond to those in the maps. Only the railways you find in the maps are listed. Railway companies with countrywide freight service but without own infrastructure are not shown in the maps and they are not inserted in the list (as LTE in Graz or SETG in Salzburg).

The Railatlas Austria has additional detailed maps and the service part. We hope to give an actual and practical reference book to all periodical users. At this point we thank all, who gave tips and notices, especially the part of staff of ÖBB Infrastruktur und Betrieb AG: Mrs. Dagmar Schweigl-Theil, Mr. Thomas Wimroither and Mr. Norbert Moser. In the future we will be grateful for every information of mistakes or errors, inaccuracies or changes.

Cologne, in September 2005

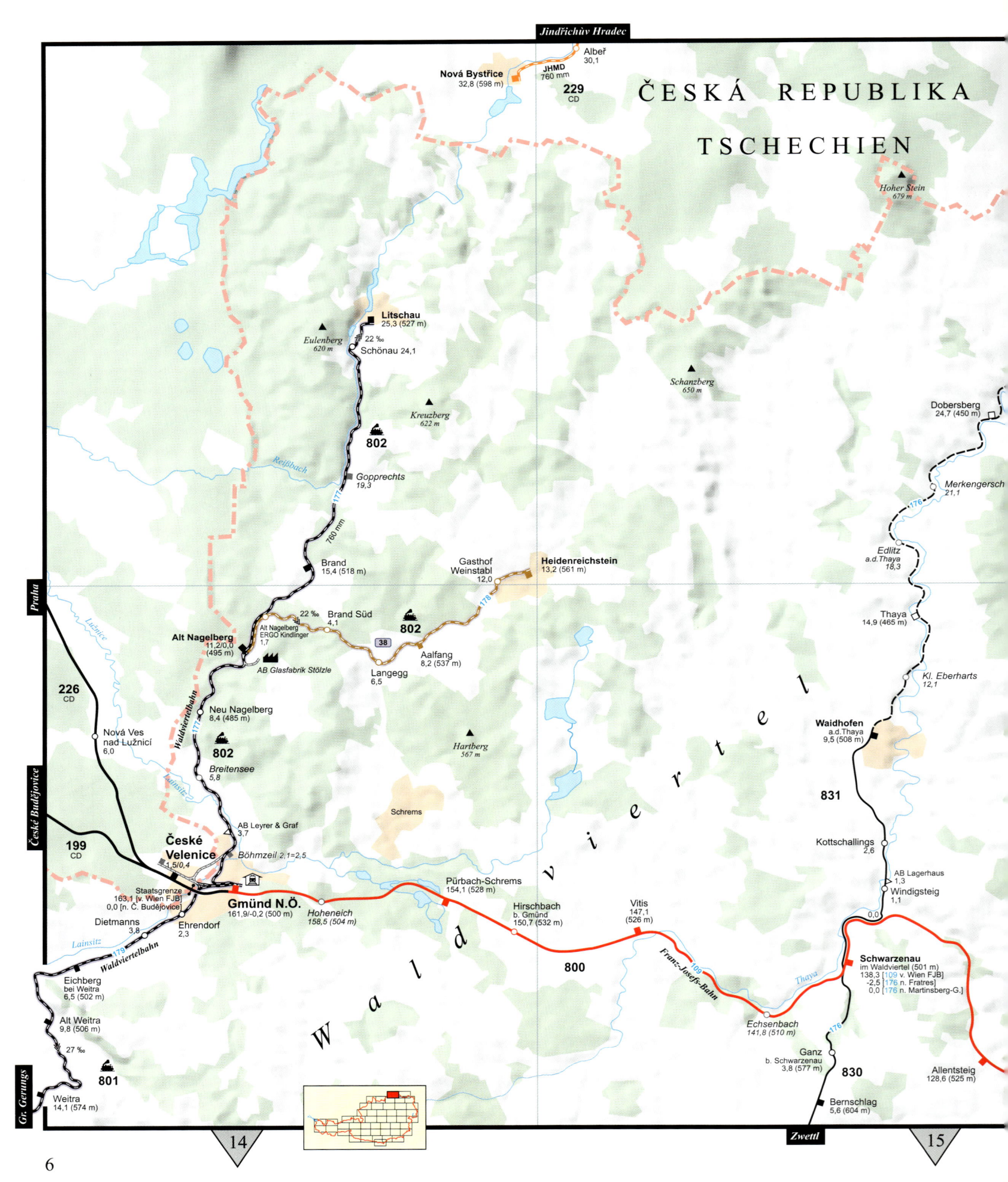

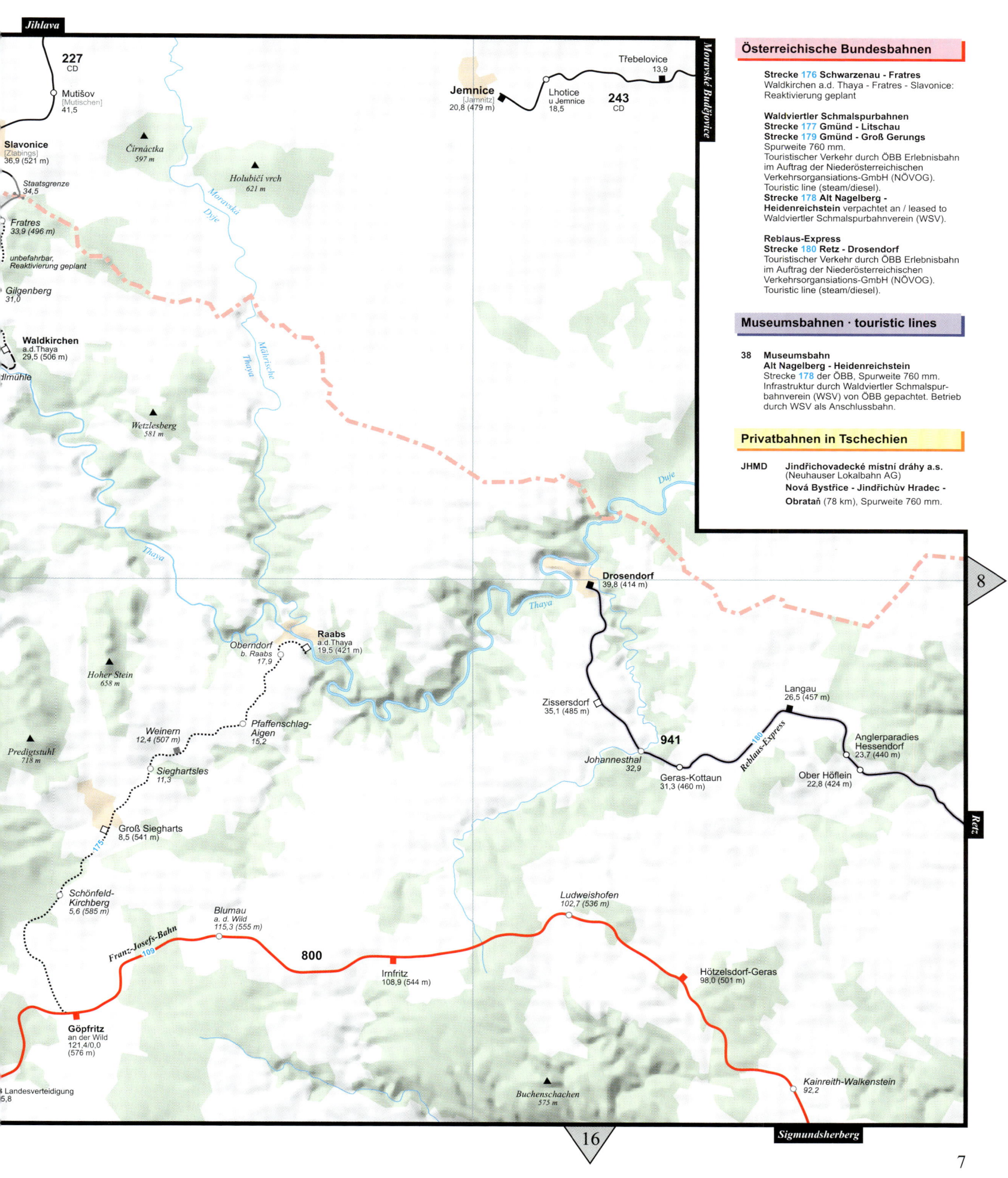

Streckenklassen der österreichischen Eisenbahnen lt. UIC-Merkblatt 700 V

UIC Str. Kl.	Radsatzlast [t]	Meterlast [t/m]
D 4	22,5	8,0
D 3	22,5	7,2
D 2	22,5	6,4
C 4	20,0	8,0
C 3	20,0	7,2
C 2	20,0	6,4
B 2	18,0	6,4
B 1	18,0	5,0
A	16,0	5,0

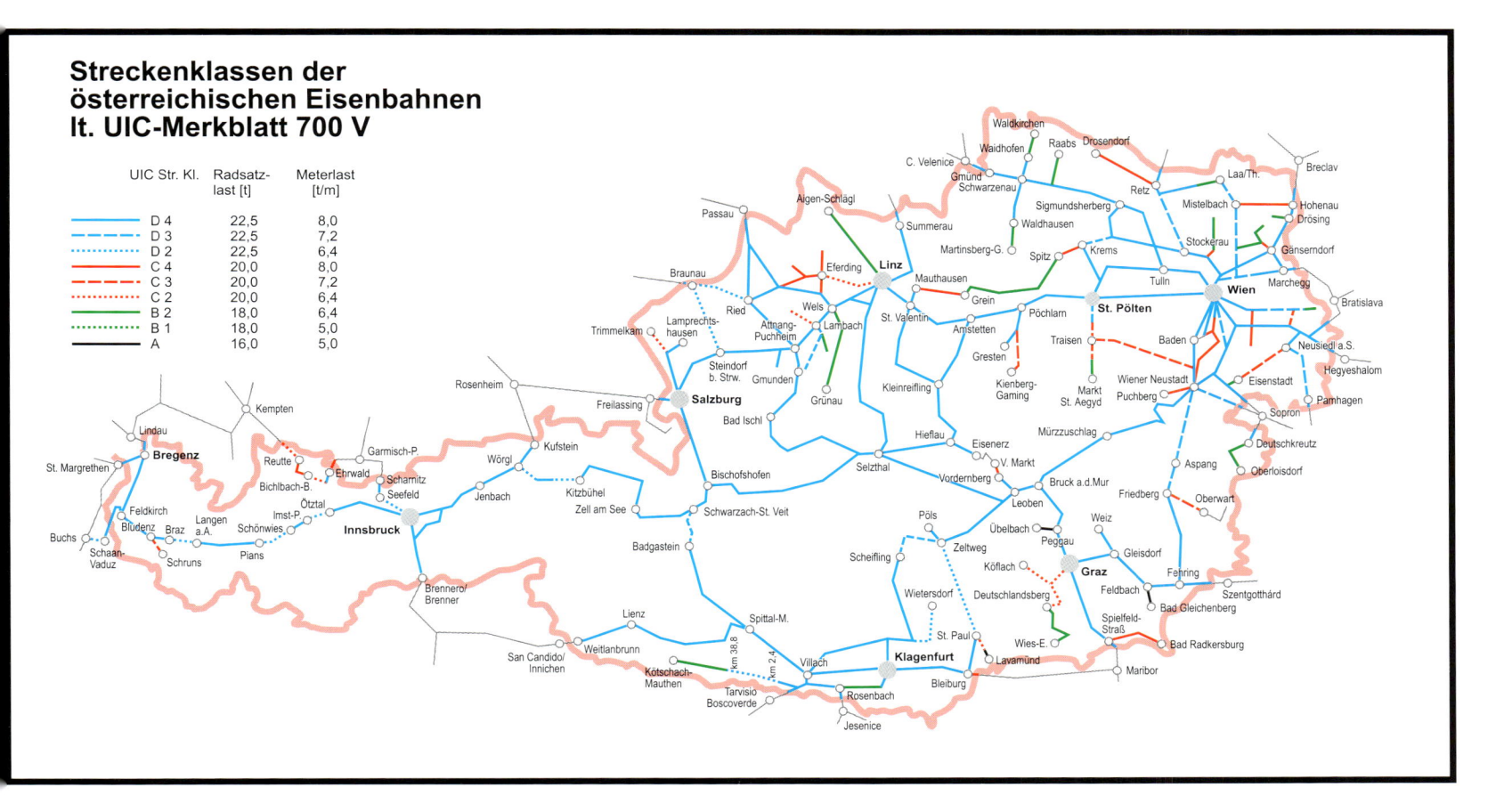

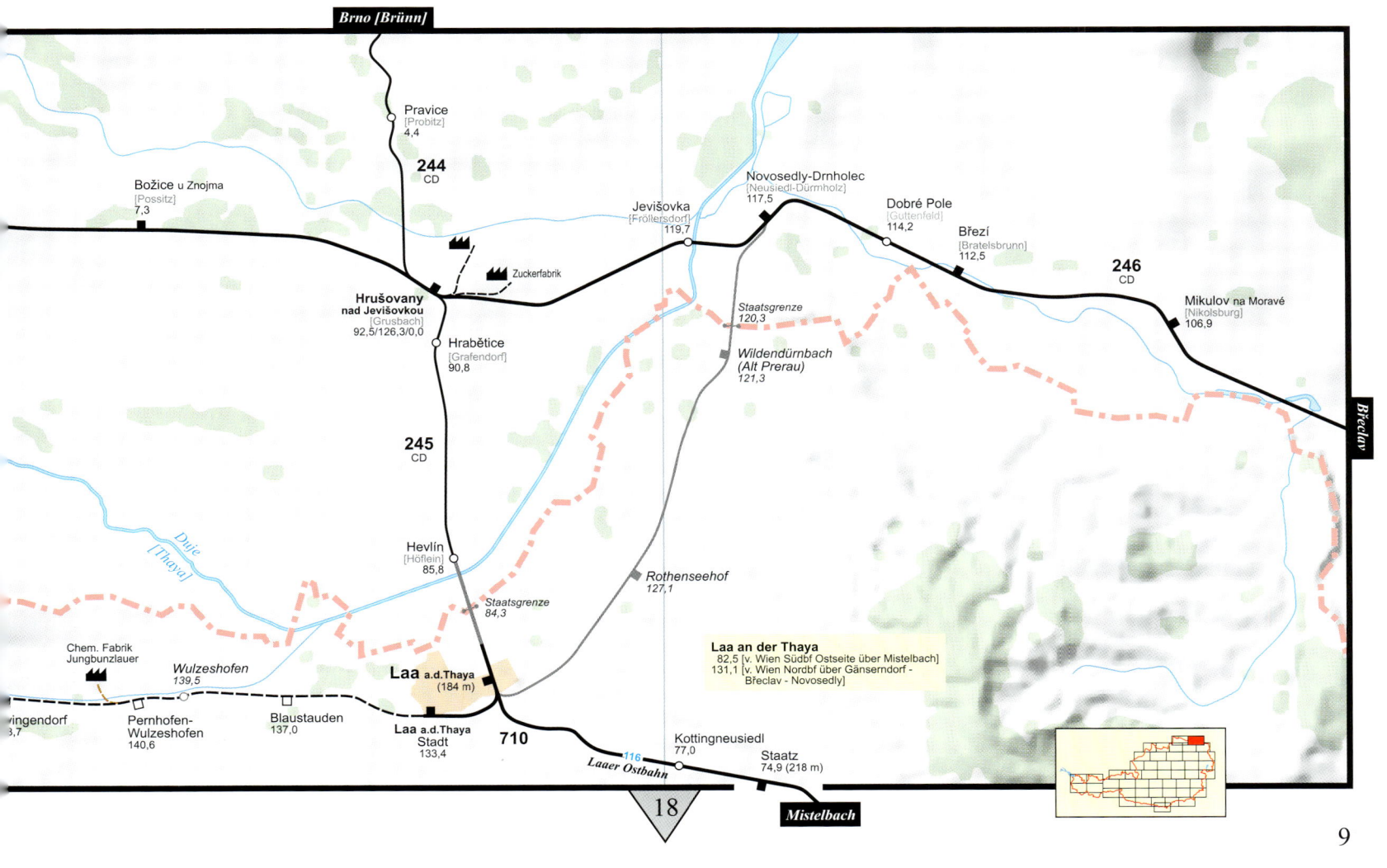

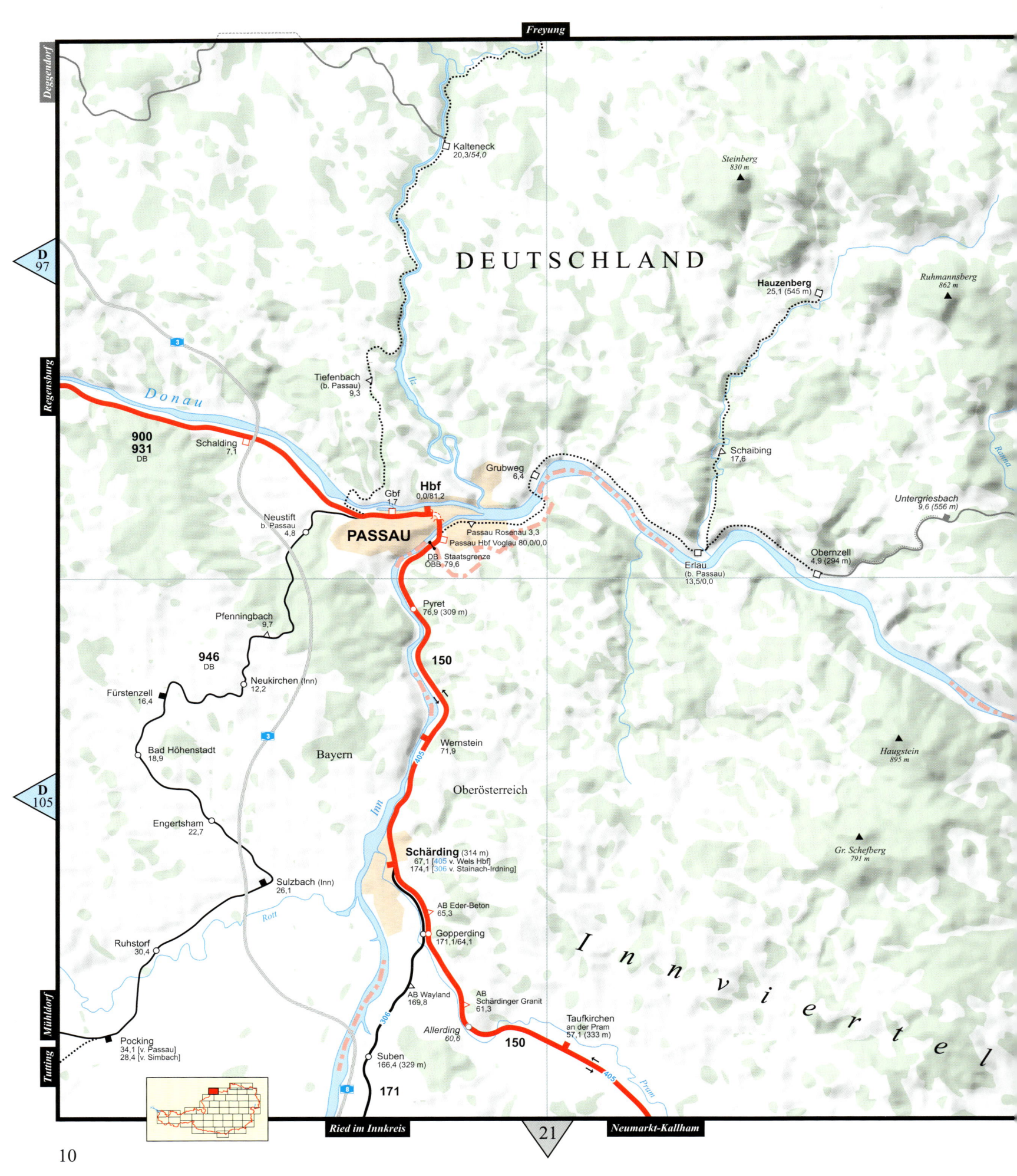

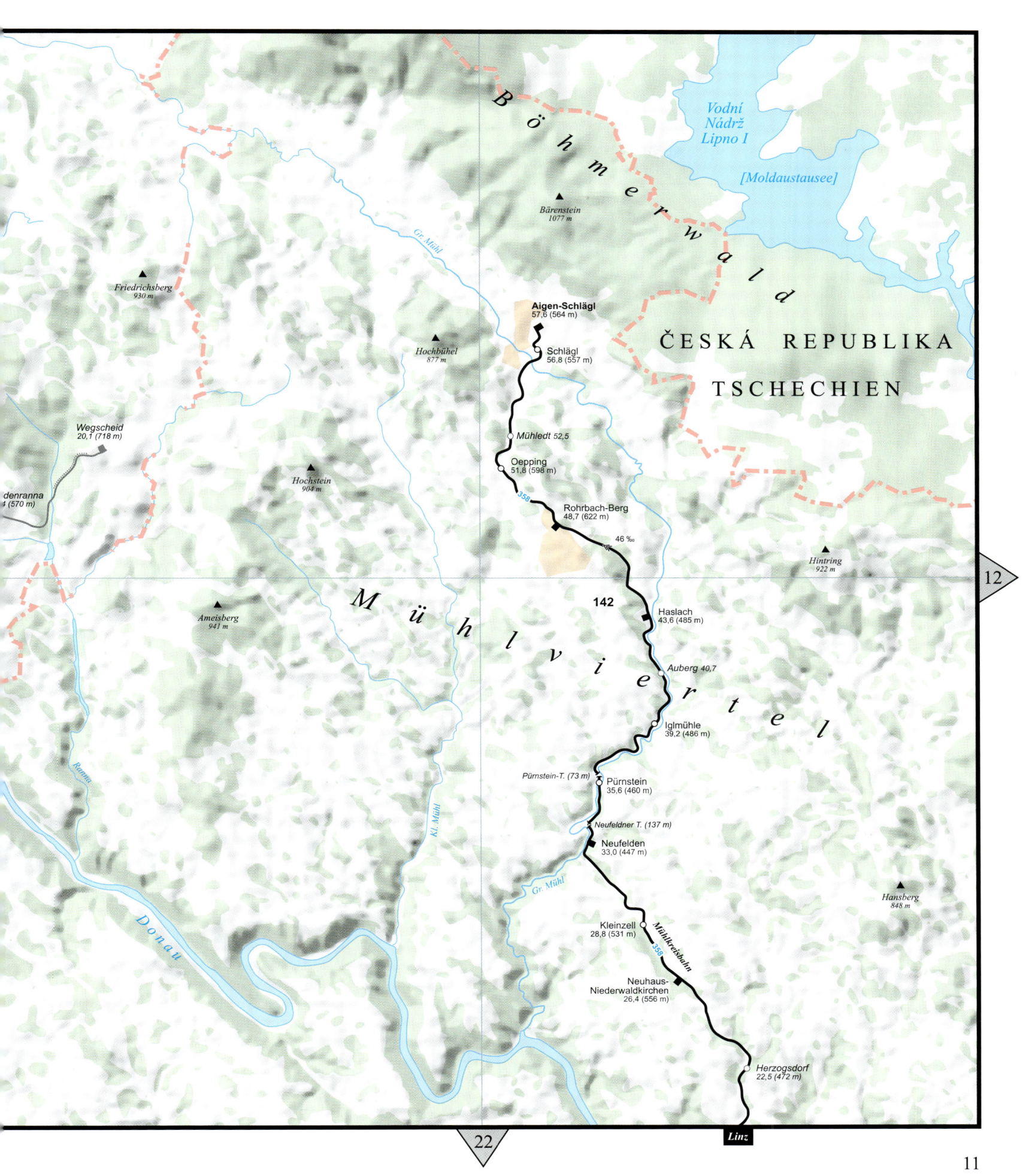

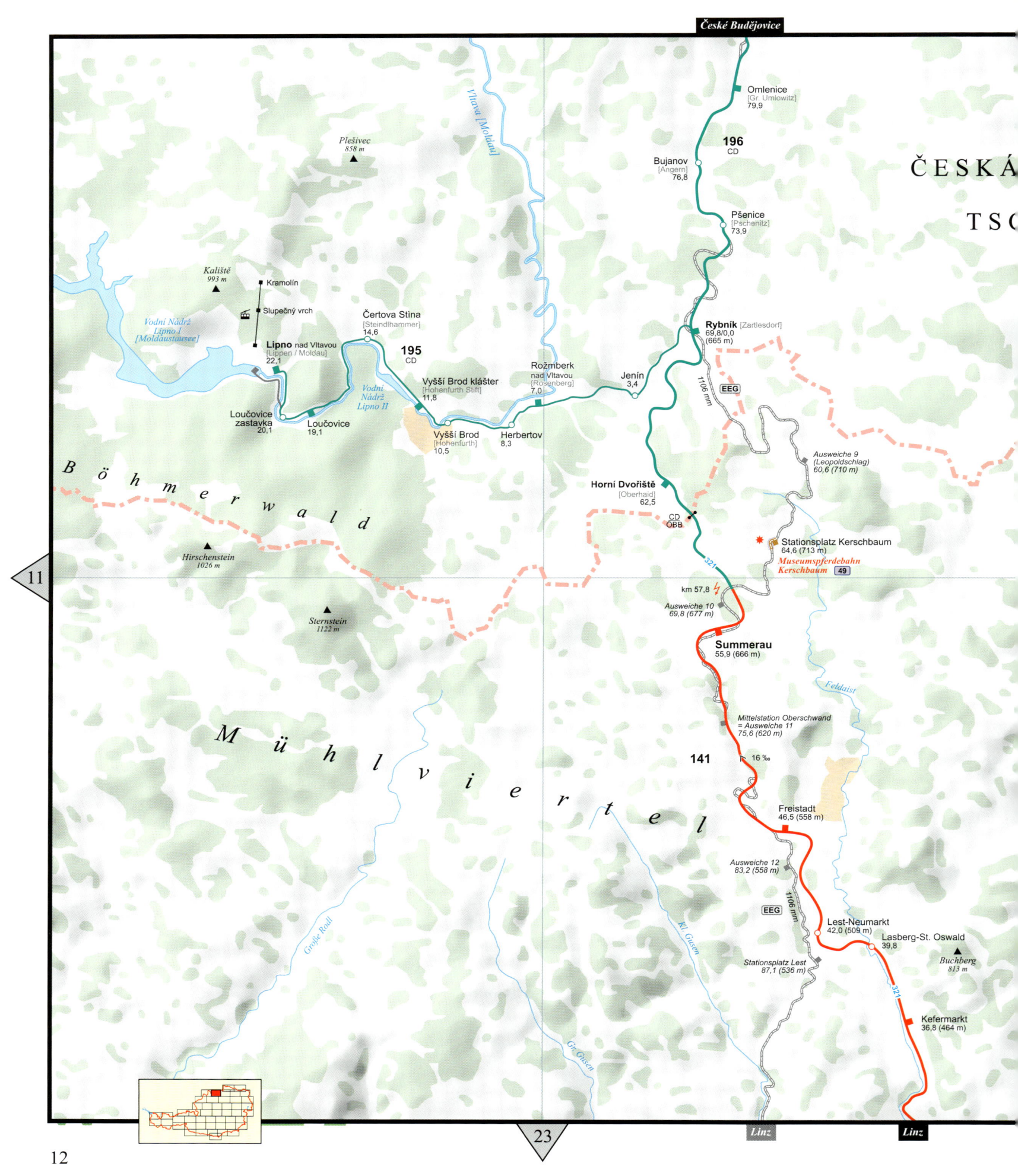

Österreichische Bundesbahnen

Waldviertler Schmalspurbahnen
Strecke **179** Gmünd - Groß Gerungs
Spurweite 760 mm.
Touristischer Verkehr durch ÖBB Erlebnisbahn
im Auftrag der Niederösterreichischen
Verkehrsorganisations-GmbH (NÖVOG).
Touristic steam and diesel trains
by ÖBB Erlebnisbahn in order of NÖVOG
(Niederösterreichische Verkehrs-
organisations-GmbH).

Museumsbahnen · touristic lines

49 Museums-Pferdeeisenbahn Kerschbaum
Spurweite 1106 mm.
Wiederaufgebautes Teilstück der Pferde-
eisenbahn Budweis - Linz - Gmunden.
Rebuilt part of former horse railway Budweis -
Linz - Gmunden (1106 mm gauge).

Stillgelegte Strecken

EEG k.k. priv. Erste Eisenbahn-Gesellschaft
Budweis - Linz - Gmunden.
Spurweite 1106 mm, Pferdebetrieb.
Horse railway, first railway in Austria.

Österreichische Bundesbahnen

Waldviertler Schmalspurbahnen
Strecke 179 Gmünd - Groß Gerungs
Spurweite 760 mm.
Touristischer Verkehr durch ÖBB Erlebnisbahn
im Auftrag der Niederösterreichischen
Verkehrsorgansiations-GmbH (NÖVOG).
Touristic steam and diesel trains
by ÖBB Erlebnisbahn in order of NÖVOG
(Niederösterreichische Verkehrs-
organisations-GmbH).

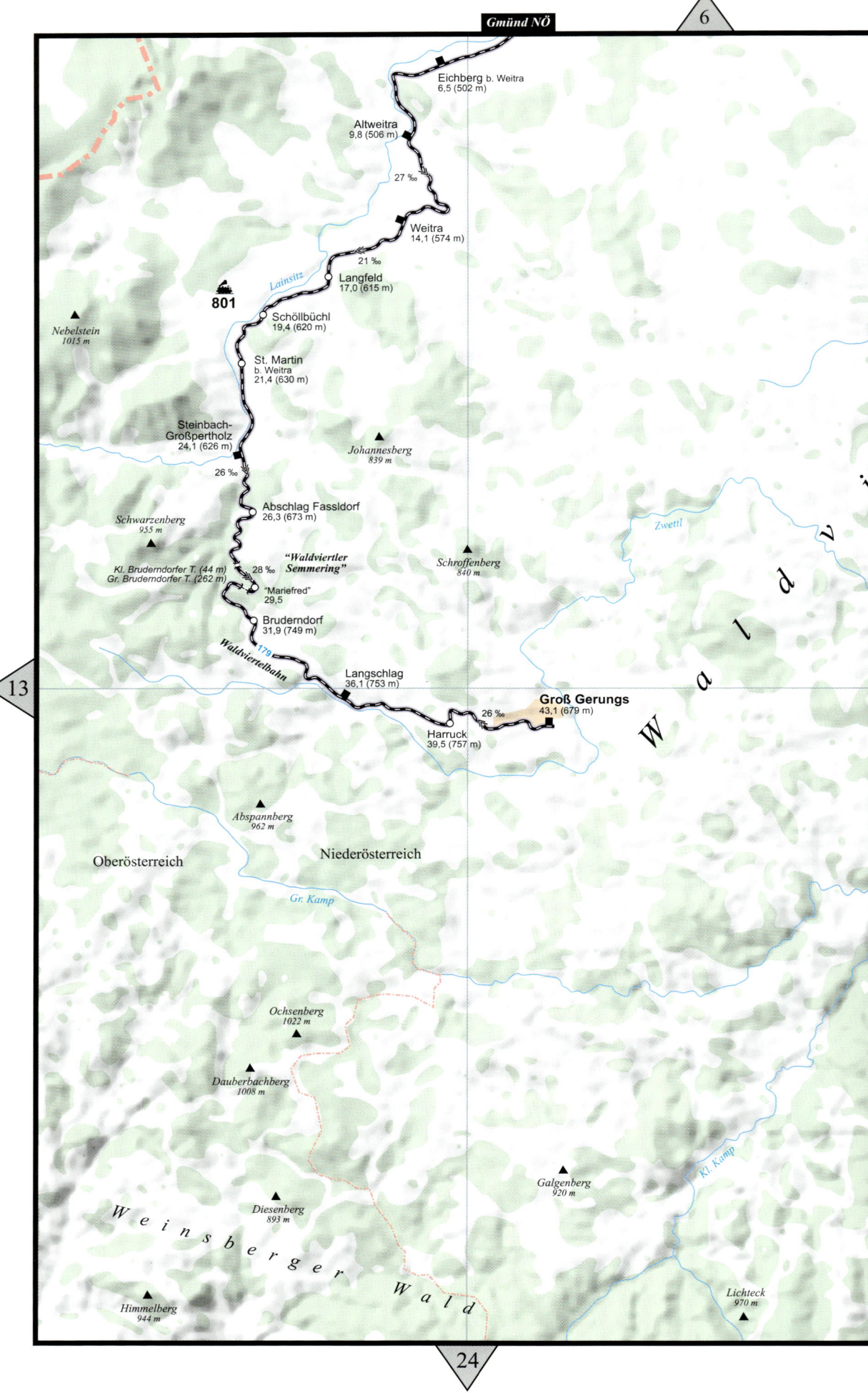

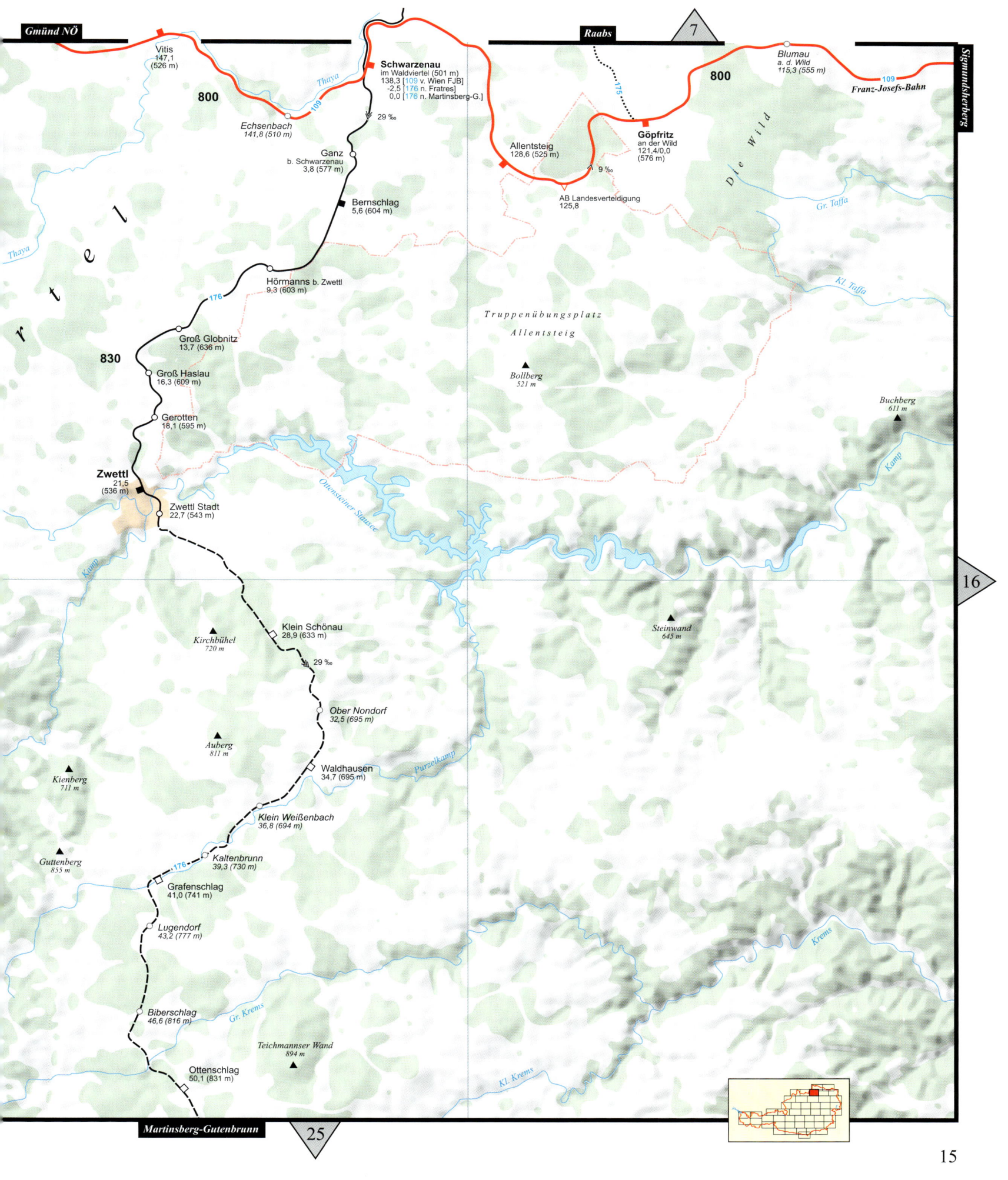

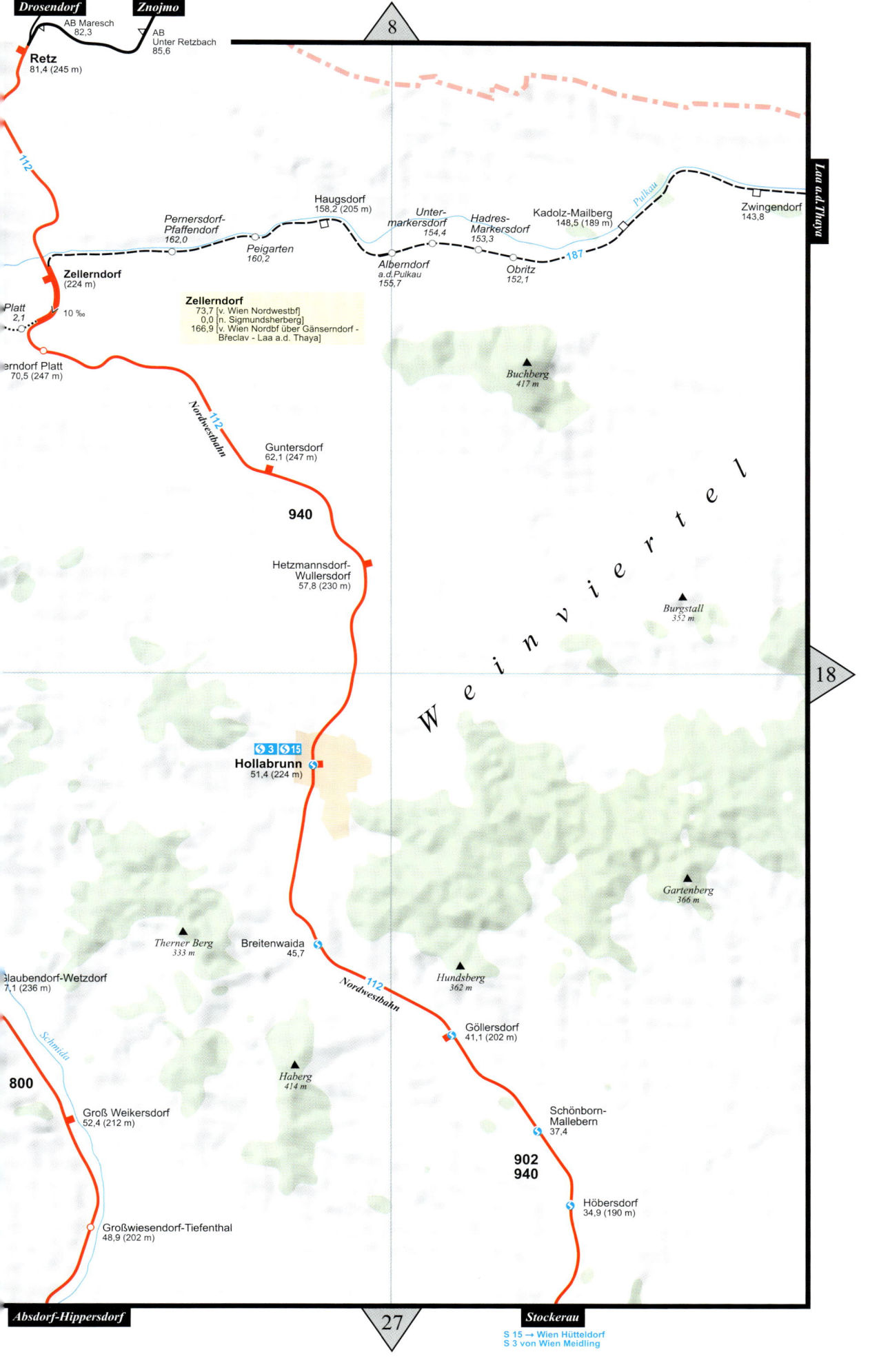

Österreichische Bundesbahnen

Strecke 116 Mistelbach - Laa a.d. Thaya
Elektrifizierung geplant.
Electrification projected.

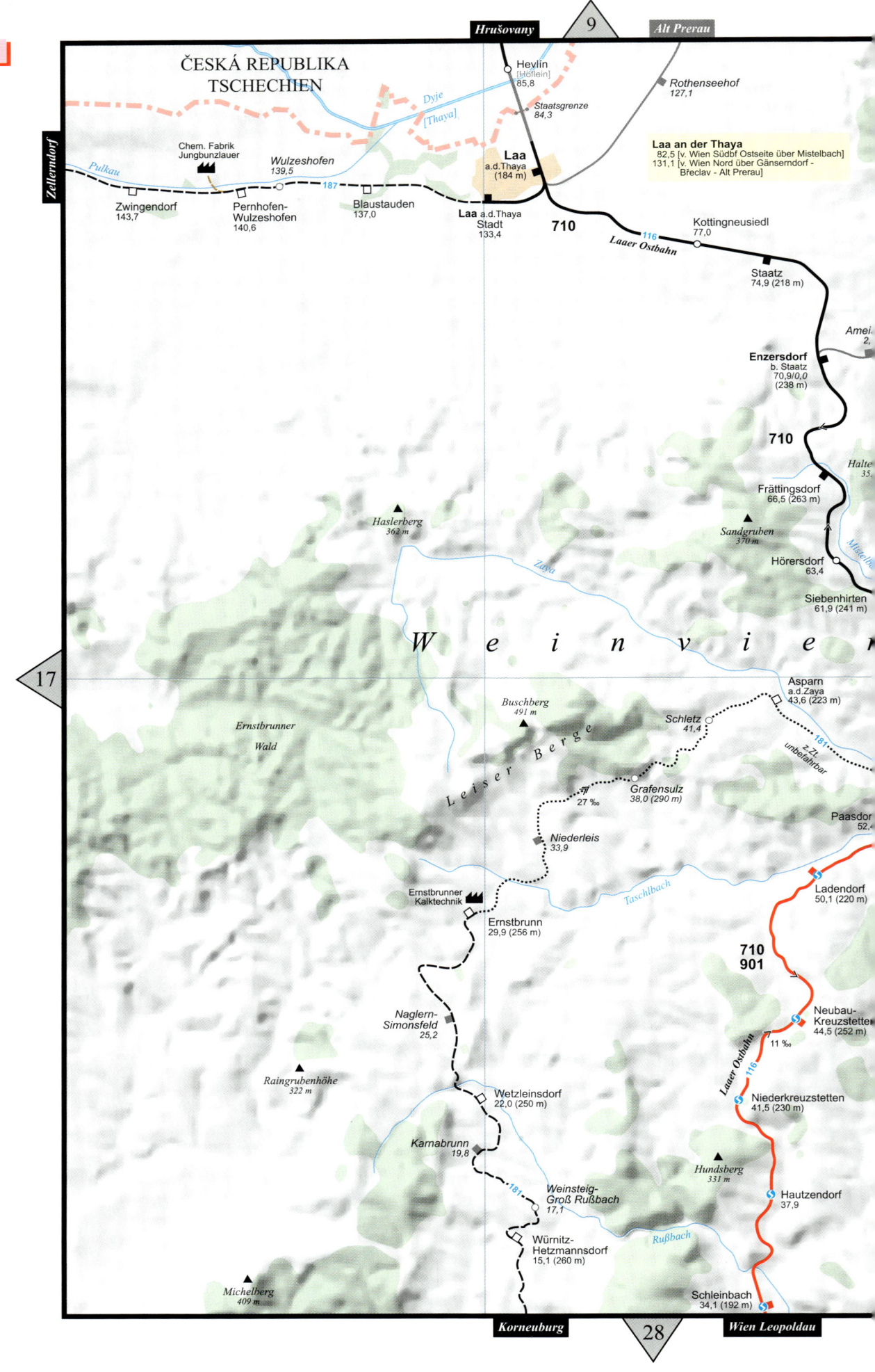

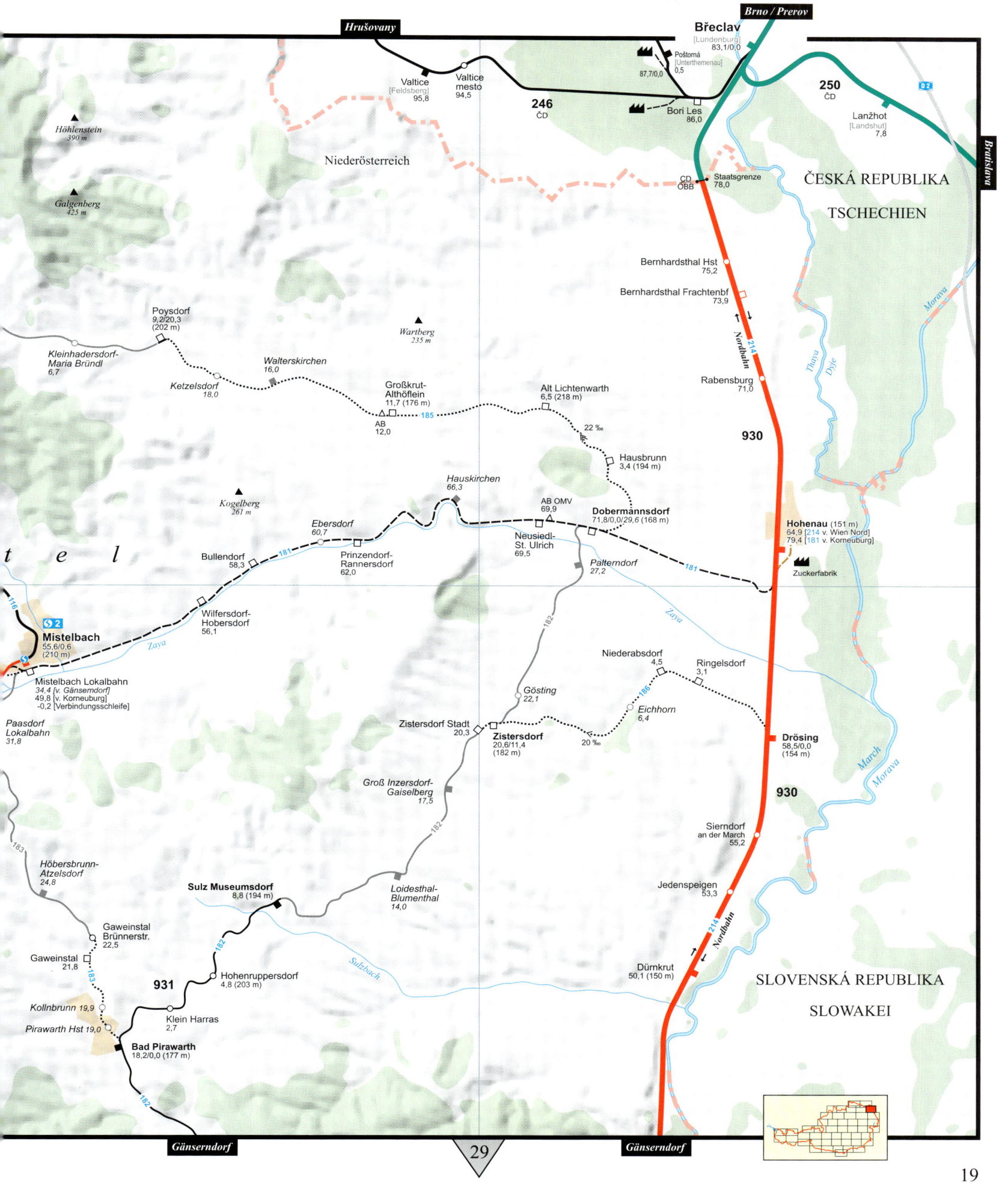

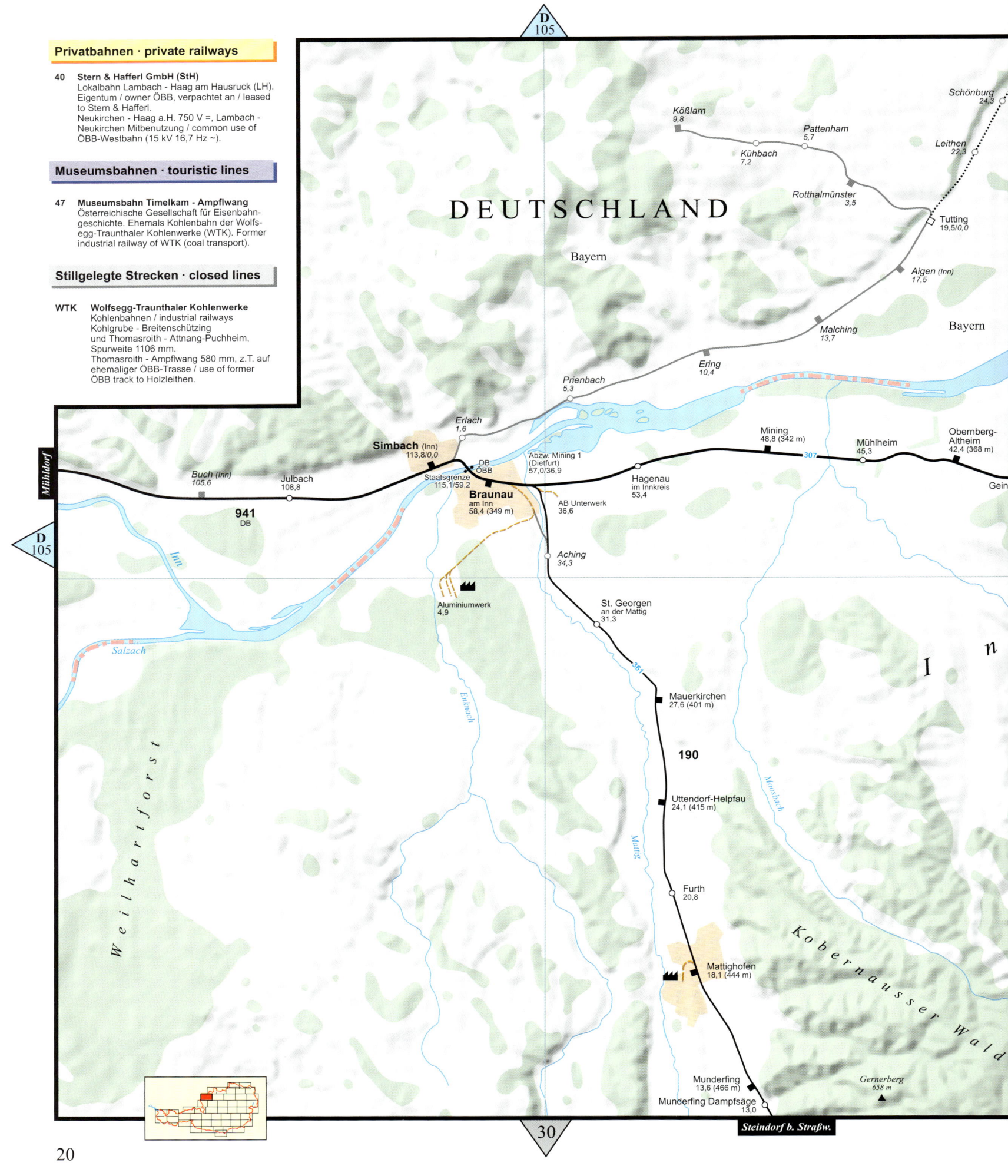

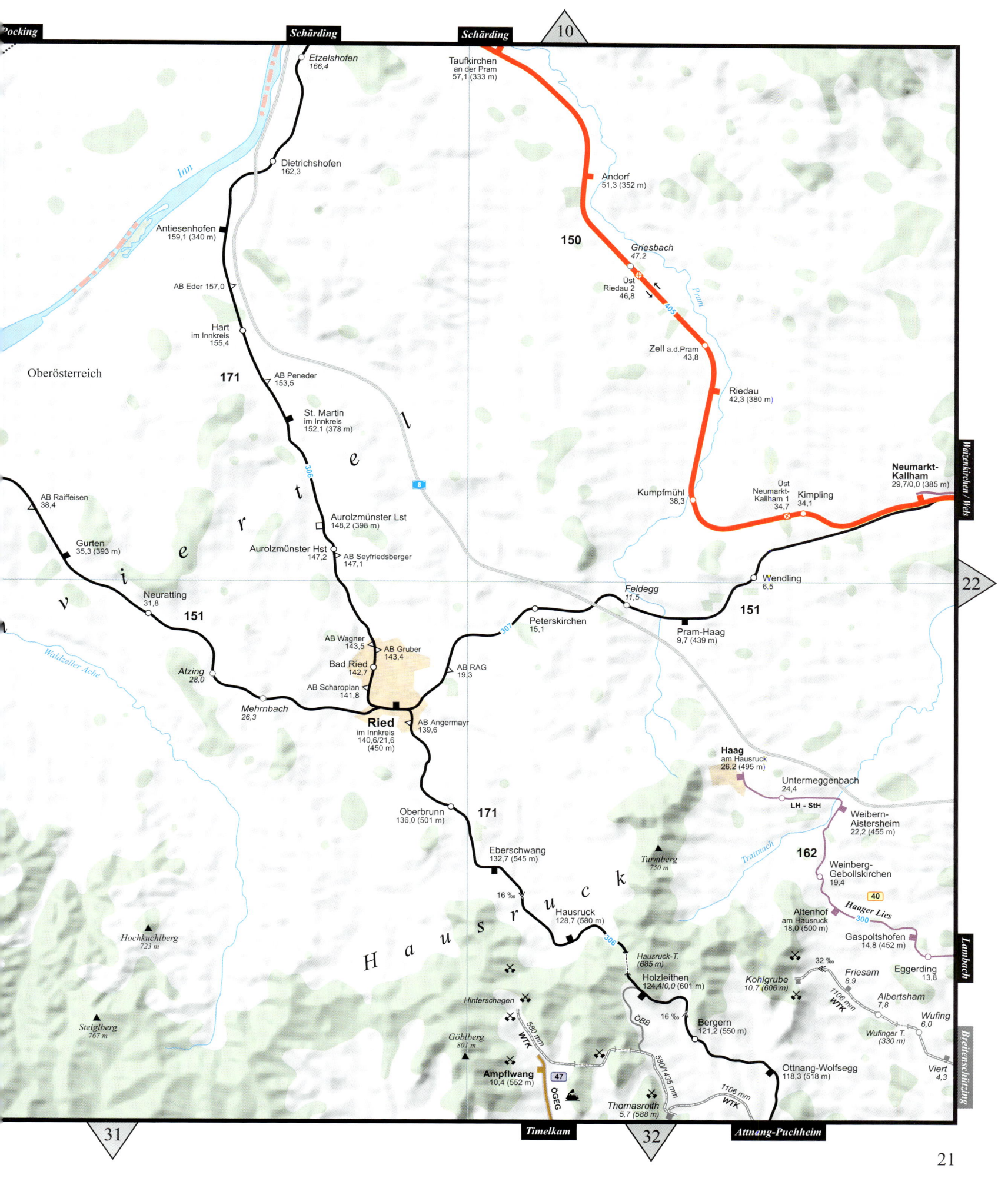

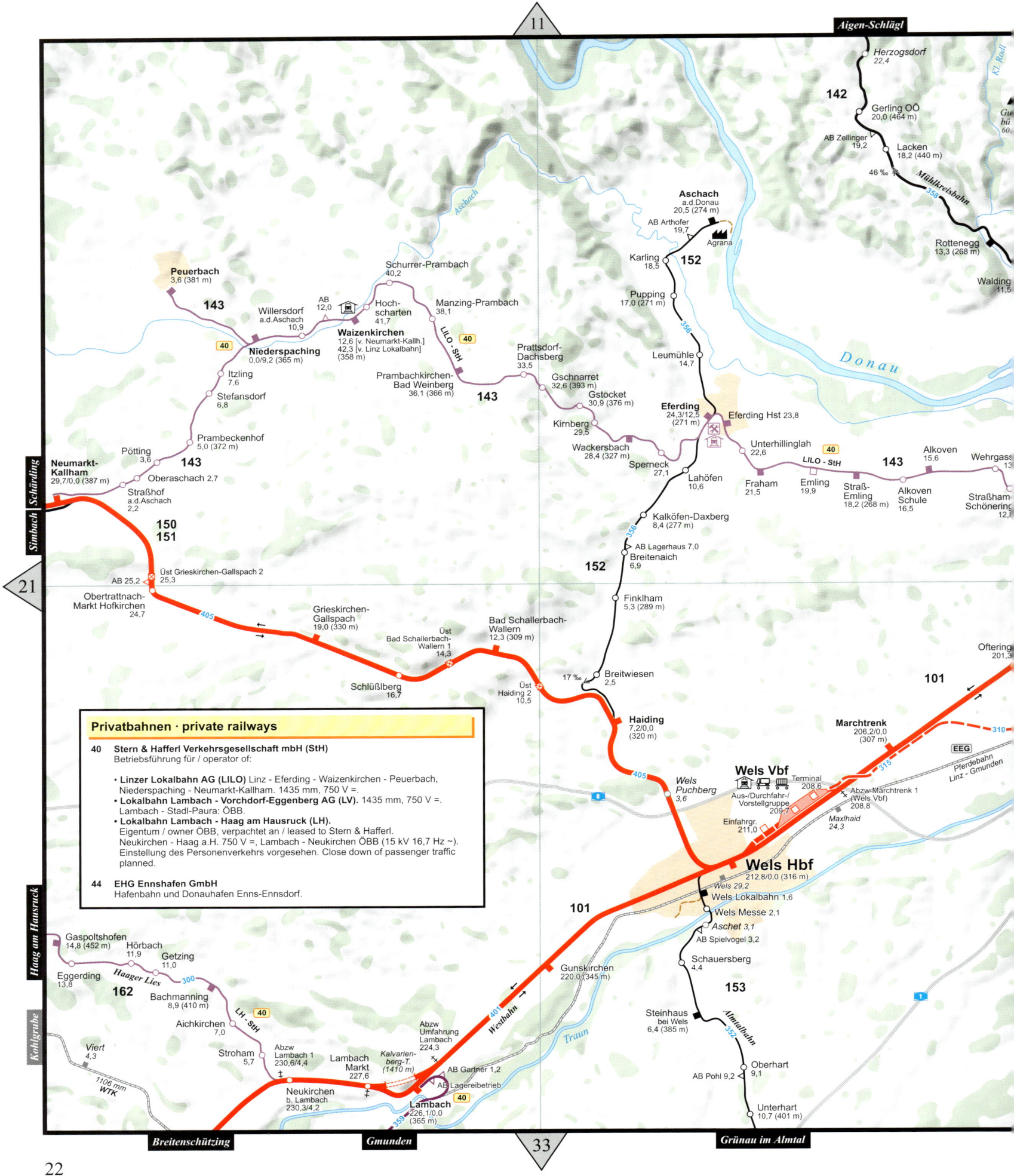

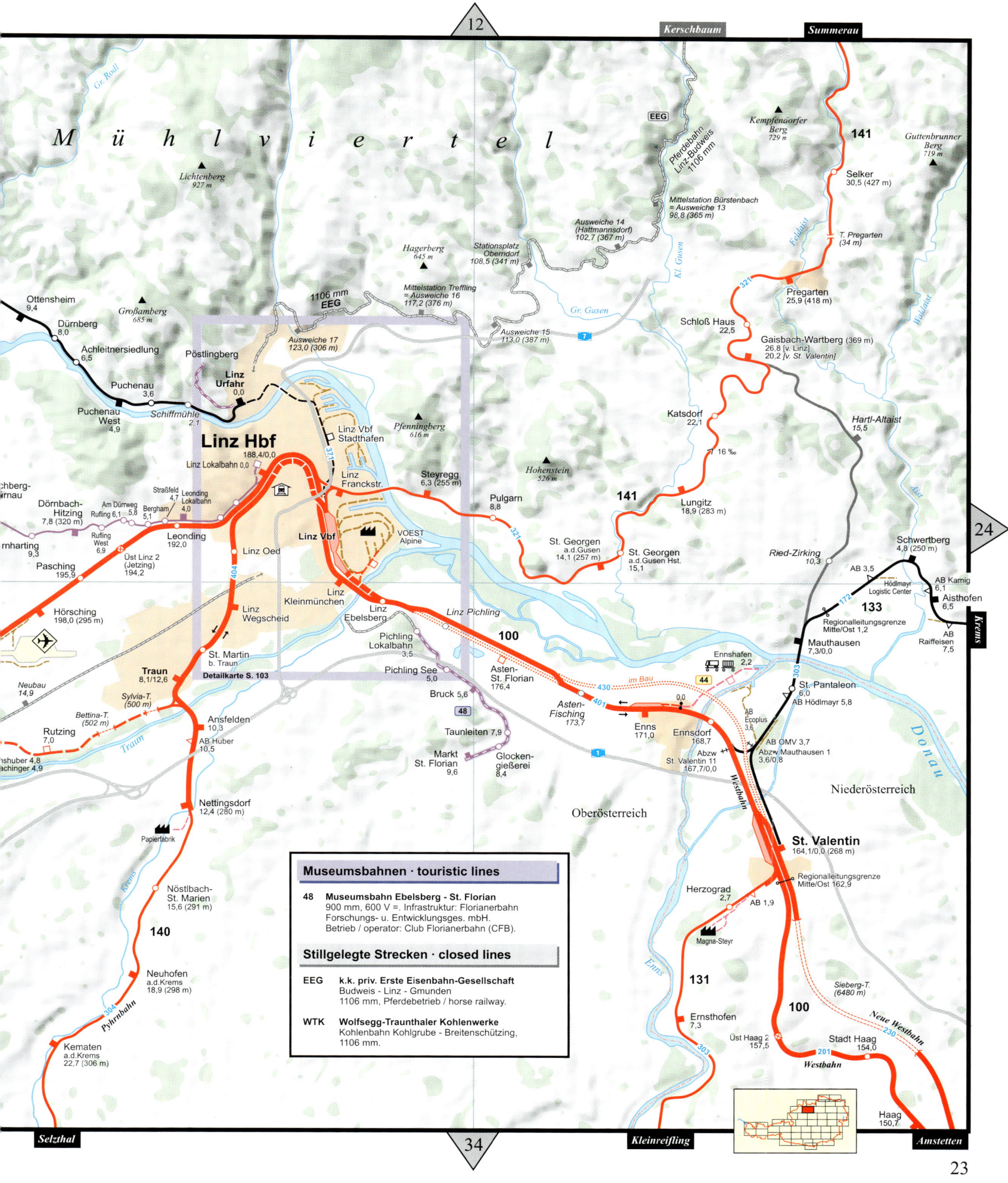

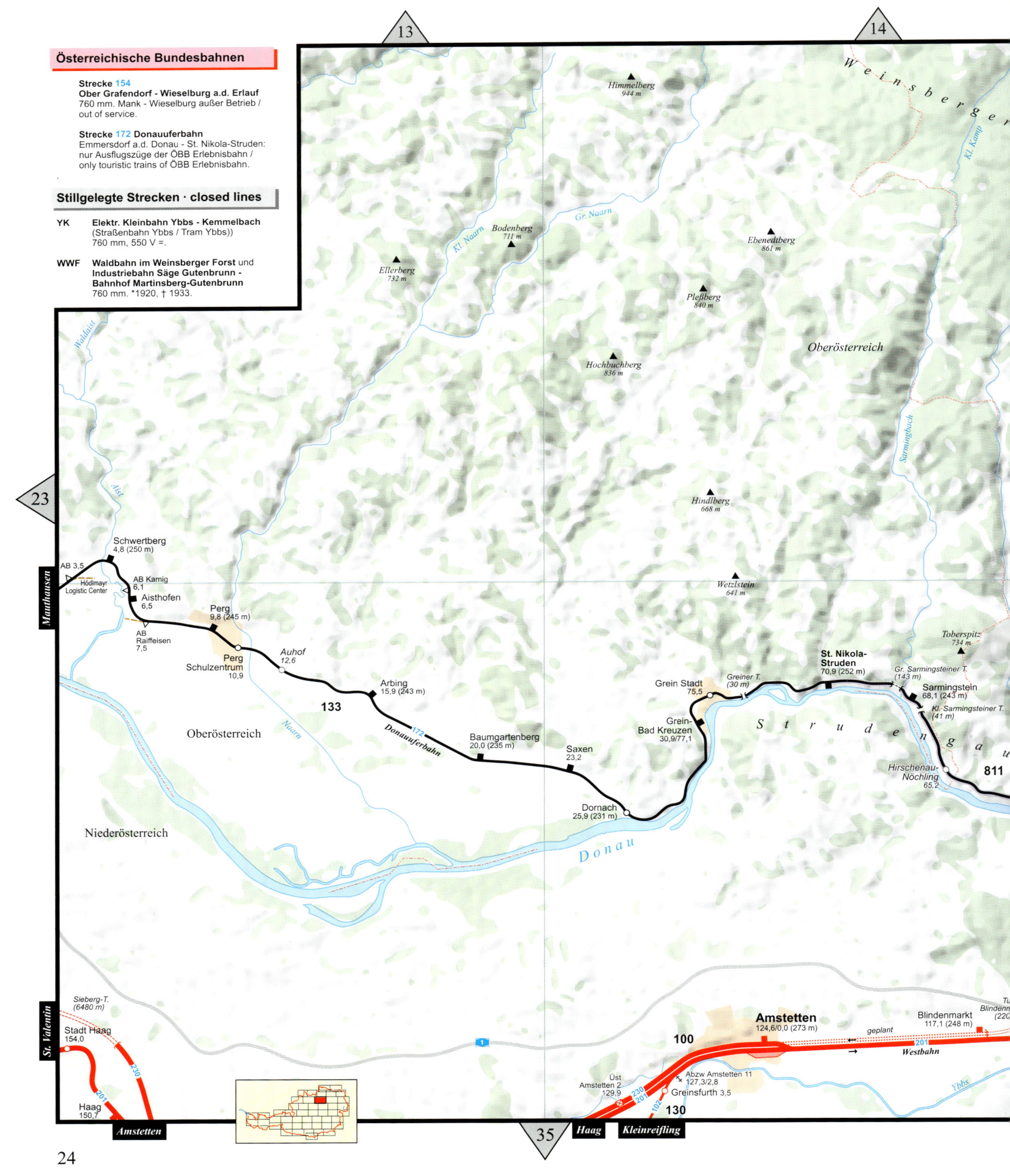

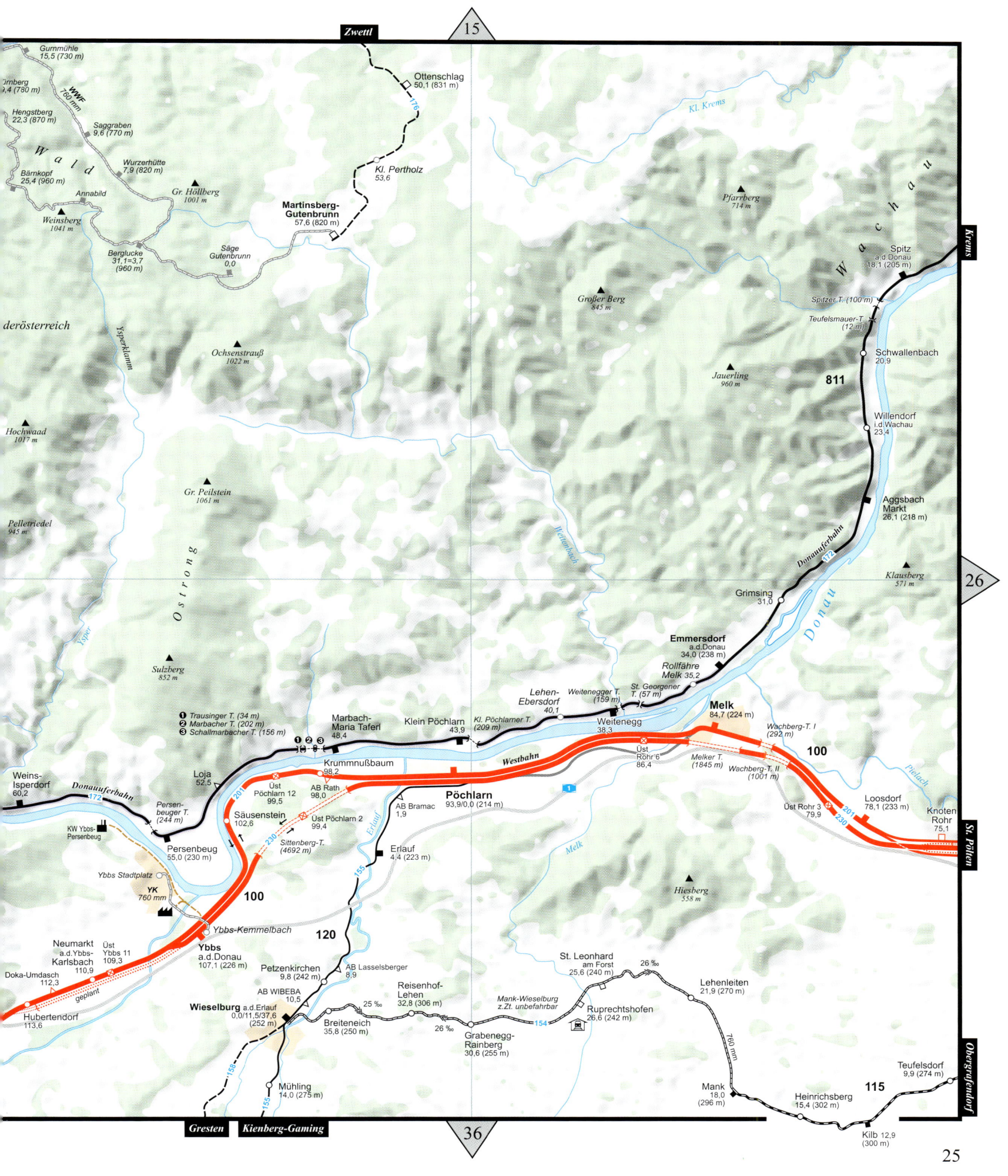

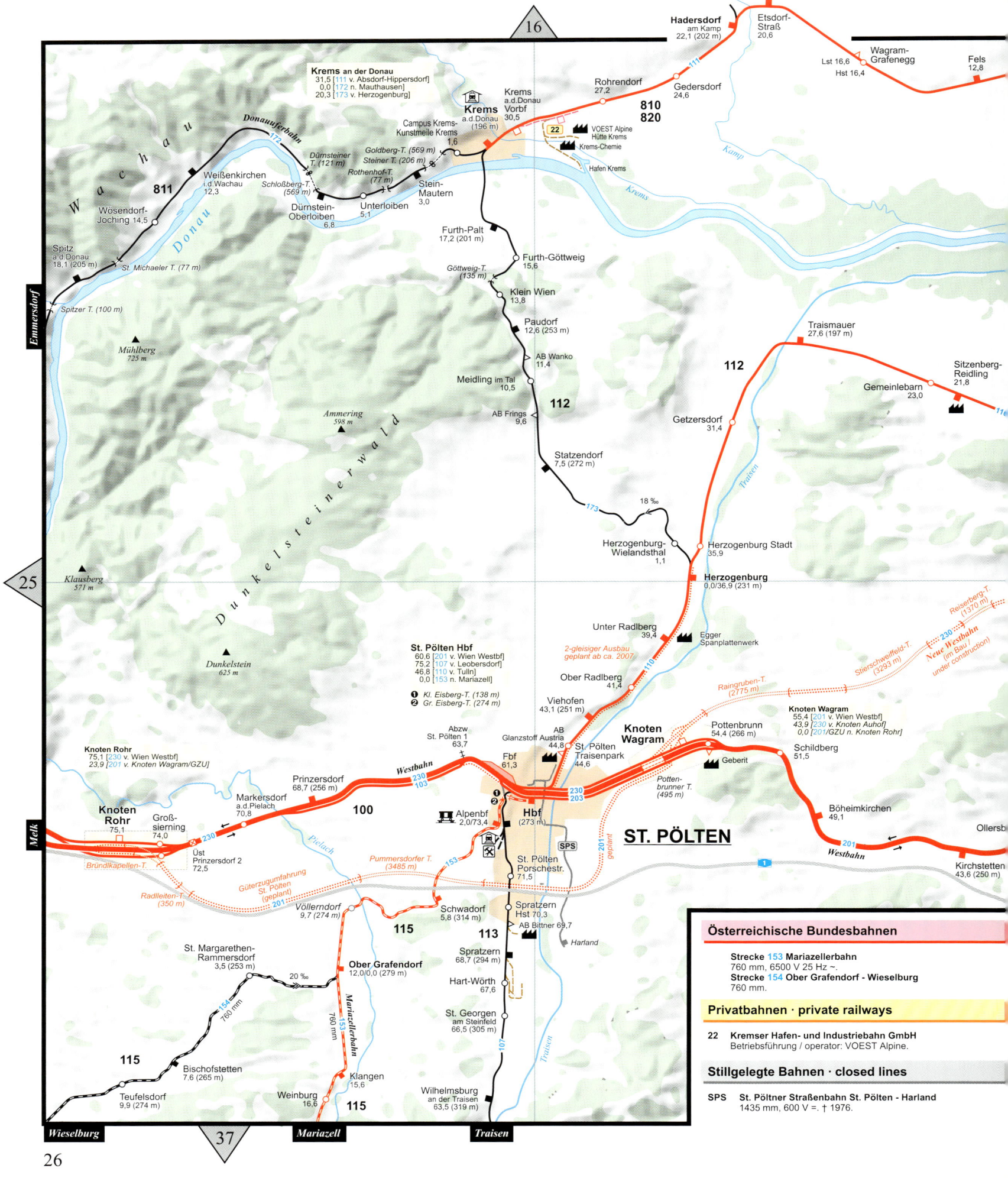

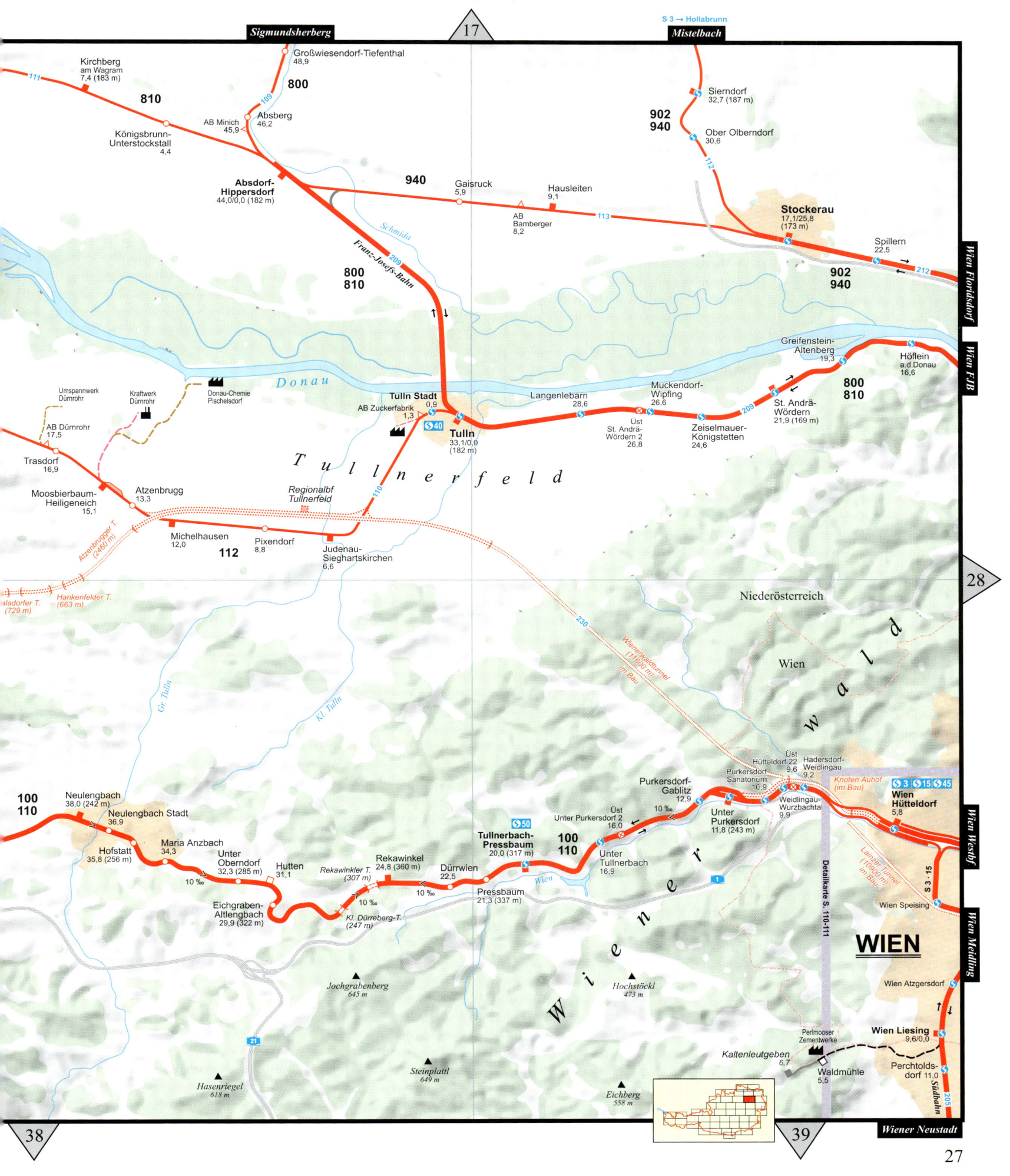

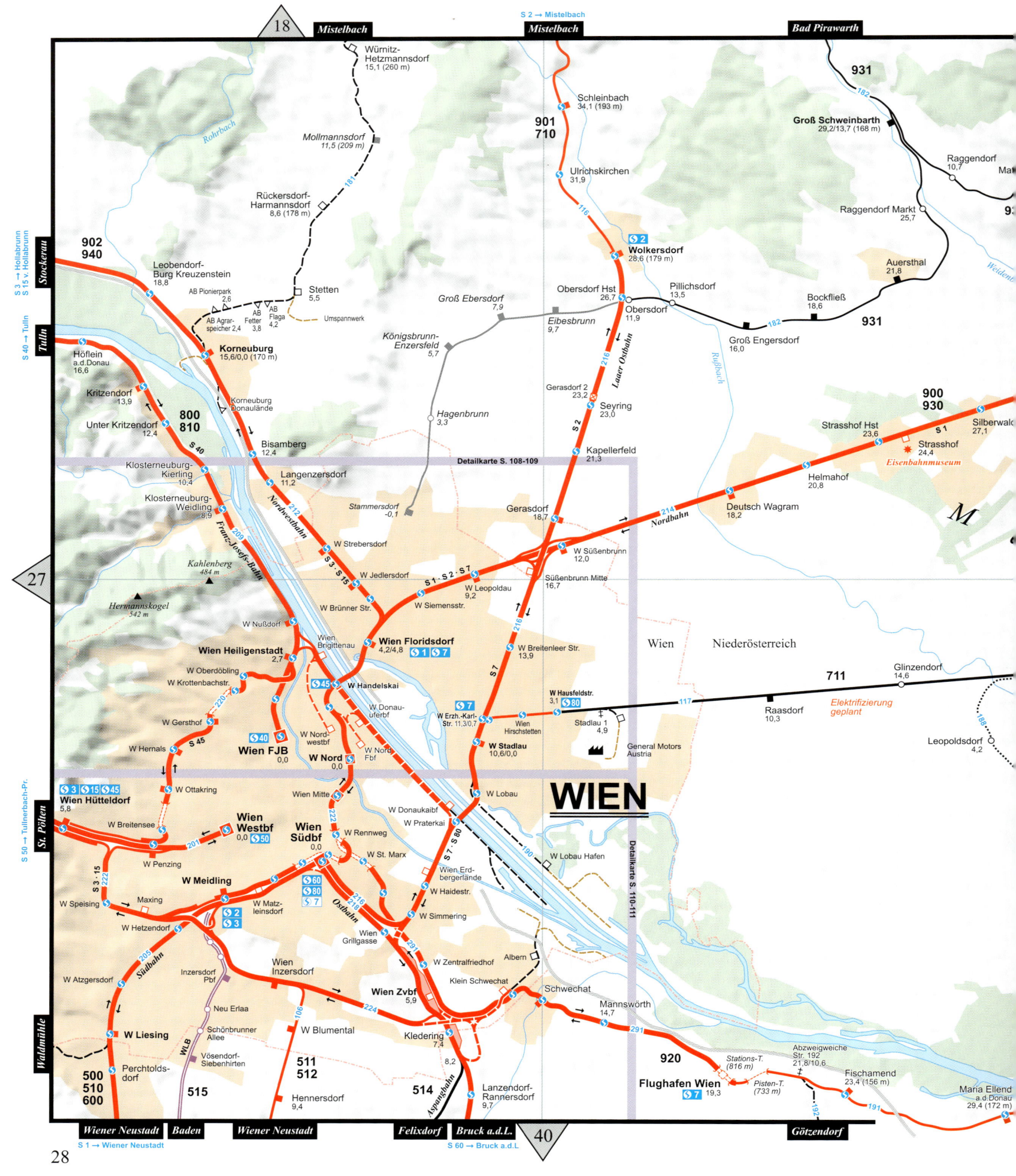

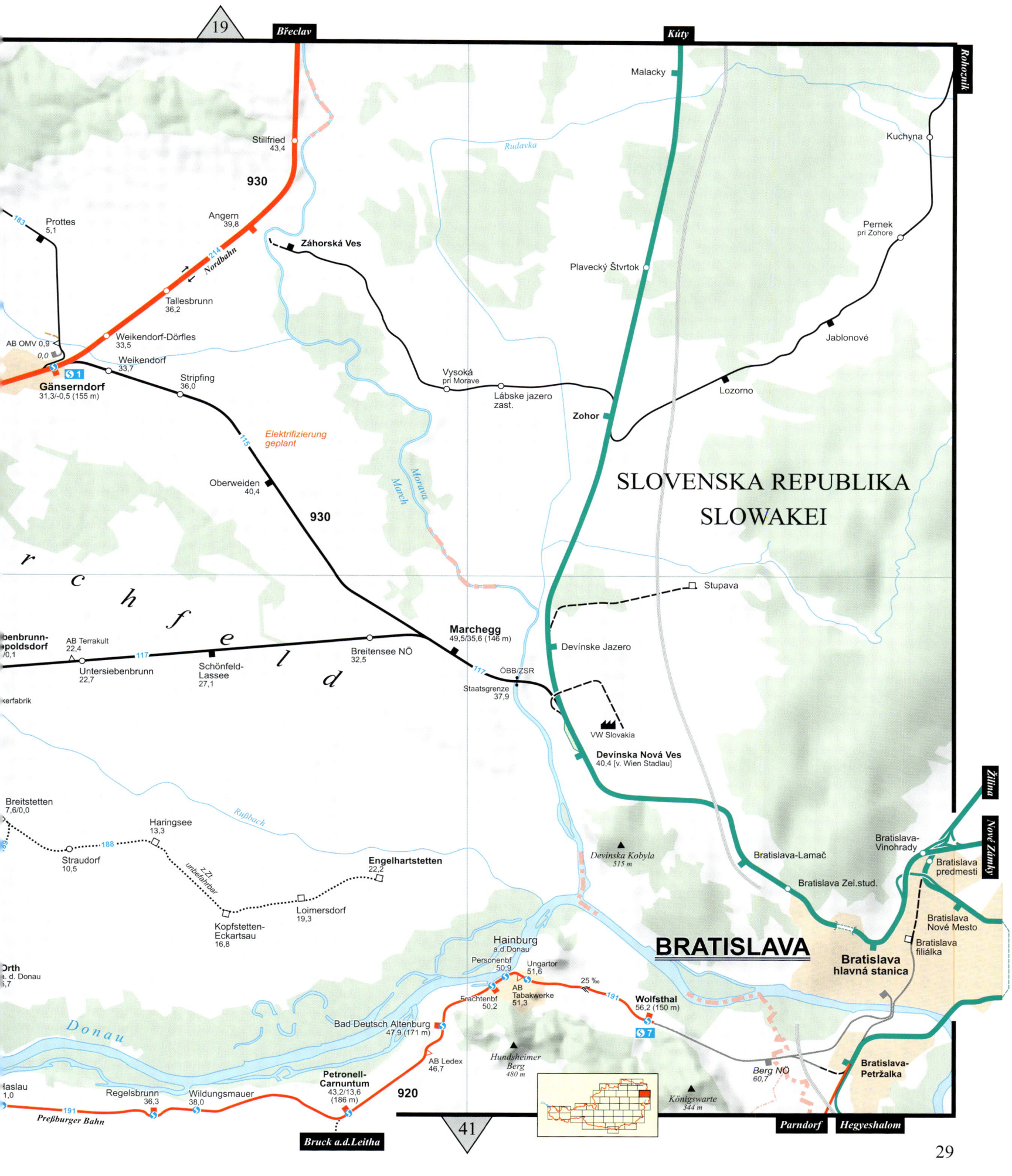

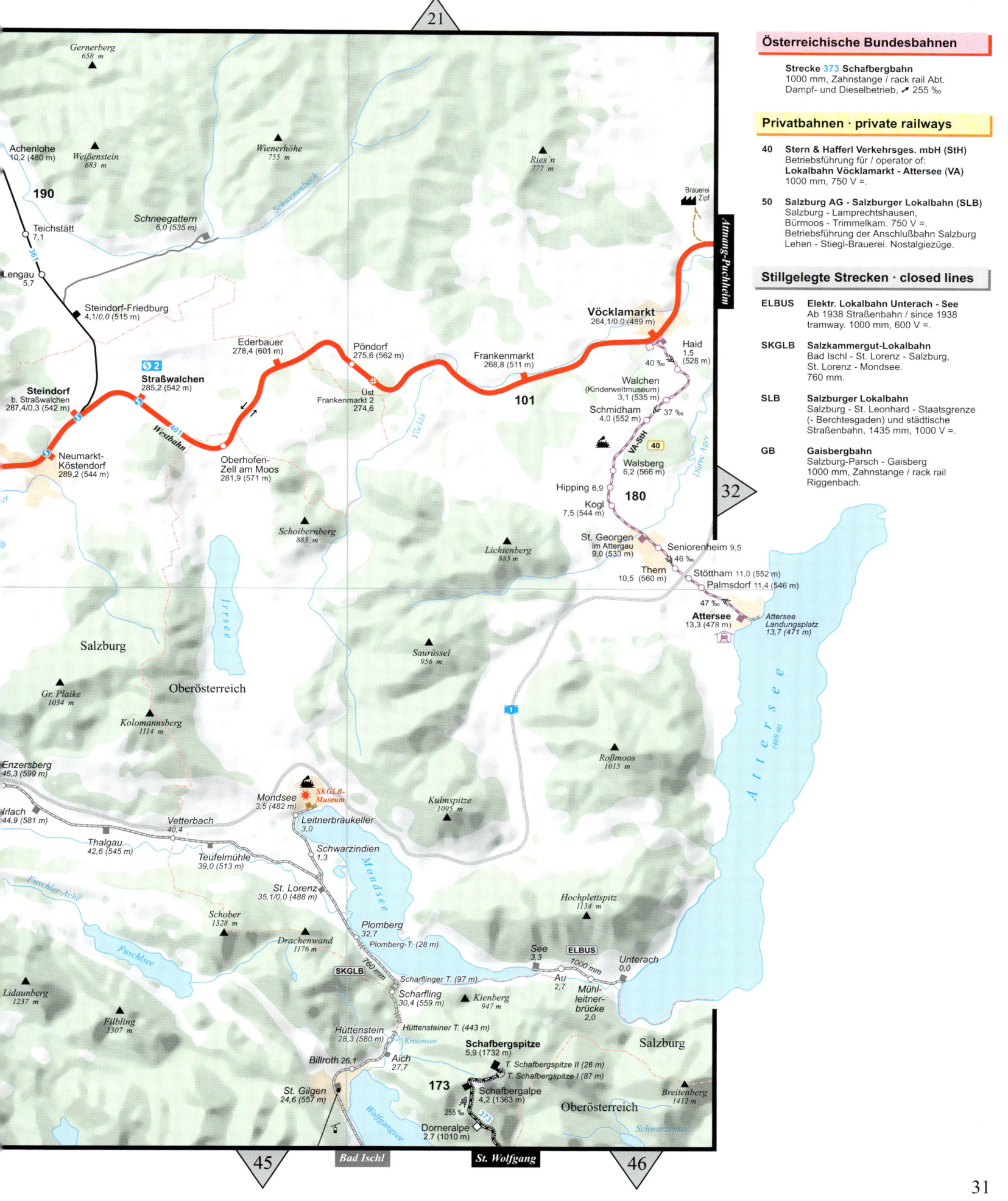

Österreichische Bundesbahnen

Strecke 351 Rohr - Bad Hall
2004 für dauernd stillgelegt. 2004 closed down.

Strecke 359 Lambach - Gmunden
Bis 1903 Spurweite 1106 mm, urspr. Teil der Pferdeeisenbahn Budweis - Linz - Gmunden.
Until 1903 1106 mm gauge, former part of horse railway Budweis - Linz - Gmunden.

Privatbahnen · private railways

40 Stern & Hafferl Verkehrsges. mbH (StH)
Betriebsführung für / operator of:

- **Lokalbahn Vöcklamarkt - Attersee AG (VA)**
  1000 mm, 750 V =.
  Nostalgiesonderzüge / nostalgic trains.

- **Lokalbahn Gmunden - Vorchdorf (GV)**
  1000 mm, 750 V =.
  Von Engelhof bis Gmunden Seebahnhof Mitbenutzung der ÖBB-Strecke 359 (Dreischienengleis).
  Engelhof - Gmunden Seebahnhof: use of ÖBB-line 359 (third rail).
  Nostalgiesonderzüge / nostalgic trains.

- **Lokalbahn Lambach - Vorchdorf-Eggenberg AG (LV)**
  1435 mm, 750 V =.
  Von Lambach bis Stadl-Paura Mitbenutzung der ÖBB-Strecke 359.
  Lambach - Stadl-Paura: use of ÖBB-line 359.

Museumsbahnen · touristic railways

45 Museumsbahn Timelkam - Ampflwang
Österreichische Gesellschaft für Eisenbahngeschichte (ÖGEG).
Ehemals Kohlenbahn der Wolfsegg-Trauntaler Kohlenwerke AG. Former industrial railway of "Wolfsegg-Trauntaler Kohlenwerke AG".

Straßenbahnen · tramways

40 Straßenbahn Gmunden
1000 mm, 600 V =.
Eigentümer / owner: GEG Elektrobau GmbH.
Betriebsführung / operator: Stern & Hafferl.

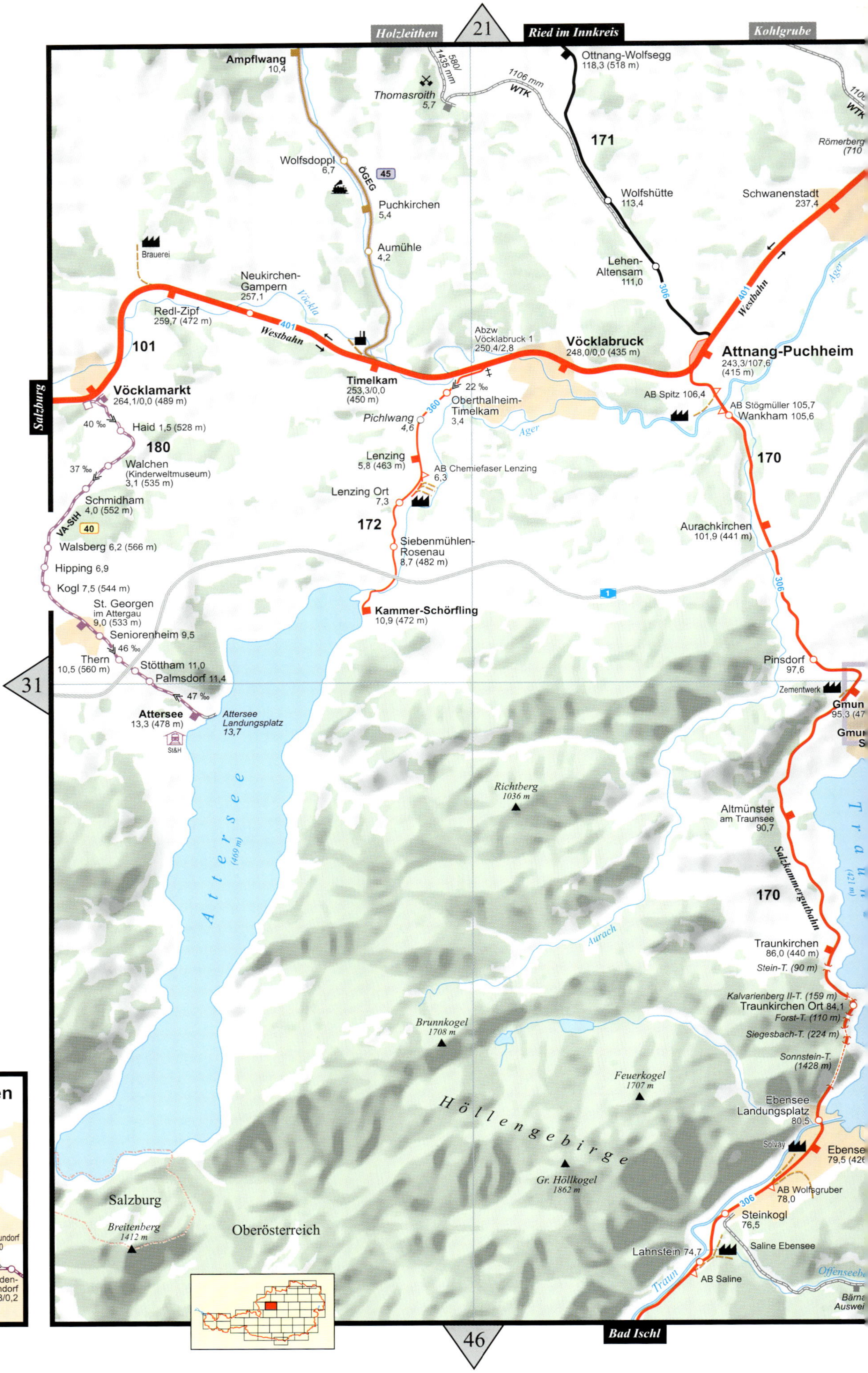

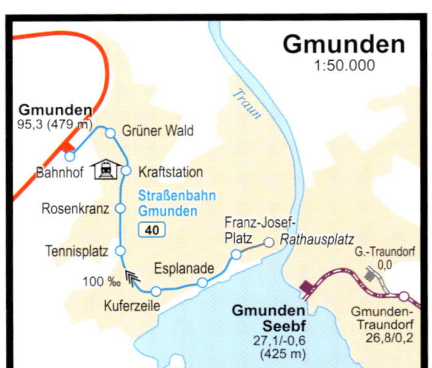
Gmunden 1:50.000

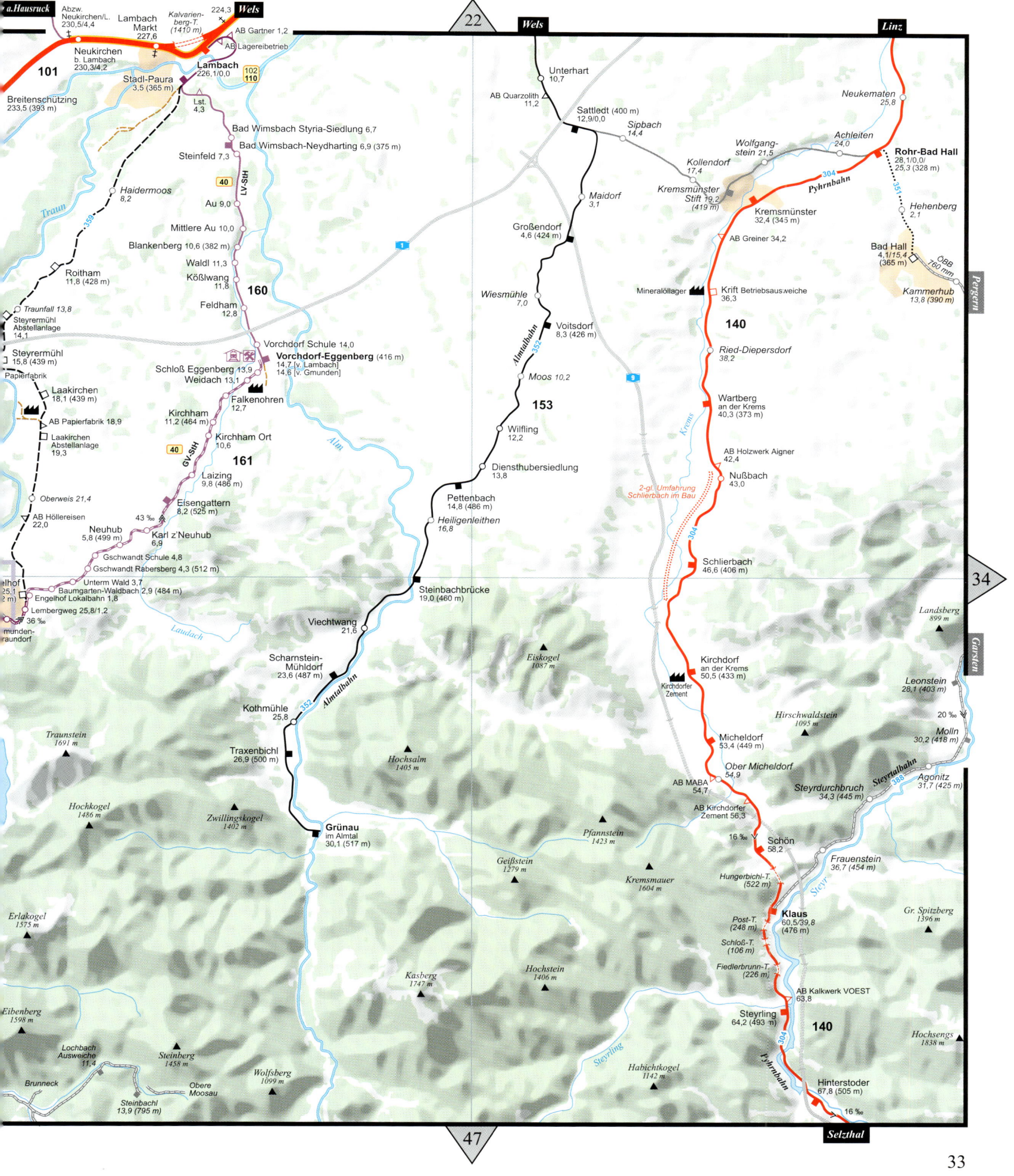

Österreichische Bundesbahnen

Strecke 156 Ybbstalbahn
Waidhofen a.d. Ybbs - Lunz am See
760 mm.
Dampfsonderzüge / Touristic steam trains.

Strecke 157 Gstadt - Ybbsitz
760 mm.

Museumsbahnen · touristic lines

47 Österreichische Gesellschaft für
Eisenbahngeschichte
Steyrtalbahn Steyr Lokalbahnhof – Grünburg
760 mm. Dampfbetrieb / steam operated.

Stillgelegte Bahnen

WbRr Waldbahn Reichraming
760 mm, *1920, †1971.

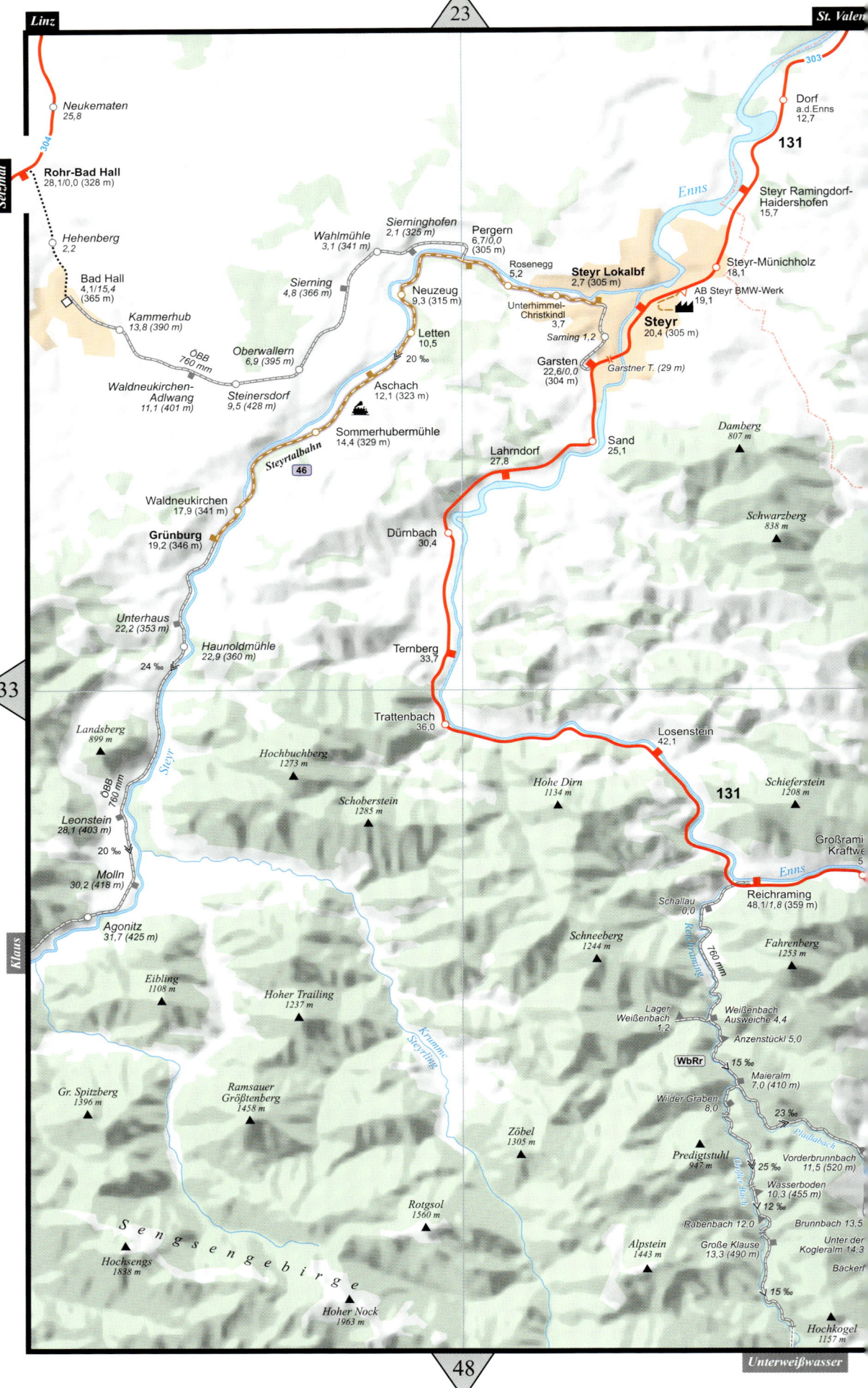

Map 35

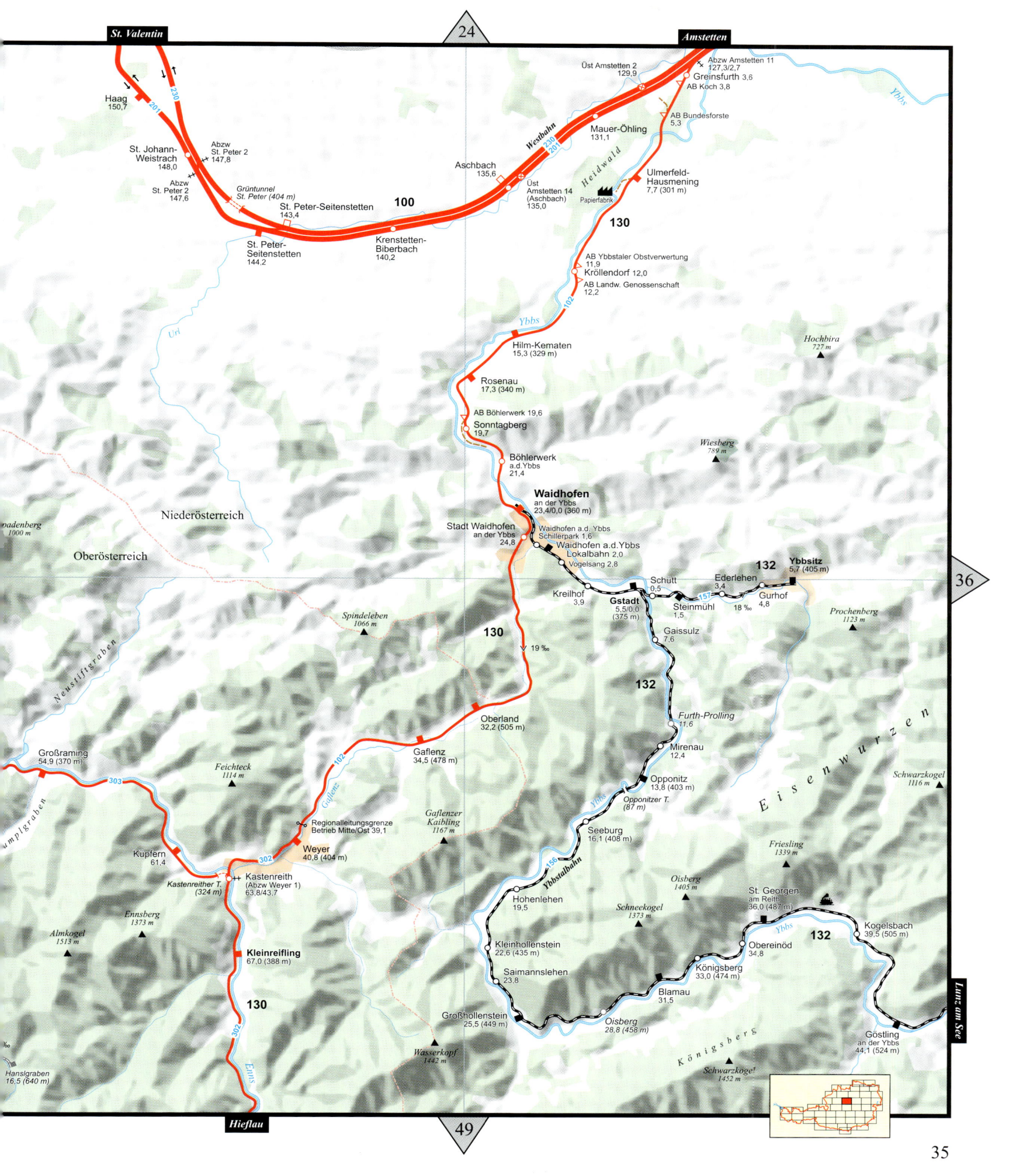

Routes and Stations

Top border: 24 | St. Valentin — Amstetten

Route 230/201 (Westbahn): St. Valentin – Amstetten
- Haag 150,7
- St. Johann-Weistrach 148,0
- Abzw St. Peter 2 147,8
- Abzw St. Peter 2 147,6
- *Grüntunnel St. Peter (404 m)*
- St. Peter-Seitenstetten 143,4
- St. Peter-Seitenstetten 144,2
- Krenstetten-Biberbach 140,2
- Aschbach 135,6
- Üst Amstetten 14 (Aschbach) 135,0
- Mauer-Öhling 131,1
- Üst Amstetten 2 129,9
- Abzw Amstetten 11 127,3/2,7
- Greinsfurth 3,6
- AB Koch 3,8
- AB Bundesforste 5,3

Route 130: Amstetten – Kleinreifling
- Ulmerfeld-Hausmening 7,7 (301 m) — *Papierfabrik*
- AB Ybbstaler Obstverwertung 11,9
- Kröllendorf 12,0
- AB Landw. Genossenschaft 12,2
- Hilm-Kematen 15,3 (329 m)
- Rosenau 17,3 (340 m)
- AB Böhlerwerk 19,6
- Sonntagberg 19,7
- Böhlerwerk a.d. Ybbs 21,4
- **Waidhofen an der Ybbs** 23,4/0,0 (360 m)
- Stadt Waidhofen an der Ybbs 24,8
- 19 ‰
- Oberland 32,2 (505 m)
- Gaflenz 34,5 (478 m)
- *Regionalleitungsgrenze Betrieb Mitte/Ost 39,1*
- Weyer 40,8 (404 m)
- Großraming 54,9 (370 m)
- Küpfern 61,4
- *Kastenreither T. (324 m)*
- Kastenreith (Abzw Weyer 1) 63,8/43,7
- Kleinreifling 67,0 (388 m)

Route 132 (Ybbstalbahn): Waidhofen – Ybbsitz / Göstling
- Waidhofen a.d. Ybbs Schillerpark 1,6
- Waidhofen a.d. Ybbs Lokalbahn 2,0
- Vogelsang 2,8
- Schütt 0,5
- Ederlehen 3,4
- Gurhof 4,8
- **Ybbsitz** 5,7 (405 m)
- Kreilhof 3,9
- **Gstadt** 5,5/0,0 (375 m)
- Steinmühl 1,5
- 18 ‰
- Gaissulz 7,6
- Furth-Prolling 11,6
- Mirenau 12,4
- Opponitz 13,8 (403 m)
- *Opponitzer T. (87 m)*
- Seeburg 16,1 (408 m)
- Hohenlehen 19,5
- Kleinhollenstein 22,6 (435 m)
- Saimannslehen 23,8
- Großhollenstein 25,5 (449 m)
- Oisberg 28,8 (458 m)
- Blamau 31,5
- Königsberg 33,0 (474 m)
- Obereinöd 34,8
- St. Georgen am Reith 36,0 (487 m)
- Kogelsbach 39,5 (505 m)
- Göstling an der Ybbs 44,1 (524 m)

Geographic features
- Niederösterreich / Oberösterreich
- *Heidwald*
- *Hochbira 727 m*
- *Wiesberg 789 m*
- *Spindeleben 1066 m*
- *Prochenberg 1123 m*
- *Schwadenberg 1000 m*
- *Neustiftgraben*
- *Feichteck 1114 m*
- *Gaflenzer Kaibling 1167 m*
- *Schneekogel 1373 m*
- *Oisberg 1405 m*
- *Friesling 1339 m*
- *Schwarzkogel 1116 m*
- *Eisenwurzen*
- *Ennsberg*
- *Almkogel 1513 m*
- *Wasserkopf 1442 m*
- *Königsberg*
- *Schwarzköge' 1452 m*
- *Hanslgraben 16,5 (640 m)*
- Rivers: Ybbs, Url, Enns, Gaflenz

Bottom: 49 | Hieflau — Lunz am See — 36

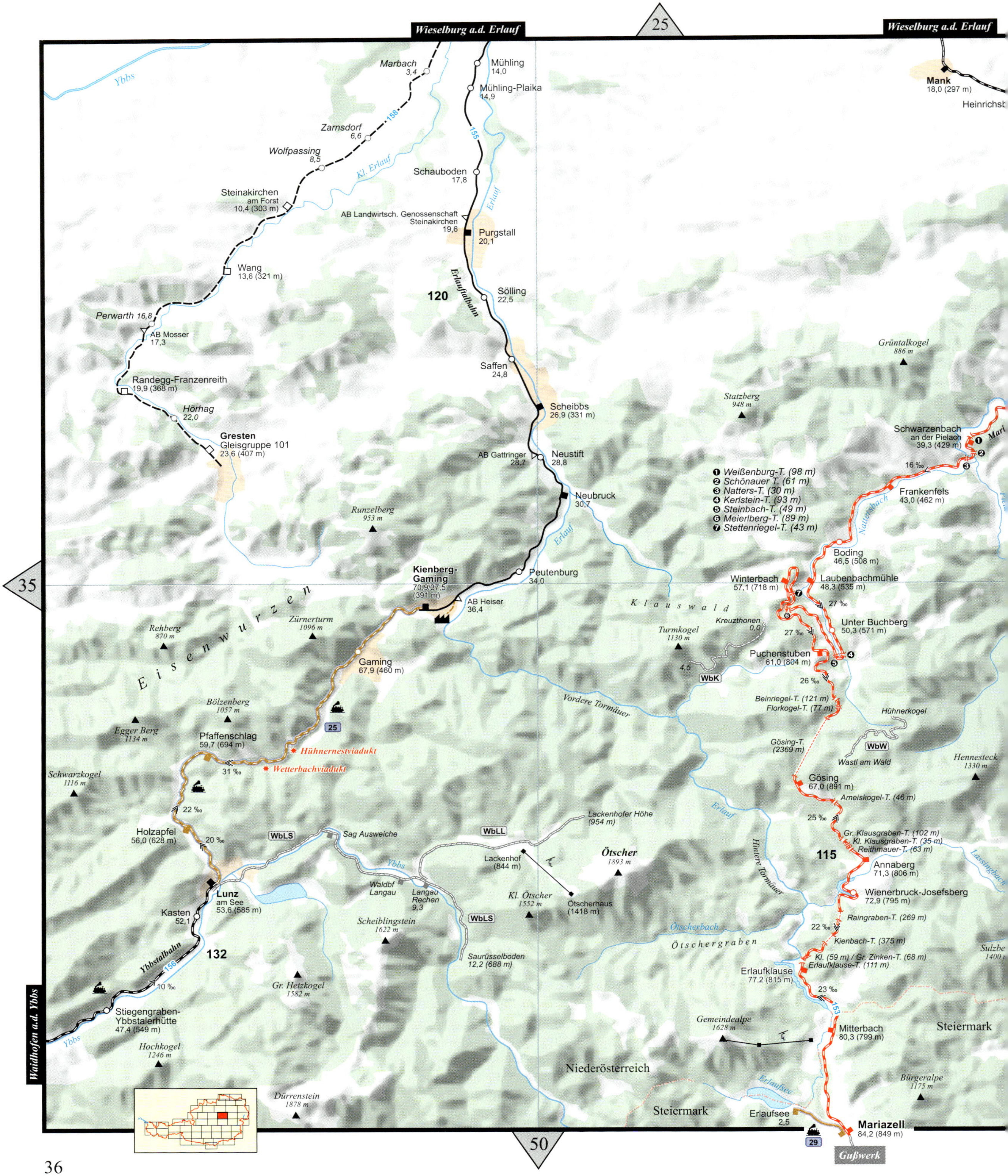

Wieselburg a.d. Erlauf
25
Wieselburg a.d. Erlauf
35
50
Waidhofen a.d. Ybbs
Gußwerk
Ybbs
Marbach 3,4
Zarnsdorf 6,6
158
Wolfpassing 8,5
Kl. Erlauf
Steinakirchen am Forst 10,4 (303 m)
Wang 13,6 (321 m)
Perwarth 16,8
AB Mosser 17,3
Randegg-Franzenreith 19,9 (368 m)
Hörhag 22,0
Gresten Gleisgruppe 101 23,6 (407 m)
Mühling 14,0
Mühling-Plaika 14,9
155
Schauboden 17,8
Erlauf
AB Landwirtsch. Genossenschaft Steinakirchen 19,6
Purgstall 20,1
Erlauftalbahn
120
Sölling 22,5
Saffen 24,8
Scheibbs 26,9 (331 m)
AB Gattringer 28,7
Neustift 28,8
Neubruck 30,7
Runzelberg 953 m
Peutenburg 34,0
Kienberg-Gaming 70,9/37,5 (391 m)
AB Heiser 36,4
Mank 18,0 (297 m)
Heinrichsb
Grüntalkogel 886 m
Statzberg 948 m
Schwarzenbach an der Pielach 39,3 (429 m)
Mari
16 ‰
Frankenfels 43,0 (462 m)
Natters bach
❶ Weißenburg-T. (98 m)
❷ Schönauer T. (61 m)
❸ Natters-T. (30 m)
❹ Kerlstein-T. (93 m)
❺ Steinbach-T. (49 m)
❻ Meierlberg-T. (89 m)
❼ Stettenriegel-T. (43 m)
Boding 46,5 (508 m)
Winterbach 57,1 (718 m)
Laubenbachmühle 48,3 (535 m)
27 ‰
Unter Buchberg 50,3 (571 m)
27 ‰
Klauswald
Kreuzthonen 0,0
Turmkogel 1130 m
4,5
WbK
Puchenstuben 61,0 (804 m)
26 ‰
Beinriegel-T. (121 m)
Florkogel-T. (77 m)
Hühnerkogel
WbW
Wastl am Wald
Gösing-T. (2369 m)
Gösing 67,0 (891 m)
Ameiskogel-T. (46 m)
25 ‰
Hennesteck 1330 m
Gr. Klausgraben-T. (102 m)
Kl. Klausgraben-T. (35 m)
Reithmauer-T. (63 m)
115
Annaberg 71,3 (806 m)
Lassingbach
Wienerbruck-Josefsberg 72,9 (795 m)
22 ‰
Raingraben-T. (269 m)
Kienbach-T. (375 m)
Kl. (59 m) / Gr. Zinken-T. (68 m)
Erlaufklause-T. (111 m)
Erlaufklause 77,2 (815 m)
23 ‰
153
Mitterbach 80,3 (799 m)
Sulzbe 1400
Steiermark
Bürgeralpe 1175 m
Mariazell 84,2 (849 m)
Erlaufsee 2,5
Erlaufsee
29
Gemeindealpe 1628 m
Niederösterreich
Steiermark
Ötscherbach
Ötschergraben
Hintere Tormäuer
Erlauf
Vordere Tormäuer
Eisenwurzen
Zürnerturm 1096 m
Rehberg 870 m
Gaming 67,9 (460 m)
Bölzenberg 1057 m
25
Egger Berg 1134 m
Pfaffenschlag 59,7 (694 m)
Hühnernestviadukt
Wetterbachviadukt
31 ‰
Schwarzkogel 1116 m
22 ‰
Holzapfel 56,0 (628 m)
20 ‰
WbLS
Sag Ausweiche
WbLL
Lackenhofer Höhe (954 m)
Lackenhof (844 m)
Ötscher 1893 m
Ybbs
Waldbf Langau
Langau Rechen 9,3
Lunz am See 53,6 (585 m)
Kasten 52,1
Kl. Ötscher 1552 m
Ötscherhaus (1418 m)
WbLS
Scheiblingstein 1622 m
Saurüsselboden 12,2 (688 m)
132
Ybbstalbahn
156
10 ‰
Gr. Hetzkogel 1582 m
Stiegengraben-Ybbstalerhütte 47,4 (549 m)
Ybbs
Hochkogel 1246 m
Dürrenstein 1878 m

Österreichische Bundesbahnen

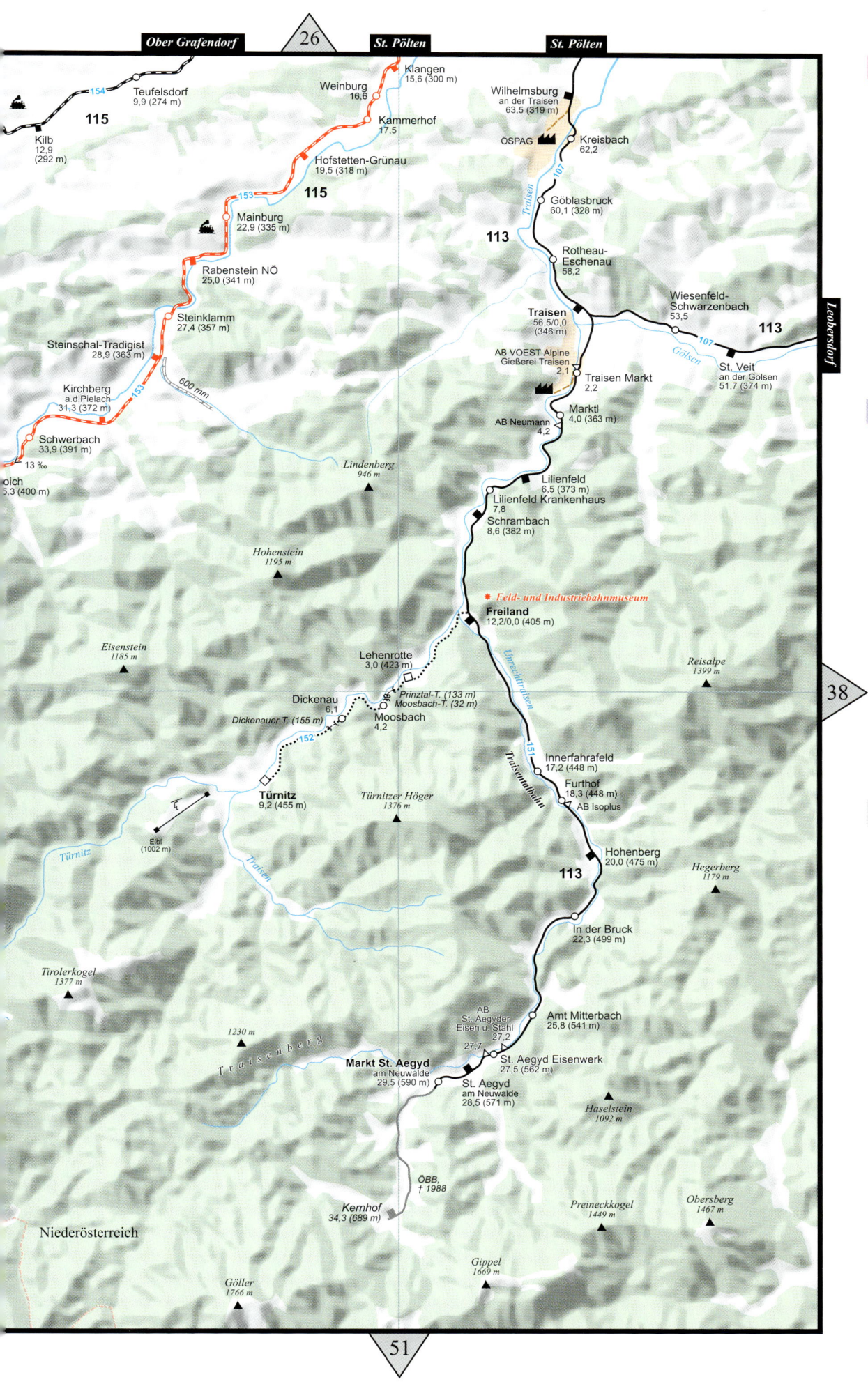

Strecke 153 Mariazellerbahn
St. Pölten - Mariazell
760 mm, 6500 V 25 Hz ~.
Dampfsonderzüge / touristic steam trains.

Strecke 154
Ober Grafendorf - Wieselburg a.d. Erlauf
760 mm. Mank - Wieselburg außer Betrieb / out of service.
Dampfsonderzüge / touristic steam trains.

Strecke 156 Ybbstalbahn
Waidhofen a.d. Ybbs - Lunz am See
760 mm.
Dampfsonderzüge / touristic steam trains.

Strecke 158
Wieselburg a.d. Erlauf - Gresten
Bis 1998 Spurweite 760 mm, seither 1435 mm.
Until 1998 760 mm gauge, since then 1435 mm.

Museumsbahnen · touristic lines

25 Kienberg-Gaming - Lunz am See
760 mm. Dampfbetrieb / steam operated.
Betriebsführung / operator:
Niederösterreichische Lokalbahnen-Betriebsgesellschaft mbH (NÖLB).
Strecke durch Österreichische Gesellschaft für Lokalbahnen (ÖGLB) von ÖBB gepachtet.
Line leased from ÖBB to ÖGLB.

29 Museumstramway Mariazell
1435 mm. Teilweise elektrisch 600 V =.
Part of line electric operated, 600 V =.

Stillgelegte Bahnen · closed lines

WbLL Waldbahn Langau - Lackenhofer Höhe
1000 mm, *ca. 1845, † 1867.
Pferdebetrieb / horse railway.

WbLS Waldbahn Lunz - Langau - Saurüsselboden
700 mm, *1920, † 1974.

WbK Waldbahn im Klauswald
Forsthaus Kreuzthonen - Ladestelle am Turmkogel.
600 mm (?), *1930, † 1937.

WbW Waldbahn Wastl am Wald - Hühnerkogel
600 mm, *1934, † 1945.

Österreichische Bundesbahnen

Strecke 107 Leobersdorf - St. Pölten
Weißenbach-Neuhaus - Hainfeld:
nur Ausflugszüge der ÖBB Erlebnisbahn /
only touristic trains of ÖBB Erlebnisbahn.

Privatbahnen · private railways

10 **Wiener Lokalbahnen AG (WLB)**
Wien Oper - Baden Josefsplatz, 850 V =.
Wien Philadelphiabrücke - Leesdorf Fbf:
Nebenbahn / railway, Leesdorf Fbf -
Baden Josefsplatz: Straßenbahn / tramway.
Traiskirchen P. 11 - Traisk. Aspangbahn:
Nebenbahn / railway.
Stillgelegte WLB-Linien / closed WLB-lines:
 Ringbahn Baden († 1928)
 Baden - Rauhenstein († 1936)
 Baden - Sooß - Bad Vöslau (1951).

70 **Raab-Oedenburg-Ebenfurter
Eisenbahn AG (ROeEE)
Győr-Sopron-Ebenfurti Vasut (GySEV)**
Győr - Sopron - Ebenfurth: 25 kV 50 Hz ~.
Betriebsleitung und Verwaltung für den
österreichischen Abschnitt in Wulkaprodersdorf,
für die ungarischen Strecken in Sopron.
Operating center for austrian part at Wulka-
prodersdorf, for hungarian parts at Sopron.

Stillgelegte Bahnen · closed lines

MH **Elektr. Lokalbahn Mödling - Hinterbrühl**
1000 mm, 500 V =. *1883, † 1932.

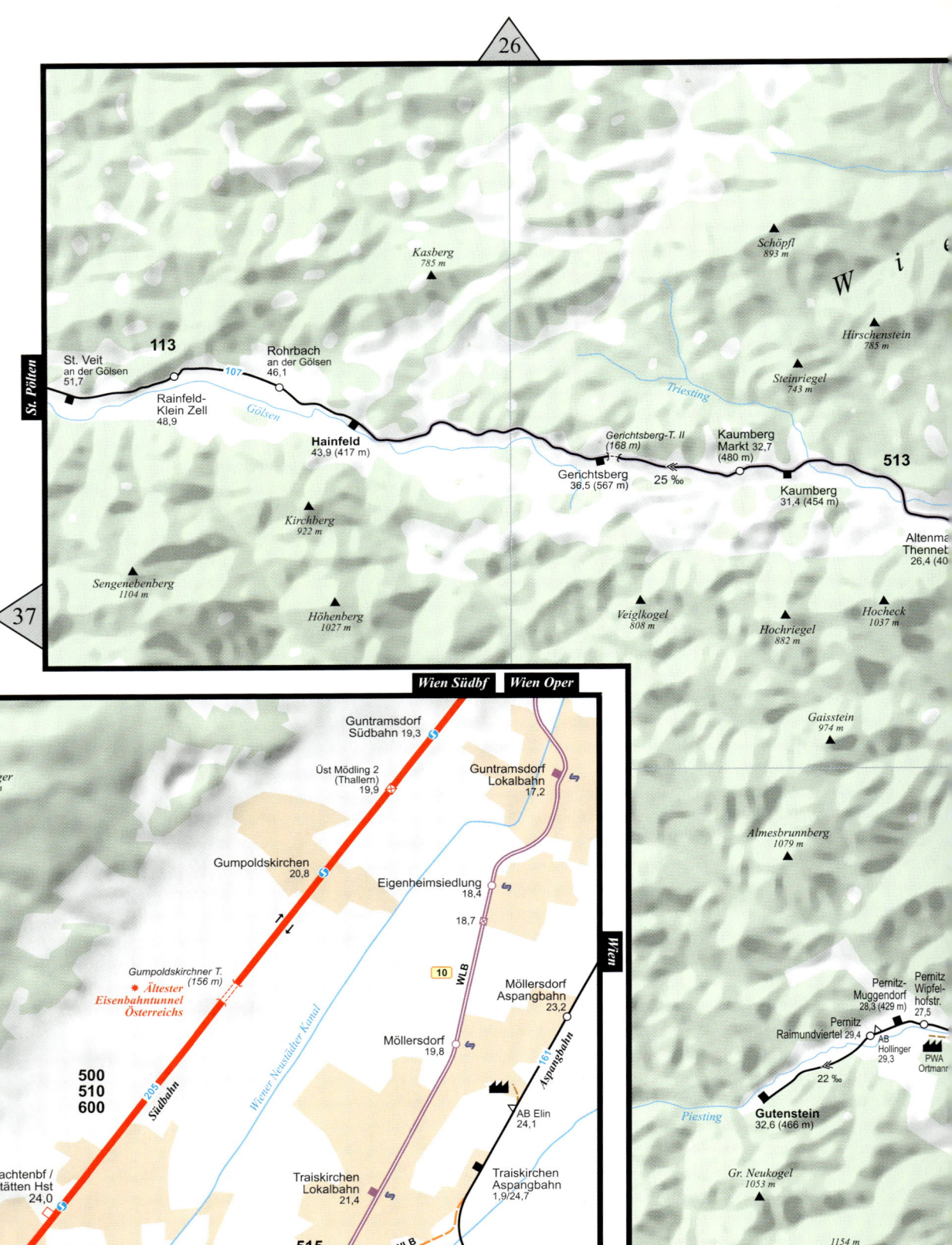

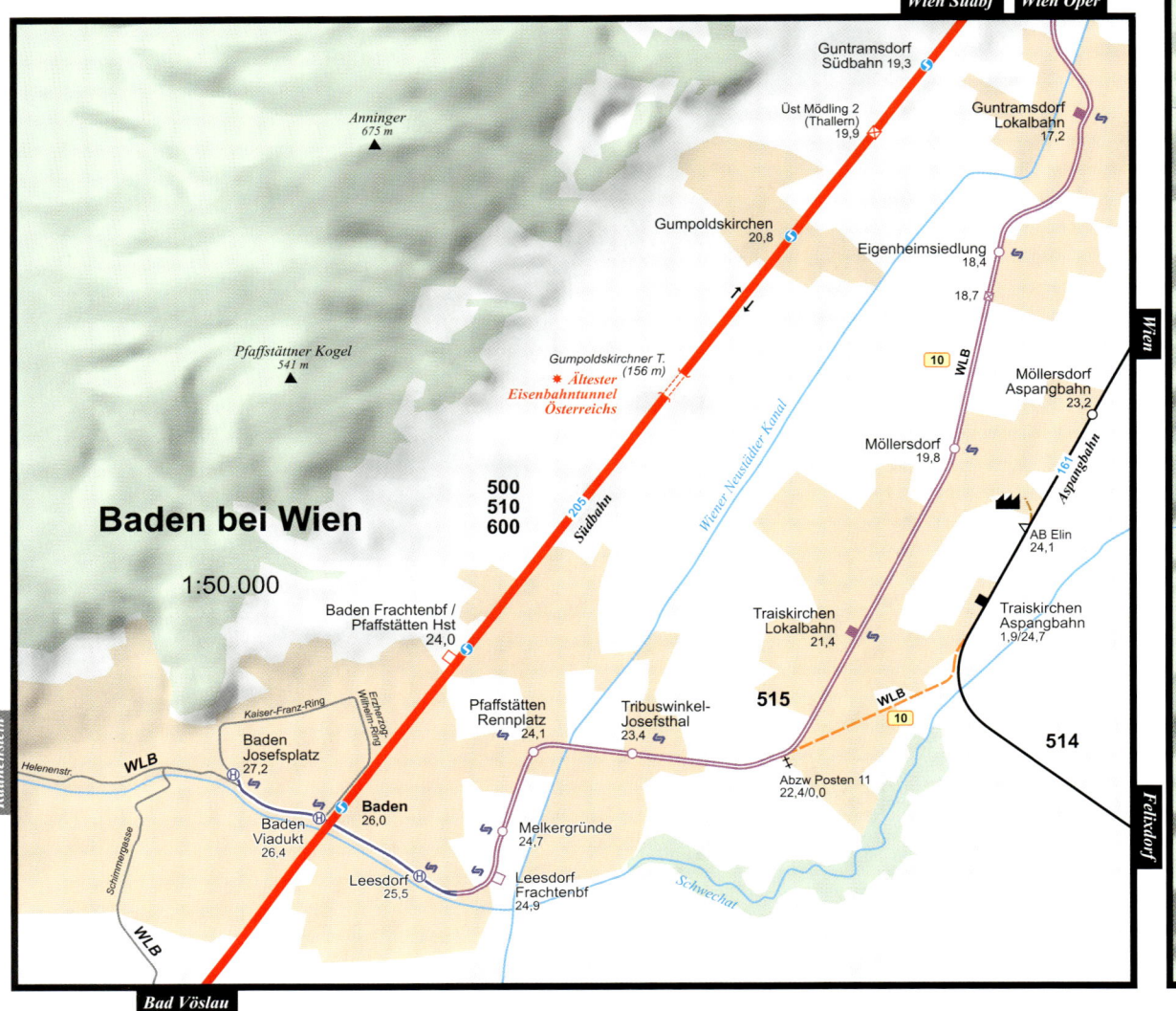

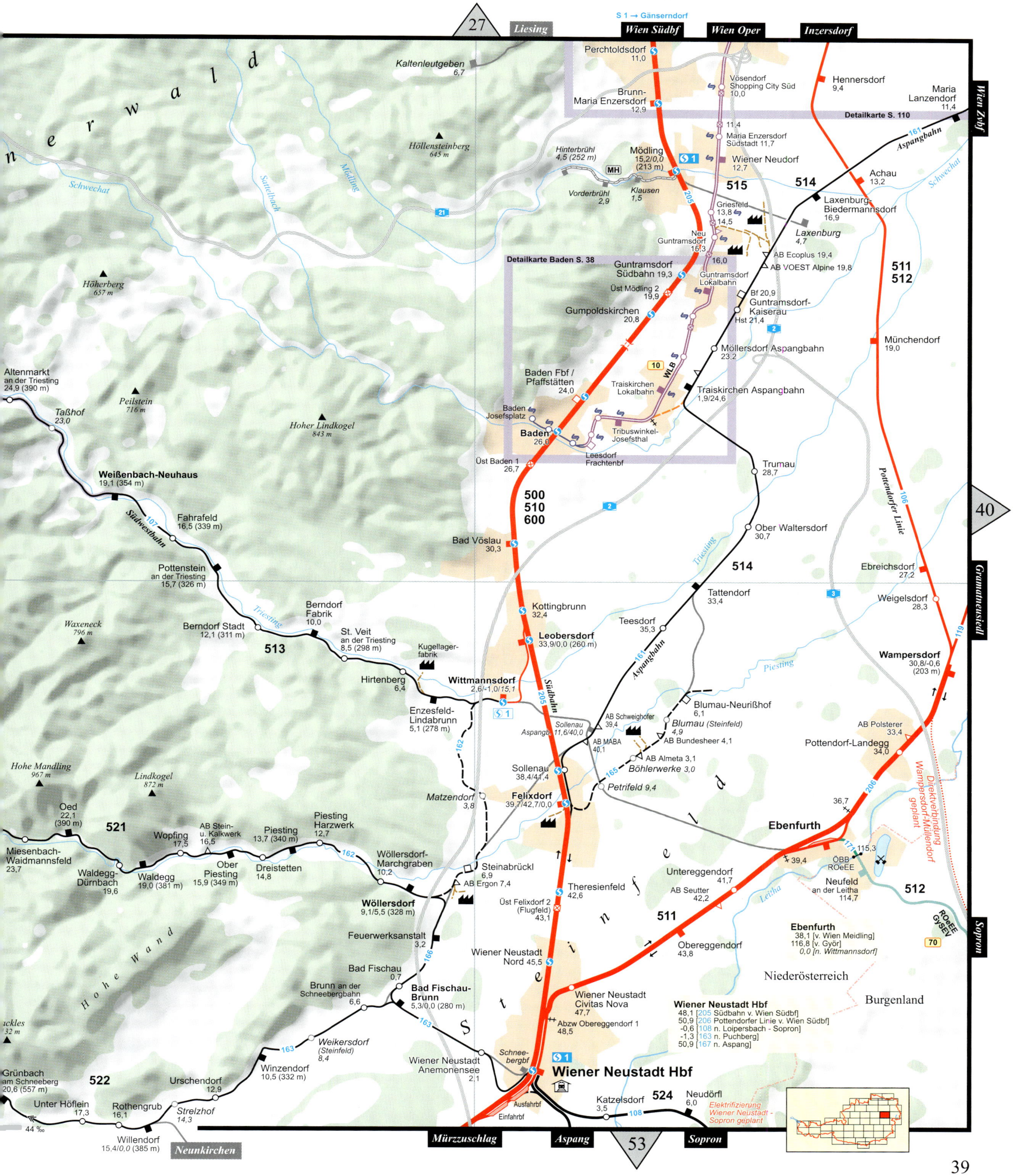
27
Liesing
S 1 → Gänserndorf
Wien Südbf
Wien Oper
Inzersdorf
Wien Zvbf
Gramatneusiedl
Sopron
40
53
Mürzzuschlag
Aspang
Neunkirchen
Perchtoldsdorf 11,0
Kaltenleutgeben 6,7
Brunn-Maria Enzersdorf 12,9
Vösendorf Shopping City Süd 10,0
Hennersdorf 9,4
Maria Lanzendorf 11,4
Detailkarte S. 110
11,4
Maria Enzersdorf Südstadt 11,7
Höllensteinberg 645 m
Hinterbrühl 4,5 (252 m)
Mödling 15,2/0,0 (213 m)
MH
Wiener Neudorf 12,7
Achau 13,2
Aspangbahn
Schwechat
Vorderbrühl 2,9
Klausen 1,5
515
514
Laxenburg-Biedermannsdorf 16,9
Griesfeld 13,8
14,5
Laxenburg 4,7
Neu Guntramsdorf 15,3
16,0
AB Ecoplus 19,4
AB VOEST Alpine 19,8
Detailkarte Baden S. 38
Guntramsdorf Südbahn 19,3
Guntramsdorf Lokalbahn
511
512
Höherberg 657 m
Üst Mödling 2 19,9
Bf 20,9
Guntramsdorf-Kaiserau
Hst 21,4
Gumpoldskirchen 20,8
Münchendorf 19,0
Möllersdorf Aspangbahn 23,2
10
WLB
Altenmarkt an der Triesting 24,9 (390 m)
Peilstein 716 m
Baden Fbf / Pfaffstätten 24,0
Traiskirchen Lokalbahn
Traiskirchen Aspangbahn 1,9/24,6
Taßhof 23,0
Hoher Lindkogel 843 m
Baden Josefsplatz
Baden 26,0
Tribuswinkel-Josefsthal
Leesdorf Frachtenbf
Weißenbach-Neuhaus 19,1 (354 m)
Üst Baden 1 26,7
Trumau 28,7
Pottendorfer Linie
500
510
600
Südwestbahn
Fahrafeld 16,5 (339 m)
Ober Waltersdorf 30,7
Bad Vöslau 30,3
Triesting
Pottenstein an der Triesting 15,7 (326 m)
514
Ebreichsdorf 27,2
Tattendorf 33,4
Weigelsdorf 28,3
Berndorf Fabrik 10,0
Kottingbrunn 32,4
Waxeneck 796 m
Berndorf Stadt 12,1 (311 m)
Teesdorf 35,3
St. Veit an der Triesting 8,5 (298 m)
Leobersdorf 33,9/0,0 (260 m)
513
Kugellager-fabrik
Wampersdorf 30,8/-0,6 (203 m)
Piesting
Hirtenberg 6,4
Wittmannsdorf 2,6/-1,0/15,1
Südbahn
Enzesfeld-Lindabrunn 5,1 (278 m)
Blumau-Neurißhof 6,1
Sollenau Aspangb. 11,6/40,0
AB Schweighofer 39,4
Blumau (Steinfeld) 4,9
AB Polsterer 33,4
AB MABA 40,1
AB Bundesheer 4,1
Pottendorf-Landegg 34,0
Hohe Mandling 967 m
Lindkogel 872 m
Sollenau 38,4/41,4
AB Almeta 3,1
Böhlerwerke 3,0
Direktverbindung Wampersdorf-Müllendorf geplant
Matzendorf 3,8
Felixdorf 39,7/42,7/0,0
Petrifeld 9,4
36,7
Oed 22,1 (390 m)
521
Piesting Harzwerk 12,7
Ebenfurth
Wopfing 17,5
AB Stein- u. Kalkwerk 16,5
Piesting 13,7 (340 m)
Miesenbach-Waidmannsfeld 23,7
Wöllersdorf-Marchgraben 10,2
115,3
39,4
ÖBB
ROeEE
Waldegg-Dürnbach 19,6
Waldegg 19,0 (381 m)
Ober Piesting 15,9 (349 m)
Dreistetten 14,8
Steinabrückl 6,9
AB Ergon 7,4
Untereggendorf 41,7
Neufeld an der Leitha 114,7
512
Theresienfeld 42,6
AB Seutter 42,2
Wöllersdorf 9,1/5,5 (328 m)
Üst Felixdorf 2 (Flugfeld) 43,1
Leitha
511
Ebenfurth 38,1 [v. Wien Meidling] 116,8 [v. Győr] 0,0 [n. Wittmannsdorf]
ROeEE GYSEV
70
Feuerwerksanstalt 3,2
Hohe Wand
Steinfeld
Wiener Neustadt Nord 45,5
Obereggendorf 43,8
Niederösterreich
Bad Fischau 0,7
Burgenland
Bad Fischau-Brunn 5,3/0,0 (280 m)
Brunn an der Schneebergbahn 6,6
Wiener Neustadt Civitas Nova 47,7
Abzw Obereggendorf 1 48,5
Wiener Neustadt Hbf
48,1 [205 Südbahn v. Wien Südbf]
50,9 [206 Pottendorfer Linie v. Wien Südbf]
-0,6 [108 n. Loipersbach - Sopron]
-1,3 [163 n. Puchberg]
50,9 [167 n. Aspang]
Weikersdorf (Steinfeld) 8,4
Schneebergbf
Wiener Neustadt Anemonensee 2,1
Wiener Neustadt Hbf
Grünbach am Schneeberg 20,6 (557 m)
522
Urschendorf 12,9
Winzendorf 10,5 (332 m)
Katzelsdorf 3,5
524
Neudörfl 6,0
Unter Höflein 17,3
Rothengrub 16,1
Strelzhof 14,3
Ausfahrbf
Einfahrbf
Elektrifizierung Wiener Neustadt - Sopron geplant
44 ‰
Willendorf 15,4/0,0 (385 m)

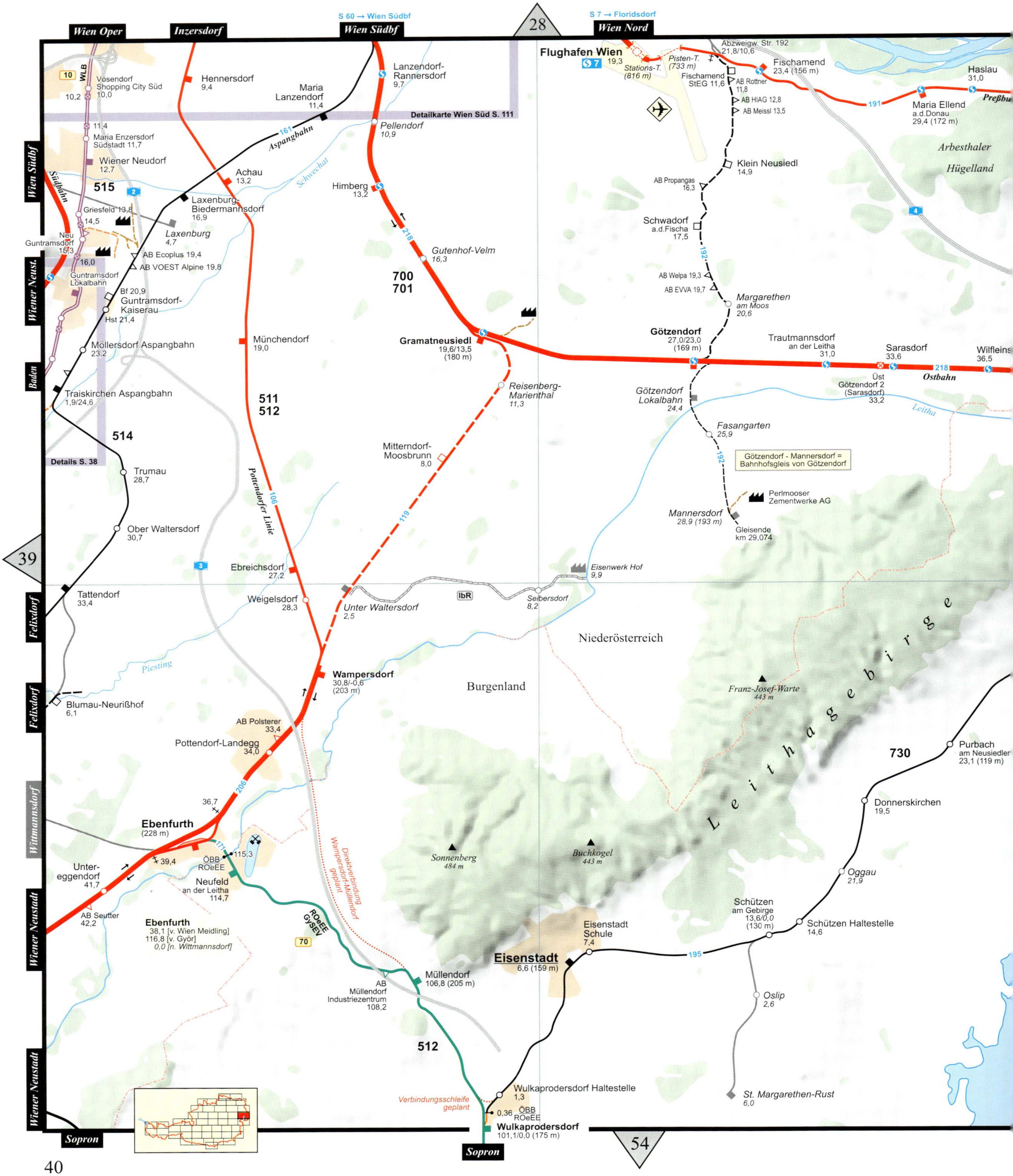

Wien Oper
Inzersdorf
S 60 → Wien Südbf
Wien Südbf
28
S 7 → Floridsdorf
Wien Nord
Flughafen Wien
19,3
Stations-T. (816 m)
Pisten-T. (733 m)
Abzweigw. Str. 192 21,8/10,6
Fischamend 23,4 (156 m)
Haslau 31,0
Preßbu
Fischamend StEG 11,6
AB Rottner 11,8
AB HIAG 12,8
AB Meissl 13,5
Maria Ellend a.d.Donau 29,4 (172 m)
Arbesthaler Hügelland
191
10
WLB
Vösendorf Shopping City Süd 10,0
10,2
Hennersdorf 9,4
Maria Lanzendorf 11,4
Lanzendorf-Rannersdorf 9,7
Detailkarte Wien Süd S. 111
11,4
Maria Enzersdorf Südstadt 11,7
161
Aspangbahn
Pellendorf 10,9
Wiener Neudorf 12,7
Wien Südbf
Südbahn
515
Achau 13,2
Schwechat
Himberg 13,2
Klein Neusiedl 14,9
AB Propangas 16,3
Laxenburg-Biedermannsdorf 16,9
Griesfeld 13,8
14,5
Laxenburg 4,7
218
Schwadorf a.d.Fischa 17,5
Neu Guntramsdorf 15,3
AB Ecoplus 19,4
AB VOEST Alpine 19,8
Gutenhof-Velm 16,3
192
16,0
Wiener Neust.
Guntramsdorf Lokalbahn
Bf 20,9
Guntramsdorf-Kaiserau
Hst 21,4
700 701
AB Welpa 19,3
AB EVVA 19,7
Margarethen am Moos 20,6
Möllersdorf Aspangbahn 23,2
Münchendorf 19,0
Gramatneusiedl 19,6/13,5 (180 m)
Götzendorf 27,0/23,0 (169 m)
Trautmannsdorf an der Leitha 31,0
Sarasdorf 33,6
Wilfleins 36,5
Baden
Traiskirchen Aspangbahn 1,9/24,6
Reisenberg-Marienthal 11,3
Götzendorf Lokalbahn 24,4
Üst Götzendorf 2 (Sarasdorf) 33,2
Ostbahn
Leitha
511 512
514
Fasangarten 25,9
Mitterndorf-Moosbrunn 8,0
Details S. 38
Trumau 28,7
Götzendorf - Mannersdorf = Bahnhofsgleis von Götzendorf
Pottendorfer Linie
106
Perlmooser Zementwerke AG
Mannersdorf 28,9 (193 m)
Gleisende km 29,074
119
Ober Waltersdorf 30,7
39
3
Ebreichsdorf 27,2
Eisenwerk Hof 9,9
Felixdorf
Tattendorf 33,4
Weigelsdorf 28,3
Unter Waltersdorf 2,5
IbR
Seibersdorf 8,2
Niederösterreich
Piesting
Wampersdorf 30,8/-0,6 (203 m)
Burgenland
Felixdorf
Blumau-Neurißhof 6,1
Franz-Josef-Warte 443 m
AB Polsterer 33,4
Pottendorf-Landegg 34,0
Leithagebirge
730
Purbach am Neusiedler 23,1 (119 m)
206
Wittmannsdorf
36,7
Ebenfurth (228 m)
Donnerskirchen 19,5
171
115,3
39,4
ÖBB ROeEE
Sonnenberg 484 m
Buchkogel 443 m
Unter-eggendorf 41,7
Neufeld an der Leitha 114,7
Direktverbindung Wampersdorf-Müllendorf geplant
Oggau 21,9
Wiener Neustadt
AB Seutter 42,2
Ebenfurth 38,1 [v. Wien Meidling] 116,8 [v. Györ] 0,0 [n. Wittmannsdorf]
ROeEE GySEV
70
Schützen am Gebirge 13,6/0,0 (130 m)
Schützen Haltestelle 14,6
Eisenstadt Schule 7,4
Eisenstadt 6,6 (159 m)
195
Müllendorf 106,8 (205 m)
AB Müllendorf Industriezentrum 108,2
Oslip 2,6
512
Wiener Neustadt
Wulkaprodersdorf Haltestelle 1,3
St. Margarethen-Rust 6,0
Verbindungsschleife geplant
0,36
ÖBB ROeEE
Wulkaprodersdorf 101,1/0,0 (175 m)
Sopron
Sopron
54

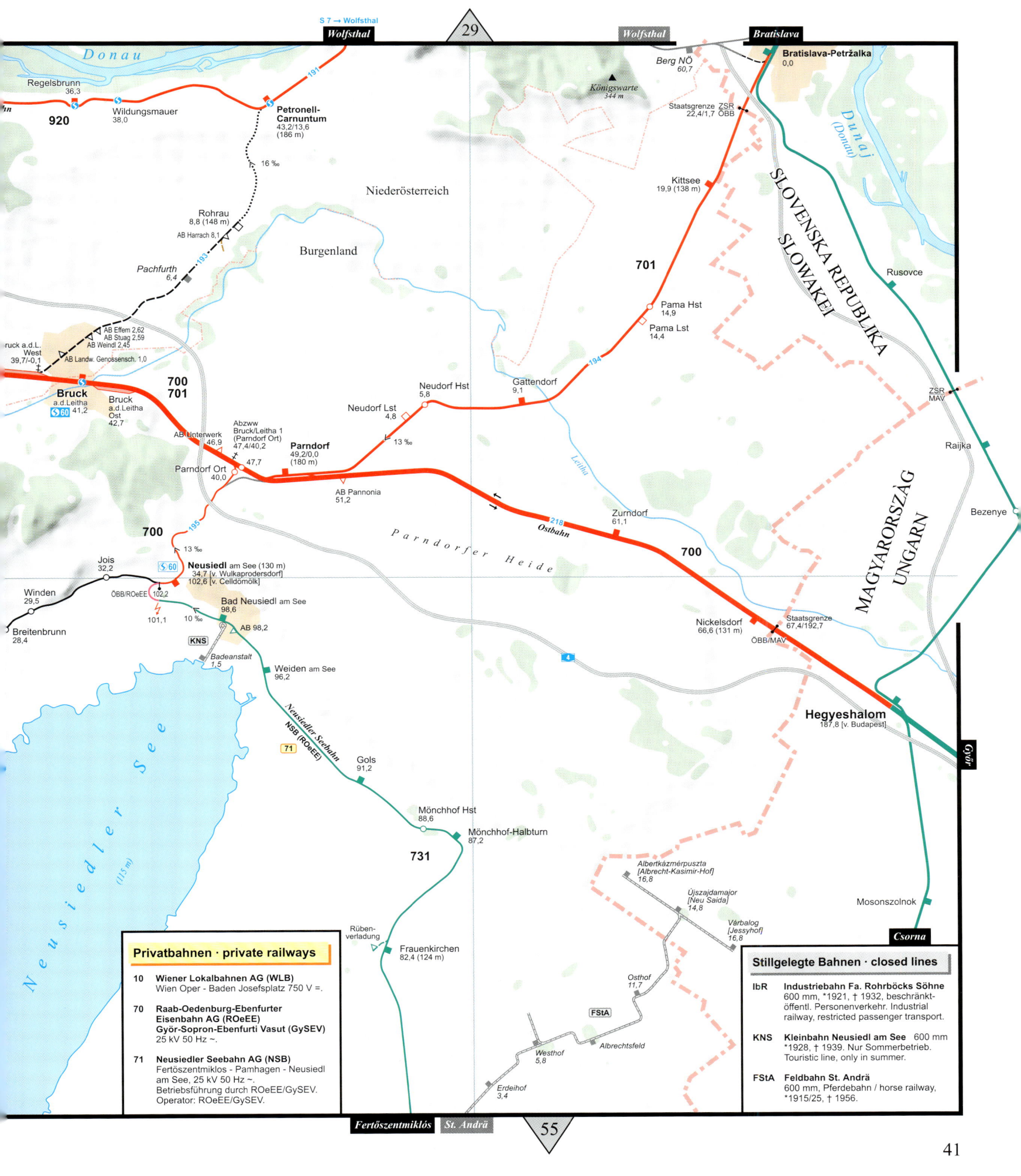

Privatbahnen · private railways

10 Wiener Lokalbahnen AG (WLB)
Wien Oper - Baden Josefsplatz 750 V =.

70 Raab-Oedenburg-Ebenfurter
Eisenbahn AG (ROeEE)
Győr-Sopron-Ebenfurti Vasut (GySEV)
25 kV 50 Hz ~.

71 Neusiedler Seebahn AG (NSB)
Fertöszentmiklos - Pamhagen - Neusiedl
am See, 25 kV 50 Hz ~.
Betriebsführung durch ROeEE/GySEV.
Operator: ROeEE/GySEV.

Stillgelegte Bahnen · closed lines

IbR Industriebahn Fa. Rohrböcks Söhne
600 mm, *1921, † 1932, beschränkt-
öffentl. Personenverkehr. Industrial
railway, restricted passenger transport.

KNS Kleinbahn Neusiedl am See 600 mm
*1928, † 1939. Nur Sommerbetrieb.
Touristic line, only in summer.

FStA Feldbahn St. Andrä
600 mm, Pferdebahn / horse railway,
*1915/25, † 1956.

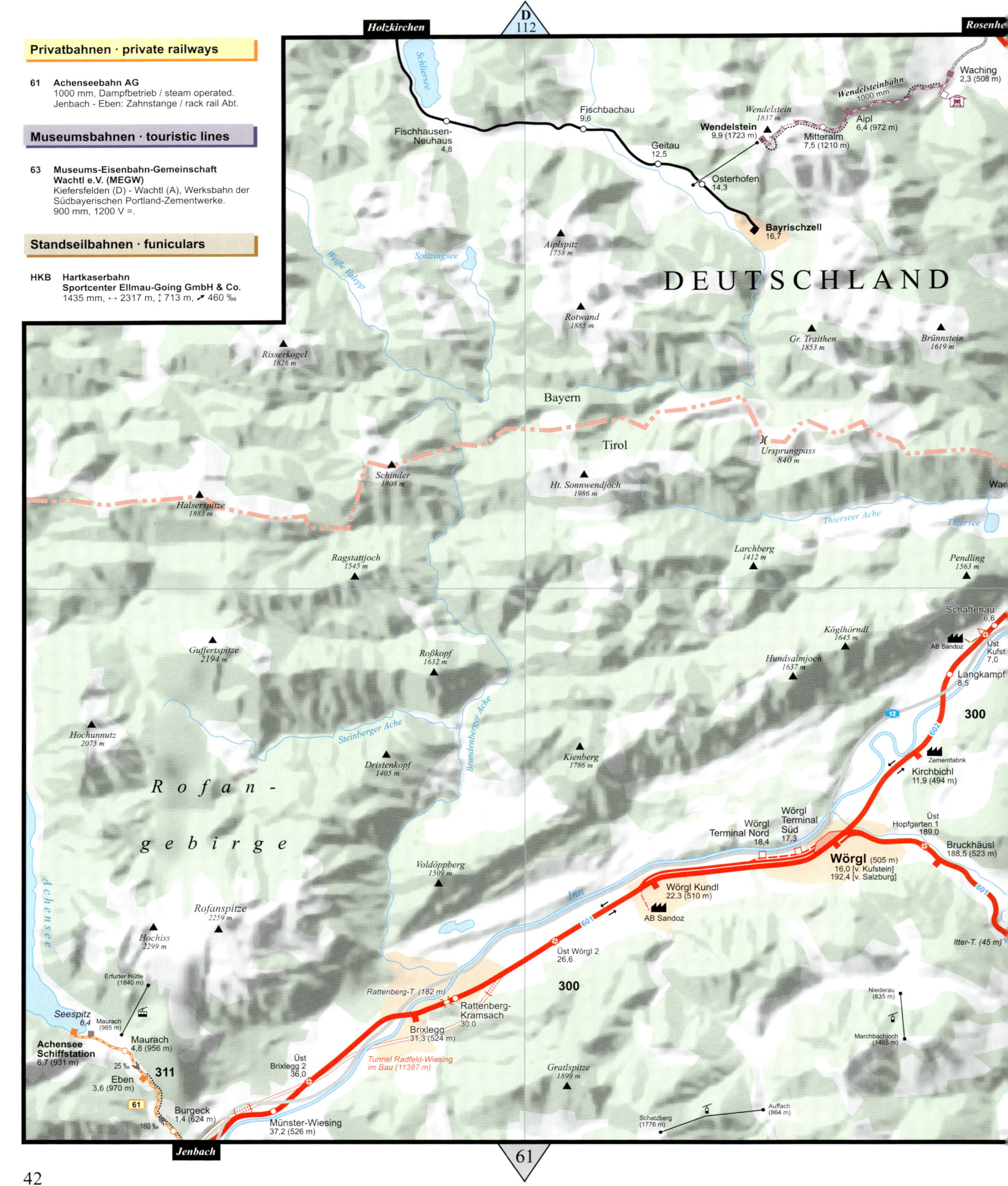

Privatbahnen · private railways

61 Achenseebahn AG
1000 mm, Dampfbetrieb / steam operated.
Jenbach - Eben: Zahnstange / rack rail Abt.

Museumsbahnen · touristic lines

63 Museums-Eisenbahn-Gemeinschaft
Wachtl e.V. (MEGW)
Kiefersfelden (D) - Wachtl (A), Werksbahn der
Südbayerischen Portland-Zementwerke.
900 mm, 1200 V =.

Standseilbahnen · funiculars

HKB Hartkaserbahn
Sportcenter Ellmau-Going GmbH & Co.
1435 mm, ↔ 2317 m, ↕ 713 m, ↗ 460 ‰

D 112
44
62
DEUTSCHLAND
Fischbach (Inn) 17,6
950 DB
Kranzhorn 1368 m
Spitzstein 1598 m
Tiroler Achen
Oberaudorf Üst 24,6
Oberaudorf 25,0
93
Walchsee
Bayern
Tirol
Weitsee
Kössen (619 m)
Hochkössen (1479 m)
Unterberghorn 1773 m
Fellhorn 1764 m
Hechtsee
Kohlstatt
Kiefersfelden Siedlerweg
Kiefersfelden 30,5
DB ÖBB
Staatsgrenze 31,9 [v. Rosenheim] 0,0 [n. Innsbruck]
Kufstein 2,3 (482 m)
Zahmer Kaiser
Pyramidenspitze 1997 m
Wilder Kaiser
Ellmauer Halt 2344 m
Ackerlspitze 2329 m
Großache
Hintersteiner See
Kirchberg 1678 m
Kalkstein 1506 m
St. Johann in Tirol 147,7(663 m)
Reither Ache
Scheffau a. Wilden Kaiser (687 m)
Ellmau (812 m)
Going (809 m)
Astberg (1255 m)
HKB
Brandstadl (1650 m)
Hartkaser (1525 m)
Söll (737 m)
Hochsöll (1155 m)
Hohe Salve (1825 m)
Itter-Schwendt (668 m)
Kraftalm (1349 m)
Filzalm (1300 m)
Rauher Kopf 1580 m
St.Johann (691 m)
Kitzbüheler Ache
AB Egger 150,3
Wiesenschwang-Oberndorf 152,0 (688 m)
Angereralm (1211 m)
Harschbichl (1211 m)
Grieswirt 144,5 (687 m)
Fieberbrunner Ache
26 ‰
201
601
Fieberbrunn 139,4 (783 m)
St. Ulrich am Pillersee (855 m)
Buchensteinwand (1440 m)
26 ‰
Pfaffenschwendt 134,4 (888 m)
Saalfelden
AB Hartsteinwerke Kitzbühel 153,8
Kitzbüheler Horn 1996 m
(1966 m)
Pletzeralm (1276 m)
Alpenhaus (1664 m)
Fieberbrunn (839 m)
Streuböden (1214 m)
Maiskopf (1187 m)
Lärchfilzkogel (1642 m)
Stuckkogel 1888 m
Hopfgarten 183,4 (589 m)
Hopfgarten Berglift 182,3
Windau 176,4 (723 m)
Westendorf 173,1 (762 m)
20 ‰
201
Brixentaler Ache
Brixen im Thale 170,1 (806 m)
Kirchberg in Tirol 166,4 (820 m)
Weiler Klausen (800 m)
Schwarzsee 161,4 (772 m)
Kitzbühel 157,1 (736 m)
(770 m)
17 ‰
Kitzbühel Hahnenkamm 159,5 (773 m)
(786 m)
Hahnenkamm (1658 m)
Ehrenbachhöhe (1800 m)
Au-T. (210 m)
26 ‰
Leidegg-T. (327 m)
Talstation Alpenrosenbahn (796 m)
Prielalm (1318 m)
Bergstation Alpenrosenbahn (1770 m)

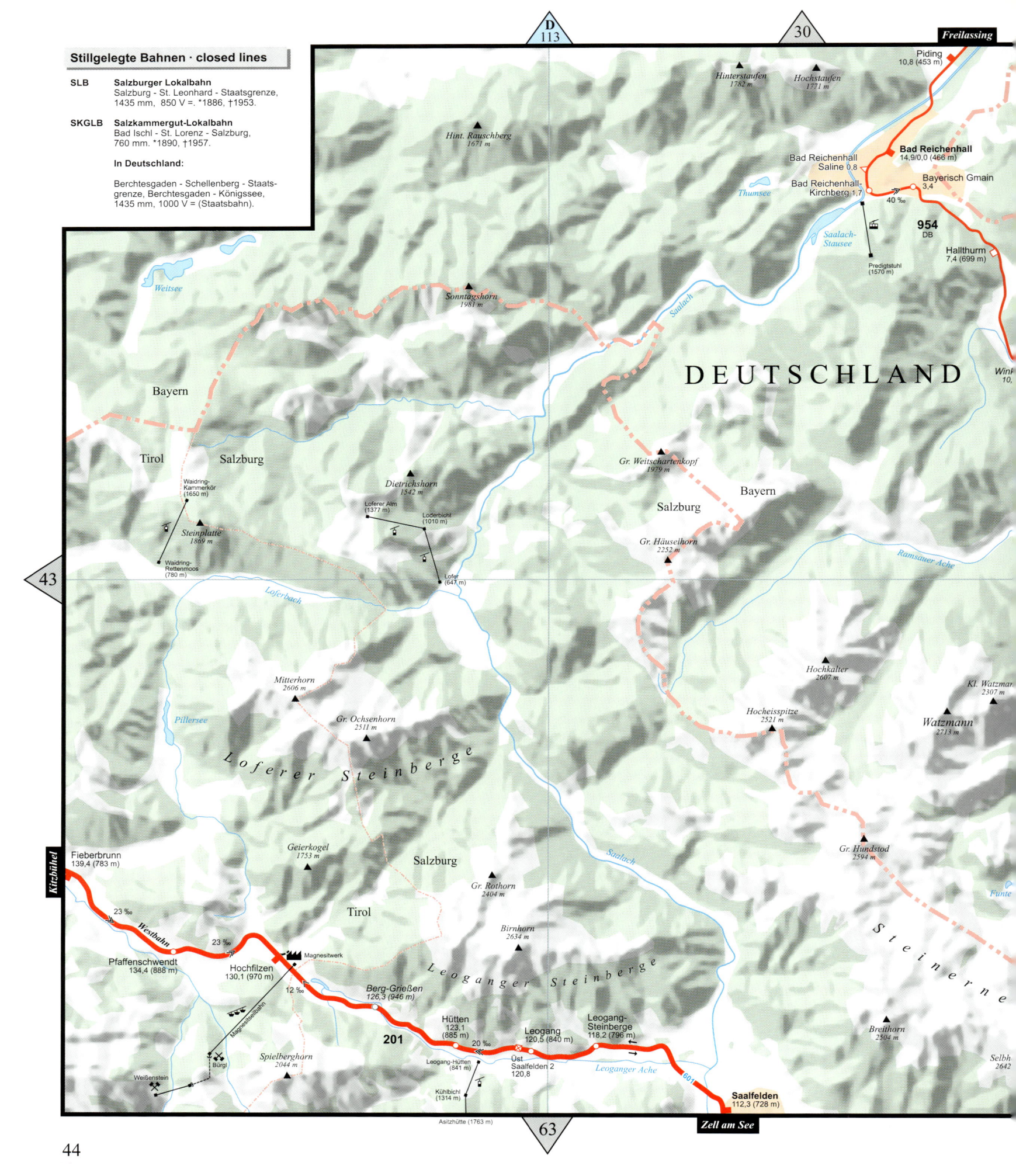

Stillgelegte Bahnen · closed lines

SLB Salzburger Lokalbahn
Salzburg - St. Leonhard - Staatsgrenze,
1435 mm, 850 V =. *1886, †1953.

SKGLB Salzkammergut-Lokalbahn
Bad Ischl - St. Lorenz - Salzburg,
760 mm. *1890, †1957.

In Deutschland:

Berchtesgaden - Schellenberg - Staatsgrenze, Berchtesgaden - Königssee,
1435 mm, 1000 V = (Staatsbahn).

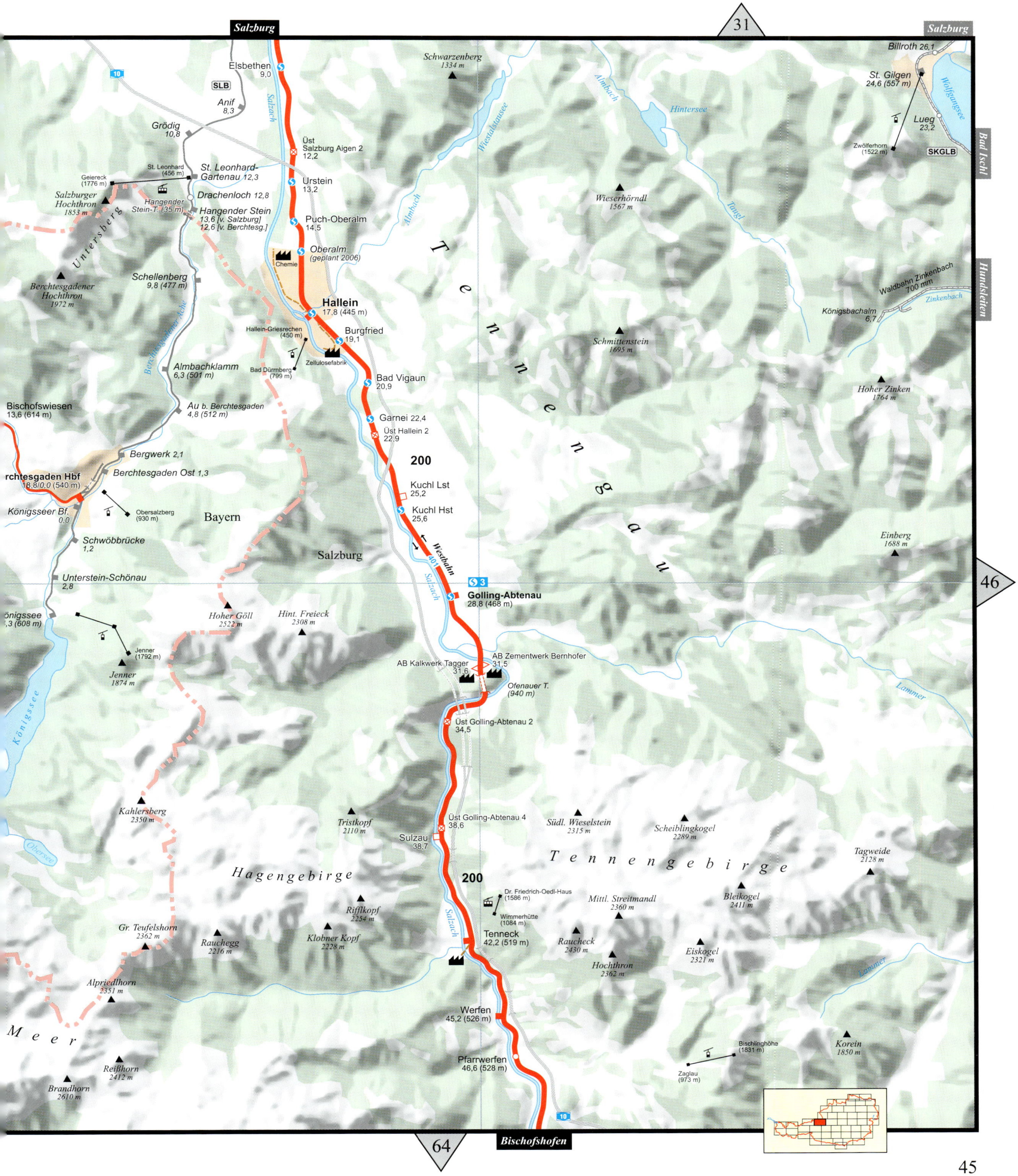
Salzburg
31
Salzburg
Bad Ischl
Hundsleiten
46
64
Bischofshofen
Elsbethen 9,0
SLB
Anif 8,3
Grödig 10,8
St. Leonhard (456 m)
Geiereck (1776 m)
St. Leonhard-Gartenau 12,3
Salzburger Hochthron 1853 m
Hangender Stein-T. (35 m)
Drachenloch 12,8
Hangender Stein 13,6 [v. Salzburg] 12,6 [v. Berchtesg.]
Untersberg
Schellenberg 9,8 (477 m)
Berchtesgadener Hochthron 1972 m
Berchtesgadener Ache
Almbachklamm 6,3 (501 m)
Au b. Berchtesgaden 4,8 (512 m)
Bischofswiesen 13,6 (614 m)
Bergwerk 2,1
Berchtesgaden Ost 1,3
rchtesgaden Hbf 18,8/0,0 (540 m)
Königsseer Bf. 0,0
Obersalzberg (930 m)
Schwöbbrücke 1,2
Unterstein-Schönau 2,8
önigssee ,3 (608 m)
Jenner (1792 m)
Jenner 1874 m
Königssee
Obersee
Bayern
Salzburg
Salzach
Üst Salzburg Aigen 2 12,2
Urstein 13,2
Puch-Oberalm 14,5
Oberalm (geplant 2006)
Chemie
Hallein 17,8 (445 m)
Hallein-Griesrechen (450 m)
Bad Dürrnberg (799 m)
Zellulosefabrik
Burgfried 19,1
Bad Vigaun 20,9
Garnei 22,4
Üst Hallein 2 22,9
200
Kuchl Lst 25,2
Kuchl Hst 25,6
Westbahn
401
S3
Golling-Abtenau 28,8 (468 m)
Hoher Göll 2522 m
Hint. Freieck 2308 m
AB Kalkwerk Tagger 31,6
AB Zementwerk Bernhofer 31,5
Ofenauer T. (940 m)
Üst Golling-Abtenau 2 34,5
Üst Golling-Abtenau 4 38,6
Sulzau 38,7
Kahlersberg 2350 m
Tristkopf 2110 m
Hagengebirge
Rifflkopf 2254 m
Klobner Kopf 2228 m
Rauchegg 2216 m
Gr. Teufelshorn 2362 m
Alpriedlhorn 2351 m
Meer
Reißhorn 2412 m
Brandhorn 2610 m
Dr. Friedrich-Oedl-Haus (1586 m)
Wimmerhütte (1084 m)
Tenneck 42,2 (519 m)
Werfen 45,2 (526 m)
Pfarrwerfen 46,6 (528 m)
10
Schwarzenberg 1334 m
Almbach
Westalstausee
Hintersee
Wieserhörndl 1567 m
Tauggl
Tennengau
Schmittenstein 1695 m
Billroth 26,1
St. Gilgen 24,6 (557 m)
Wolfgangsee
Lueg 23,2
Zwölferhorn (1522 m)
SKGLB
Waldbahn Zinkenbach 700 mm
Zinkenbach
Königsbachalm 6,7
Hoher Zinken 1764 m
Einberg 1688 m
Lammer
Südl. Wieselstein 2315 m
Scheiblingkogel 2289 m
Tennengebirge
Tagweide 2128 m
Mittl. Streitmandl 2360 m
Bleikogel 2411 m
Raucheck 2430 m
Hochthron 2362 m
Eiskogel 2321 m
Bischlinghöhe (1831 m)
Zaglau (973 m)
Korein 1850 m

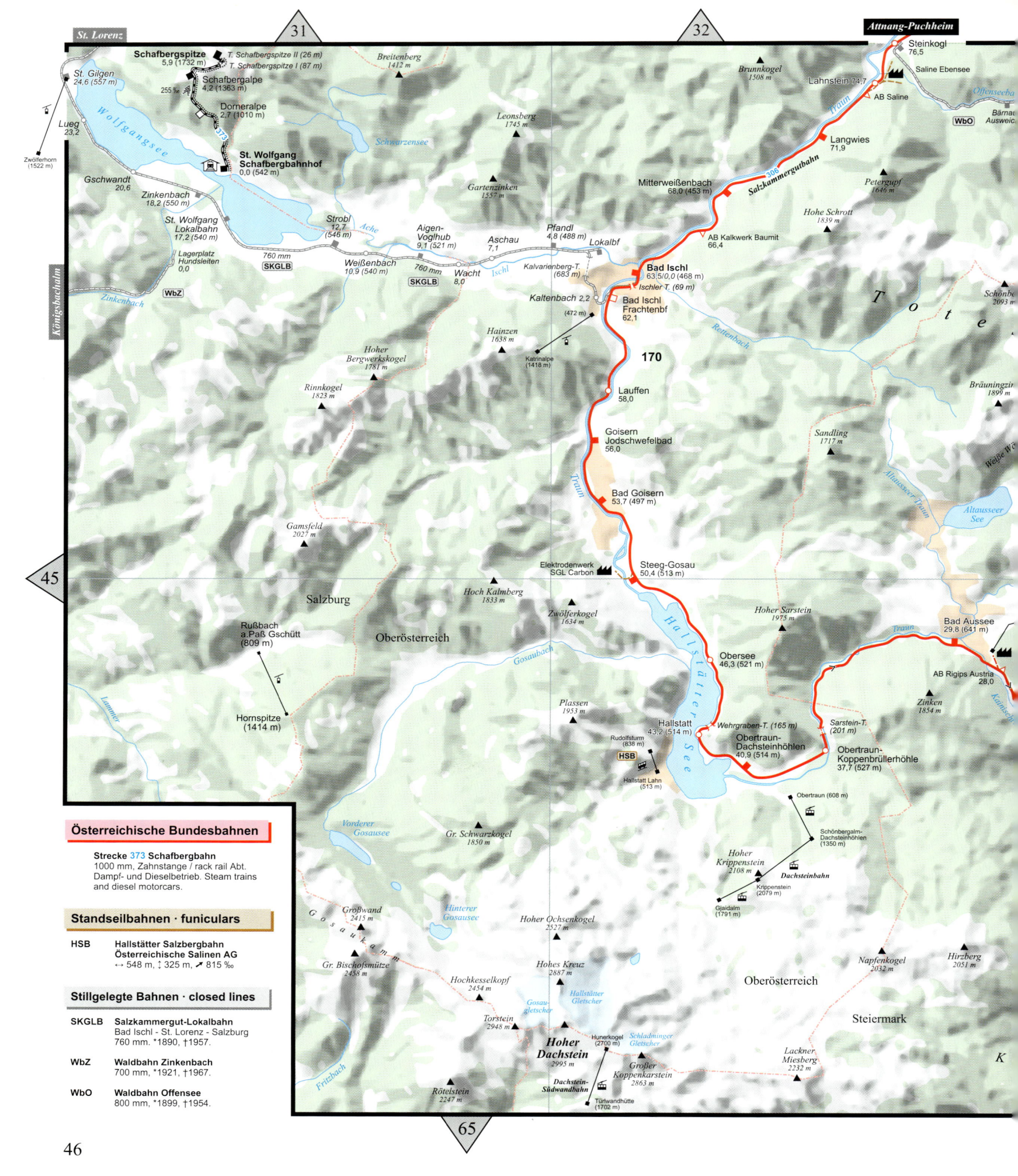

Österreichische Bundesbahnen

Strecke 373 Schafbergbahn
1000 mm, Zahnstange / rack rail Abt.
Dampf- und Dieselbetrieb. Steam trains
and diesel motorcars.

Standseilbahnen · funiculars

HSB Hallstätter Salzbergbahn
Österreichische Salinen AG
↔ 548 m, ↕ 325 m, ↗ 815 ‰

Stillgelegte Bahnen · closed lines

SKGLB Salzkammergut-Lokalbahn
Bad Ischl - St. Lorenz - Salzburg
760 mm. *1890, †1957.

WbZ Waldbahn Zinkenbach
700 mm, *1921, †1967.

WbO Waldbahn Offensee
800 mm, *1899, †1954.

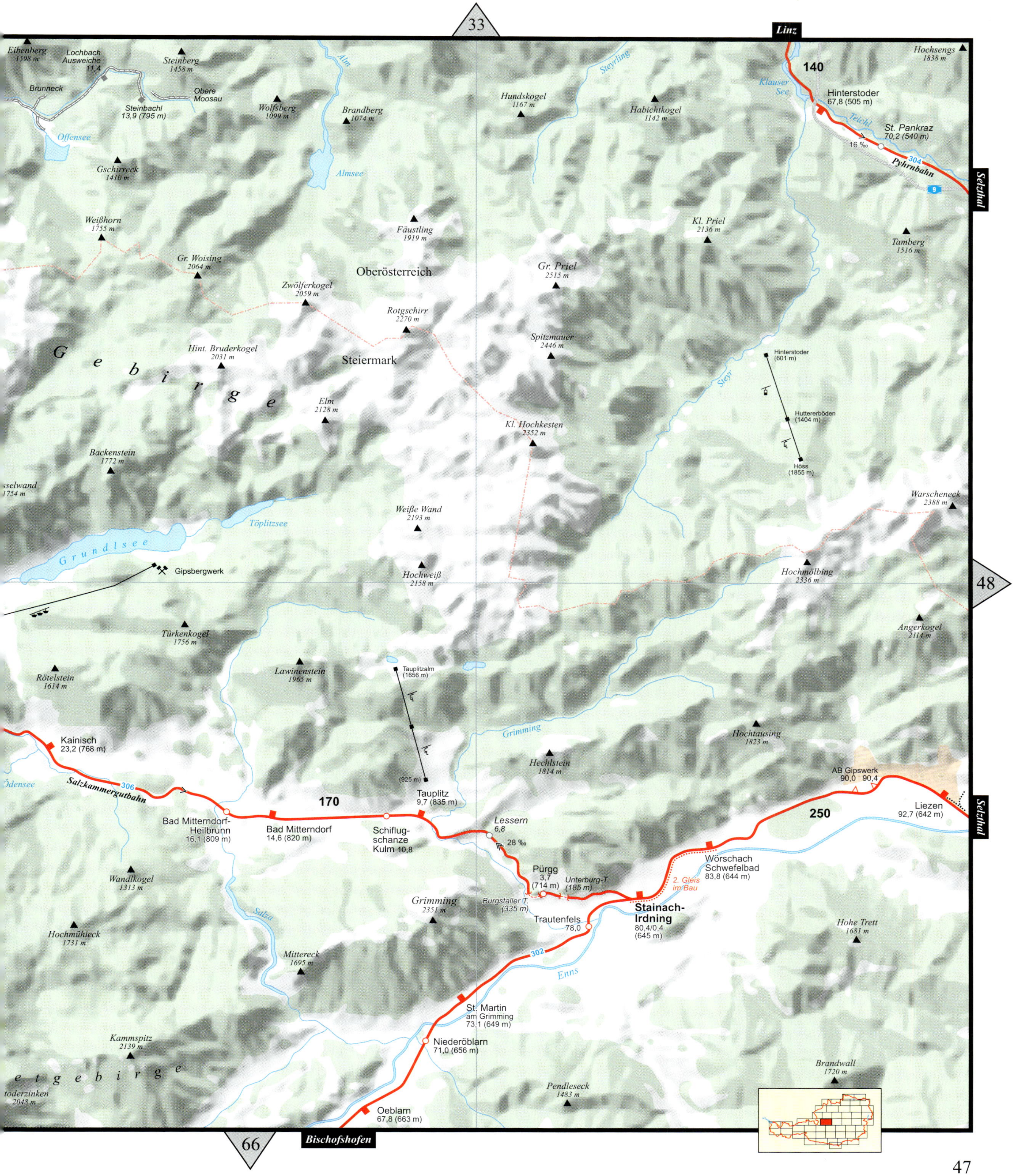
33
Linz
140
Hinterstoder
67,8 (505 m)
St. Pankraz
70,2 (540 m)
16 ‰
Pyhrnbahn
304
Selzthal
Klauser See
Teichl
Hochsengs 1838 m
Eibenberg 1598 m
Lochbach Ausweiche 11,4
Brunneck
Steinberg 1458 m
Obere Moosau
Steinbachl 13,9 (795 m)
Offensee
Wolfsberg 1099 m
Brandberg 1074 m
Alm
Almsee
Steyrling
Hundskogel 1167 m
Habichtkogel 1142 m
Gschirreck 1410 m
Weißhorn 1755 m
Gr. Woising 2064 m
Zwölferkogel 2059 m
Fäustling 1919 m
Oberösterreich
Kl. Priel 2136 m
Tamberg 1516 m
Gr. Priel 2515 m
Rotgschirr 2270 m
Spitzmauer 2446 m
Steiermark
Hint. Bruderkogel 2031 m
G e b i r g e
Elm 2128 m
Steyr
Hinterstoder (601 m)
Huttererböden (1404 m)
Höss (1855 m)
Kl. Hochkesten 2352 m
Backenstein 1772 m
sselwand 1754 m
Weiße Wand 2193 m
Warscheneck 2388 m
Töplitzsee
Grundlsee
Gipsbergwerk
Hochweiß 2158 m
Hochmölbing 2336 m
48
Türkenkogel 1756 m
Angerkogel 2114 m
Rötelstein 1614 m
Lawinenstein 1965 m
Tauplitzalm (1656 m)
(925 m)
Grimming
Hochtausing 1823 m
Hechlstein 1814 m
Kainisch
23,2 (768 m)
Ödensee
306
Salzkammergutbahn
170
Tauplitz
9,7 (835 m)
AB Gipswerk
90,0 90,4
Liezen
92,7 (642 m)
250
Bad Mitterndorf-Heilbrunn
16,1 (809 m)
Bad Mitterndorf
14,6 (820 m)
Schiflug-schanze Kulm 10,8
Lessern 6,8
28 ‰
Pürgg 3,7 (714 m)
Unterburg-T. (185 m)
Burgstaller T. (335 m)
Wörschach Schwefelbad
83,8 (644 m)
2. Gleis im Bau
Stainach-Irdning
80,4/0,4
(645 m)
Trautenfels 78,0
Wandlkogel 1313 m
Grimming 2351 m
Salza
Hochmühleck 1731 m
Hohe Trett 1681 m
Mittereck 1695 m
302
Enns
St. Martin am Grimming
73,1 (649 m)
Niederöblarn
71,0 (656 m)
Kammspitz 2139 m
e t g e b i r g e
toderzinken 2048 m
Brandwall 1720 m
Pendleseck 1483 m
Oeblarn
67,8 (663 m)
66
Bischofshofen

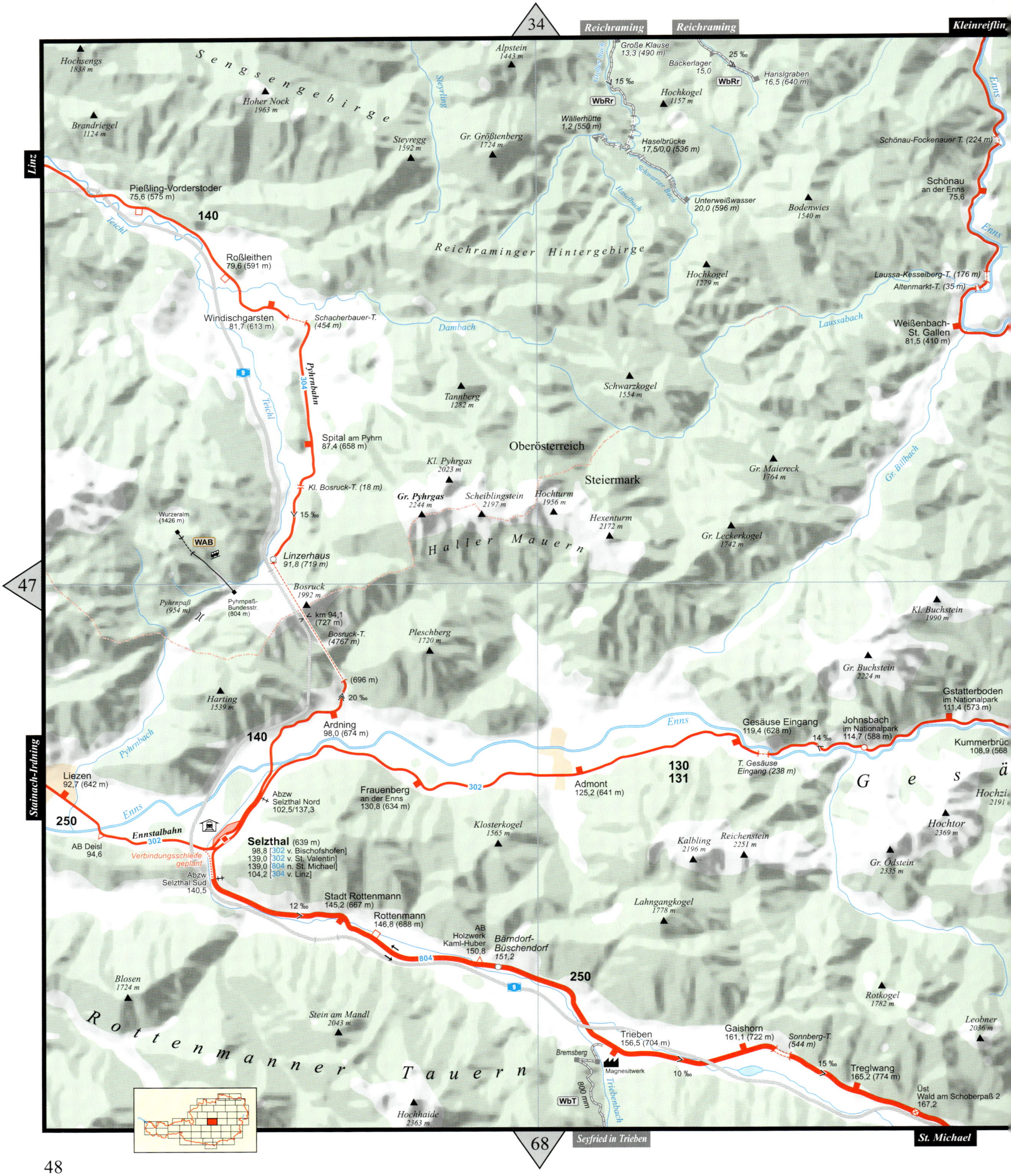
34
Reichraming
Reichraming
Kleinreifling
Linz
47
Stainach-Irdning
68
Seyfried in Trieben
St. Michael
Hochsengs
1838 m
Sengsengebirge
Alpstein
1443 m
Hoher Nock
1963 m
Brandriegel
1124 m
Steyrling
Steyregg
1592 m
Gr. Größtenberg
1724 m
Große Klause
13,3 (490 m)
Große Bach
Bäckerlager
15,0
25 ‰
Hanslgraben
16,5 (640 m)
WbRr
15 ‰
Hochkogel
1157 m
Wällerhütte
1,2 (550 m)
Haselbrücke
17,5/0,0 (536 m)
Schwarzer Bach
Haselbach
Unterweißwasser
20,0 (596 m)
Enns
Schönau-Fockenauer T. (224 m)
Schönau
an der Enns
75,6
Bodenwies
1540 m
Pießling-Vorderstoder
75,6 (575 m)
140
Teichl
Roßleithen
79,6 (591 m)
Reichraminger Hintergebirge
Hochkogel
1279 m
Lausssa-Kesselberg-T. (176 m)
Altenmarkt-T. (35 m)
Windischgarsten
81,7 (613 m)
Schacherbauer-T.
(454 m)
Dambach
Laussabach
Weißenbach-
St. Gallen
81,5 (410 m)
9
Pyhrnbahn
304
Tannberg
1282 m
Schwarzkogel
1554 m
Teichl
Spital am Pyhrn
87,4 (658 m)
Oberösterreich
Kl. Pyhrgas
2023 m
Gr. Maiereck
1764 m
Gr. Billbach
Kl. Bosruck-T. (18 m)
Steiermark
Gr. Pyhrgas
2244 m
Scheiblingstein
2197 m
Hochturm
1956 m
15 ‰
Hexenturm
2172 m
Wurzeralm
(1426 m)
WAB
Gr. Leckerkogel
1742 m
Haller Mauern
Linzerhaus
91,8 (719 m)
Bosruck
1992 m
Pyhrnpaß
(954 m)
Pyhrnpaß-
Bundesstr.
(804 m)
km 94,1
(727 m)
Kl. Buchstein
1990 m
Bosruck-T.
(4767 m)
Pleschberg
1720 m
Gr. Buchstein
2224 m
(696 m)
20 ‰
Harting
1539 m
Gstatterboden
im Nationalpark
111,4 (573 m)
Enns
Ardning
98,0 (674 m)
Gesäuse Eingang
119,4 (628 m)
Johnsbach
im Nationalpark
114,7 (588 m)
140
14 ‰
Kummerbrüc
108,9 (568
Pyhrnbach
T. Gesäuse
Eingang (238 m)
Liezen
92,7 (642 m)
130
131
Abzw
Selzthal Nord
102,5/137,3
Frauenberg
an der Enns
130,8 (634 m)
302
Admont
125,2 (641 m)
Gesä
Hochzi
2191
250
Enns
Klosterkogel
1565 m
Hochtor
2369 m
Ennstalbahn
302
Selzthal (639 m)
98,8 [302 v. Bischofshofen]
139,0 [302 v. St. Valentin]
139,0 [804 n. St. Michael]
104,2 [304 v. Linz]
Kalbling
2196 m
Reichenstein
2251 m
AB Deisl
94,6
Verbindungsschleife
geplant
Gr. Ödstein
2335 m
Abzw
Selzthal Süd
140,5
Stadt Rottenmann
145,2 (667 m)
Lahngangkogel
1778 m
12 ‰
Rottenmann
146,8 (688 m)
AB
Holzwerk
Kaml-Huber
150,8
Bärndorf-
Büschendorf
151,2
804
250
Blosen
1724 m
9
Rotkogel
1782 m
Rottenmanner Tauern
Stein am Mandl
2043 m
Leobner
2036 m
Trieben
156,5 (704 m)
Gaishorn
161,1 (722 m)
Sonnberg-T.
(544 m)
Bremsberg
Magnesitwerk
15 ‰
Treglwang
165,2 (774 m)
10 ‰
800 mm
WbT
Triebenbach
Üst
Wald am Schoberpaß 2
167,2
Hochhaide
2363 m

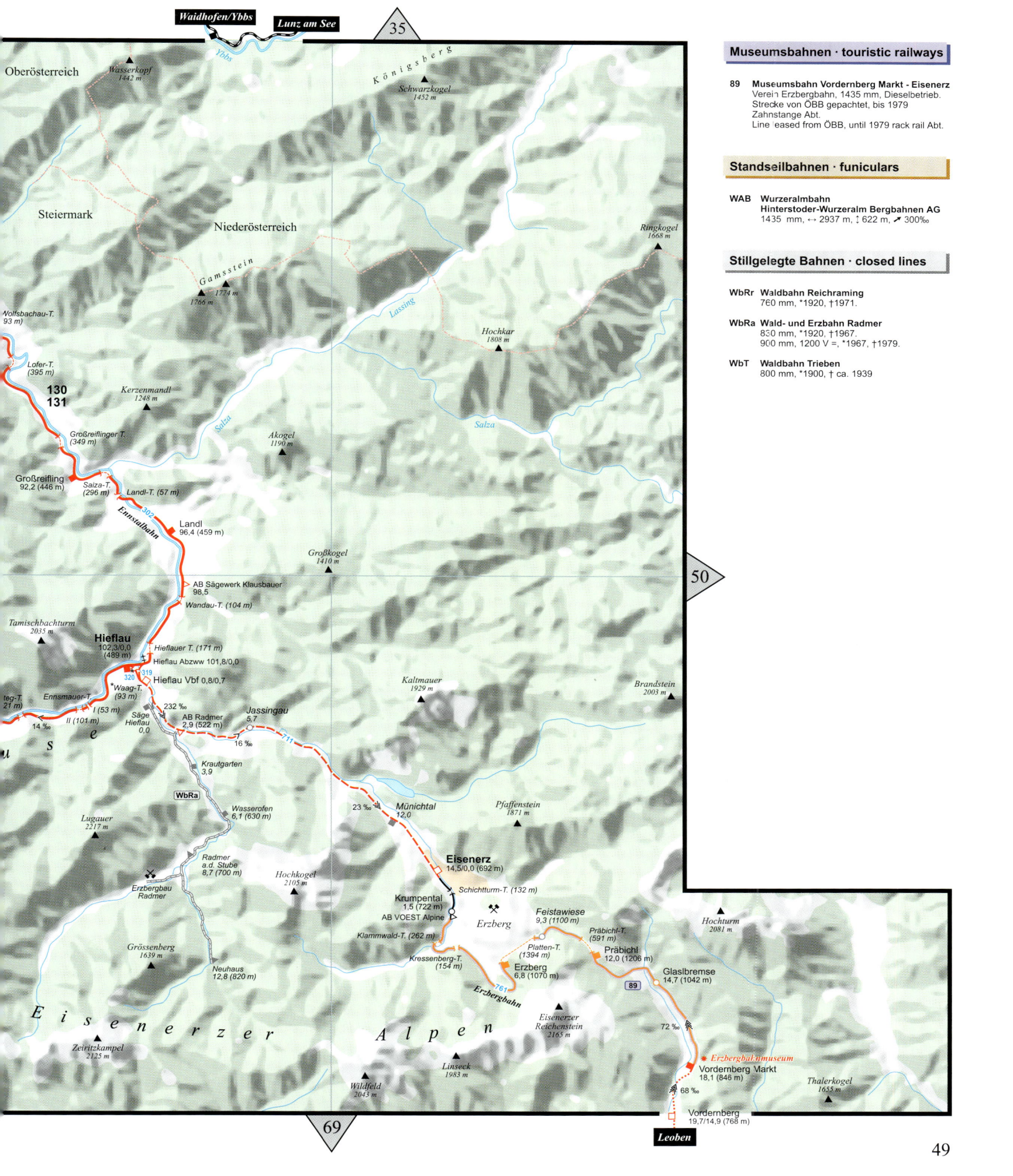

Museumsbahnen · touristic railways

89 Museumsbahn Vordernberg Markt - Eisenerz
Verein Erzbergbahn, 1435 mm, Dieselbetrieb.
Strecke von ÖBB gepachtet, bis 1979
Zahnstange Abt.
Line leased from ÖBB, until 1979 rack rail Abt.

Standseilbahnen · funiculars

WAB Wurzeralmbahn
Hinterstoder-Wurzeralm Bergbahnen AG
1435 mm, ↔ 2937 m, ↕ 622 m, ↗ 300‰

Stillgelegte Bahnen · closed lines

WbRr Waldbahn Reichraming
760 mm, *1920, †1971.

WbRa Wald- und Erzbahn Radmer
830 mm, *1920, †1967.
900 mm, 1200 V =, *1967, †1979.

WbT Waldbahn Trieben
800 mm, *1900, † ca. 1939

Österreichische Bundesbahnen

Strecke 153 Mariazellerbahn
St. Pölten - Mariazell
760 mm, 6500 V 25 Hz ~.

Museumsbahnen · touristic railways

29 Museumstramway Mariazell
1435 mm, teilweise elektrisch 600 V =.

89 Museumsbahn Vordernberg Markt - Eisenerz
Verein Erzbergbahn, 1435 mm, Dieselbetrieb.
Strecke von ÖBB gepachtet, bis 1979
Zahnstange Abt.
Line leased from ÖBB, until 1979 rack rail Abt.

Stillgelegte Bahnen · closed lines

80 Steiermärkische Landesbahnen (StLB)
Thörlerbahn Kapfenberg - Au-Seewiesen
760 mm.

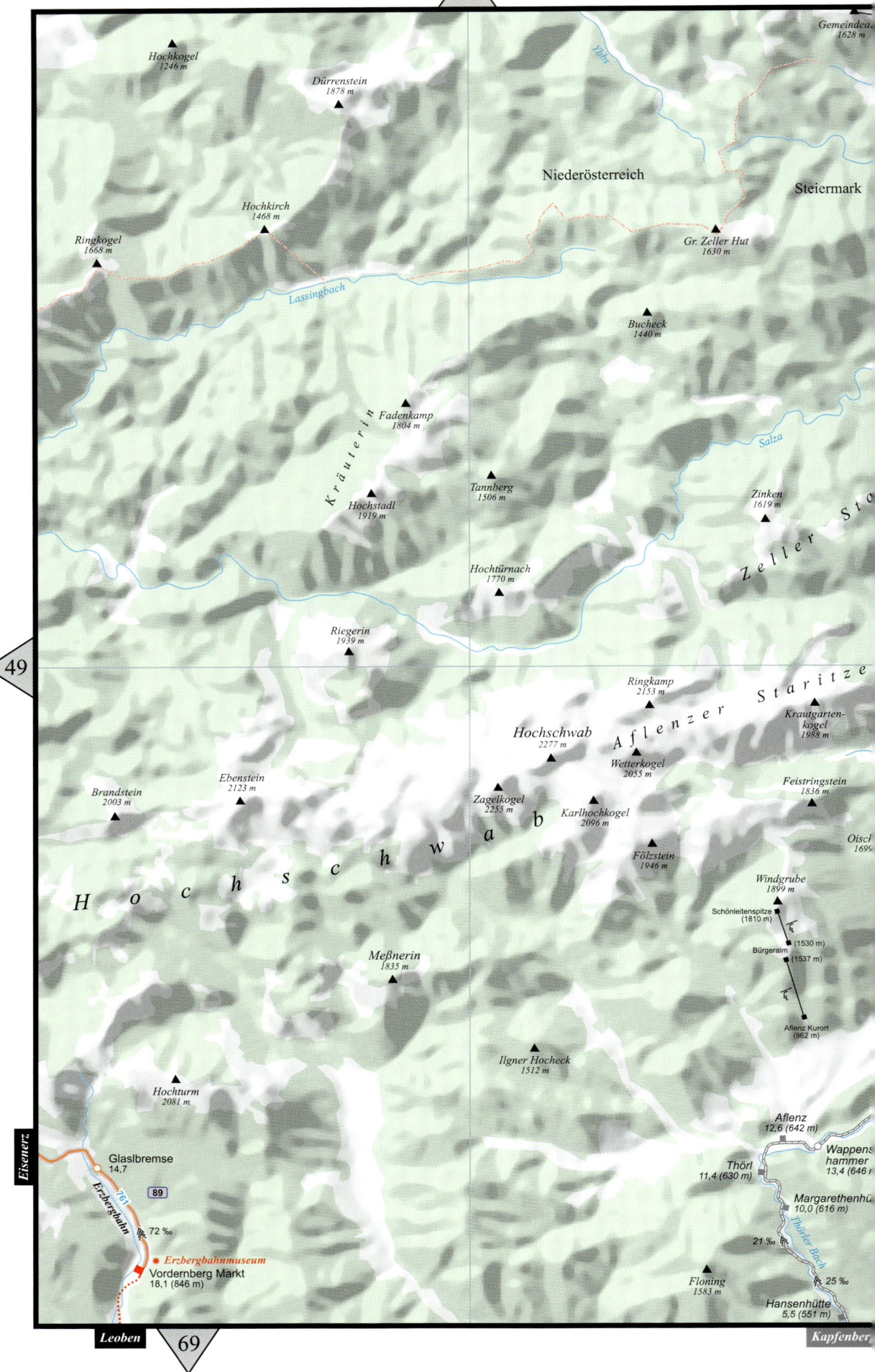

St. Pölten

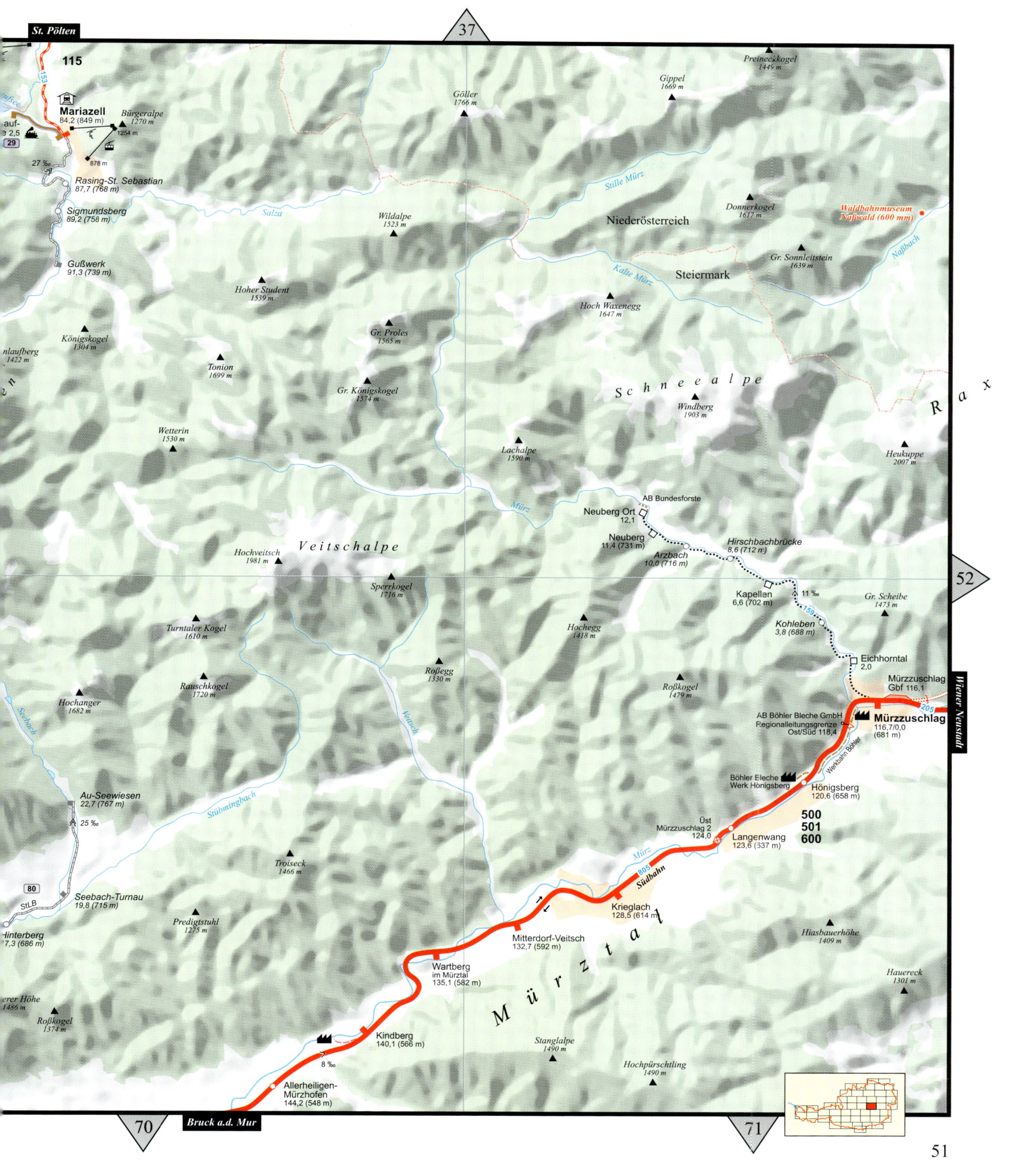

115

Mariazell	84,2 (849 m)
Bürgeralpe	1270 m
	1254 m
	878 m
Rasing-St. Sebastian	87,7 (768 m)
Sigmundsberg	89,2 (758 m)
Gußwerk	91,3 (739 m)

27 ‰

Königskogel 1304 m
nlaufberg 1422 m
Hoher Student 1539 m
Wildalpe 1523 m
Göller 1766 m
Gippel 1669 m
Preineckkogel 1445 m

Niederösterreich
Steiermark

Donnerkogel 1617 m
Gr. Sonnleitstein 1639 m

Waldbahnmuseum Naßwald (600 mm)

Tonion 1699 m
Gr. Proles 1565 m
Hoch Waxenegg 1647 m

Gr. Königskogel 1574 m

Wetterin 1530 m

Schneealpe

Windberg 1903 m

Heukuppe 2007 m

Rax

Hochveitsch 1981 m
Lachalpe 1590 m

Veitschalpe

Sperrkogel 1716 m

AB Bundesforste
Neuberg Ort 12,1
Neuberg 11,4 (731 m)
Arzbach 10,0 (716 m)
Hirschbachbrücke 8,6 (712 m)

Turntaler Kogel 1610 m

Hochegg 1418 m

Kapellen 6,6 (702 m)
Kohleben 3,8 (688 m)

Gr. Scheibe 1473 m

11 ‰

Rauschkogel 1720 m
Roßegg 1330 m
Roßkogel 1479 m

Eichhorntal 2,0

Mürzzuschlag Gbf 116,1

Hochanger 1682 m

AB Böhler Bleche GmbH
Regionalleitungsgrenze Ost/Süd 118,4

Mürzzuschlag 116,7/0,0 (681 m)

Wiener Neustadt

Böhler Bleche Werk Hönigsberg
Hönigsberg 120,6 (658 m)

500
501
600

Au-Seewiesen 22,7 (767 m)

25 ‰

Üst Mürzzuschlag 2 124,0
Langenwang 123,6 (337 m)

Seebach-Turnau 19,8 (715 m)

Troiseck 1466 m

Südbahn

Predigtstuhl 1275 m

Krieglach 128,5 (614 m)

Hiasbauerhöhe 1409 m

Mitterdorf-Veitsch 132,7 (592 m)
Wartberg im Mürztal 135,1 (582 m)

Hauereck 1301 m

Roßkogel 1374 m

Mürztal

Kindberg 140,1 (566 m)

Stanglalpe 1490 m

8 ‰

Hochpürschtling 1490 m

Allerheiligen-Mürzhofen 144,2 (548 m)

Bruck a.d. Mur

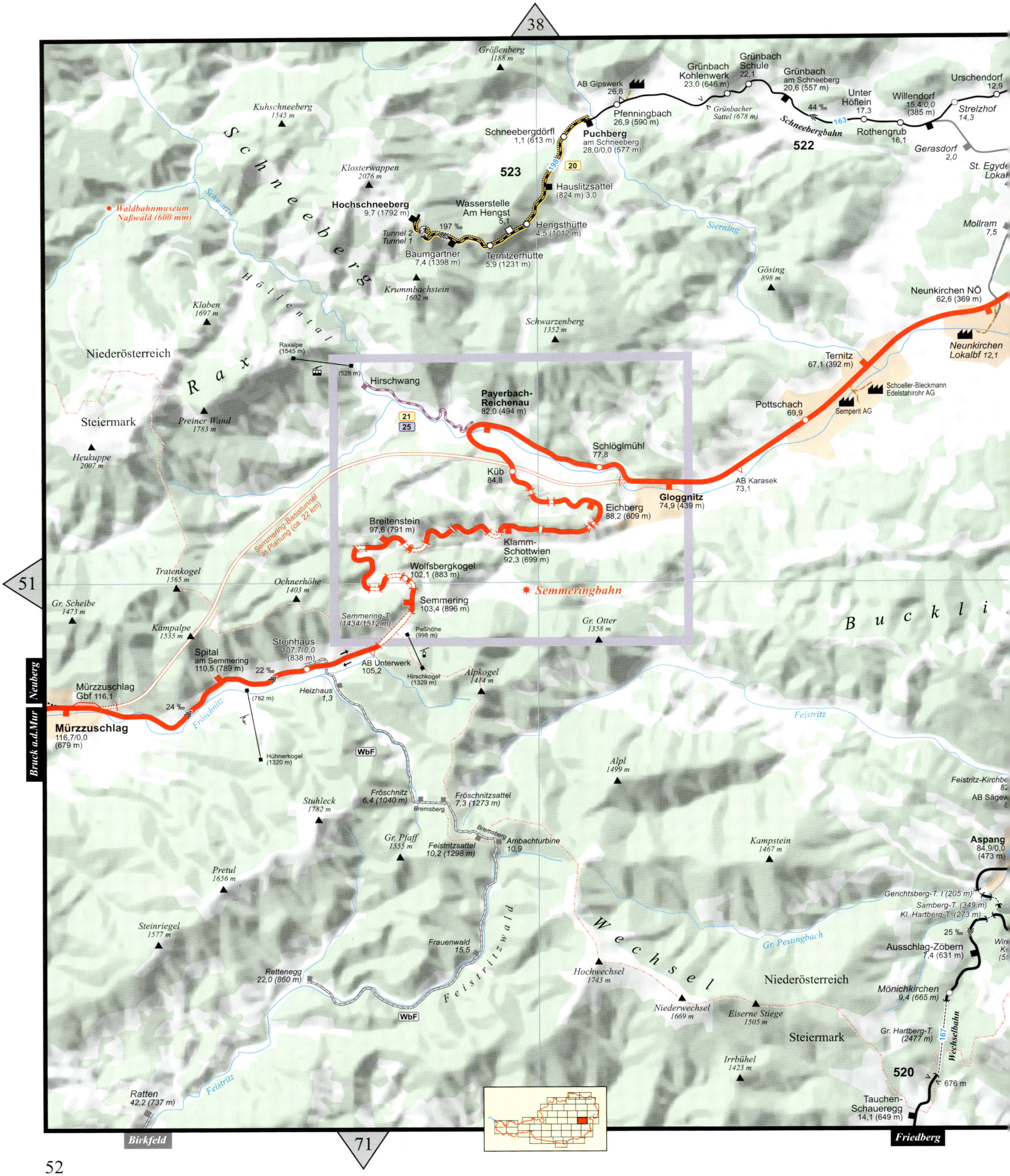

Map 52 — Semmeringbahn region

Grid references
- Top: 38
- Left: 51
- Bottom: 71
- Bottom left: Birkfeld
- Bottom right: Friedberg

Mountains / Peaks
- Kuhschneeberg 1545 m
- Größenberg 1188 m
- Klosterwappen 2076 m
- Kloben 1697 m
- Krummbachstein 1602 m
- Schwarzenberg 1352 m
- Gösing 898 m
- Preiner Wand 1783 m
- Heukuppe 2007 m
- Tratenkogel 1565 m
- Ochnerhöhe 1403 m
- Gr. Scheibe 1473 m
- Kampalpe 1535 m
- Hirschkogel (1329 m)
- Alpkogel 1414 m
- Gr. Otter 1358 m
- Hühnerkogel (1320 m)
- Stuhleck 1782 m
- Gr. Pfaff 1555 m
- Pretul 1656 m
- Steinriegel 1577 m
- Ambachturbine
- Kampstein 1467 m
- Alpl 1499 m
- Frauenwald 15,5
- Hochwechsel 1743 m
- Niederwechsel 1669 m
- Eiserne Stiege 1505 m
- Irrbühel 1423 m
- Ratten 42,2 (737 m)

Regions / Labels
- Niederösterreich
- Steiermark
- Rax
- Schneeberg
- Höllental
- Feistritzwald
- Wechsel
- Buckli...
- * Waldbahnmuseum Naßwald (600 mm)
- * Semmeringbahn

Rail line 523 (Schneebergbahn area)
- AB Gipswerk 26,8
- Grünbach Kohlenwerk 23,0 (646 m)
- Grünbach Schule 22,1
- Grünbach am Schneeberg 20,6 (557 m)
- Grünbacher Sattel (678 m)
- Unter Höflein 17,3
- Willendorf 15,4/0,0 (385 m)
- Urschendorf 12,9
- Strelzhof 14,3
- Rothengrub 16,1
- Gerasdorf 2,0
- St. Egyden Lokal
- Pfenningbach 26,9 (590 m)
- Schneebergdörfl 1,1 (613 m)
- Puchberg am Schneeberg 28,0/0,0 (577 m)
- Hauslitzsattel (824 m) 3,0
- Wasserstelle Am Hengst 5,1
- Hengsthütte 4,5 (1012 m)
- Hochschneeberg 9,7 (1792 m)
- Tunnel 2 / Tunnel 1
- 197 ‰
- Baumgartner 7,4 (1398 m)
- Ternitzerhütte 5,9 (1231 m)
- Mollram 7,5
- Sierning
- 522 / Schneebergbahn 163 / 44 ‰
- 20 / 1988

Semmeringbahn main line
- Raxalpe (1545 m) (528 m)
- Hirschwang
- Payerbach-Reichenau 82,0 (494 m)
- Schlöglmühl 77,8
- Küb 84,8
- Eichberg 88,2 (609 m)
- Gloggnitz 74,9 (439 m)
- AB Karasek 73,1
- Pottschach 69,9
- Ternitz 67,1 (392 m)
- Schoeller-Bleckmann Edelstahlrohr AG
- Semperit AG
- Neunkirchen NÖ 62,6 (369 m)
- Neunkirchen Lokalbf 12,1
- Breitenstein 97,6 (791 m)
- Klamm-Schottwien 92,3 (699 m)
- Wolfsbergkogel 102,1 (883 m)
- Semmering 103,4 (896 m)
- Semmering-T. (1434/1512 m)
- Paßhöhe (998 m)
- AB Unterwerk 105,2
- Steinhaus 107,7/0,0 (838 m)
- Spital am Semmering 110,5 (789 m)
- 22 ‰
- Heizhaus 1,3
- Mürzzuschlag Gbf 116,1
- 24 ‰
- Mürzzuschlag 116,7/0,0 (679 m)
- Fröschnitz
- Semmering-Basistunnel in Planung (ca. 22 km)

Southern branch (WbF)
- Fröschnitz 6,4 (1040 m)
- Bremsberg
- Fröschnitzsattel 7,3 (1273 m)
- Feistritzsattel 10,2 (1298 m)
- Bremberg
- Ambachturbine 10,9
- Frauenwald 15,5
- Rettenegg 22,0 (860 m)

Aspang / Wechselbahn (520)
- Aspang 84,9/0,0 (473 m)
- Feistritz-Kirchbe. 82
- AB Sägew.
- Gerichtsberg-T. I (205 m)
- Samberg-T. (349 m)
- Kl. Hartberg-T. (273 m)
- 25 ‰
- Ausschlag-Zöbern 7,4 (631 m)
- Mönichkirchen 9,4 (665 m)
- Gr. Hartberg-T. (2477 m)
- Wechselbahn 467
- Tauchen-Schauaregg 14,1 (649 m)
- 676 m
- Win. Ke...

Side labels
- Bruck a.d. Mur / Neuberg
- Birkfeld
- Friedberg

Route numbers
- 21, 25
- 520, 522, 523

Österreichische Bundesbahnen

Strecke 198 Schneeberg-Zahnradbahn
Puchberg a. Schneeberg - Hochschneeberg
1000 mm, Zahnstange / rack-rail Abt.
Erster Schneeberg-Tunnel: 201 m,
Zwei ter Schneeberg-Tunnel: 211 m.
Infrastruktur ÖBB, Betriebsführung / operator:
Niederösterreichische Schneebergbahn (20).

Privatbahnen · private railways

20 Niederösterreichische Schneebergbahn GmbH (NÖSBB)
Dampf- und Dieselbetrieb. Steam trains, diesel motorcars. Infrastruktur: ÖBB.

21 Lokalbahn Payerbach-Hirschwang GmbH (LPHG) 760 mm, 550 V =.
Infrastruktur verpachtet an ÖGLB (25).
Track leased to ÖGLB (25).

Museumsbahnen · touristic lines

25 Museumsbahn Payerbach - Hirschwang
Österreichische Gesellschaft
für Lokalbahnen (ÖGLB), 760 mm, 550 V =.
Infrastruktur von LPHG (21) gepachtet.
Track leased from LPHG (21).

Stillgelegte Bahnen · closed lines

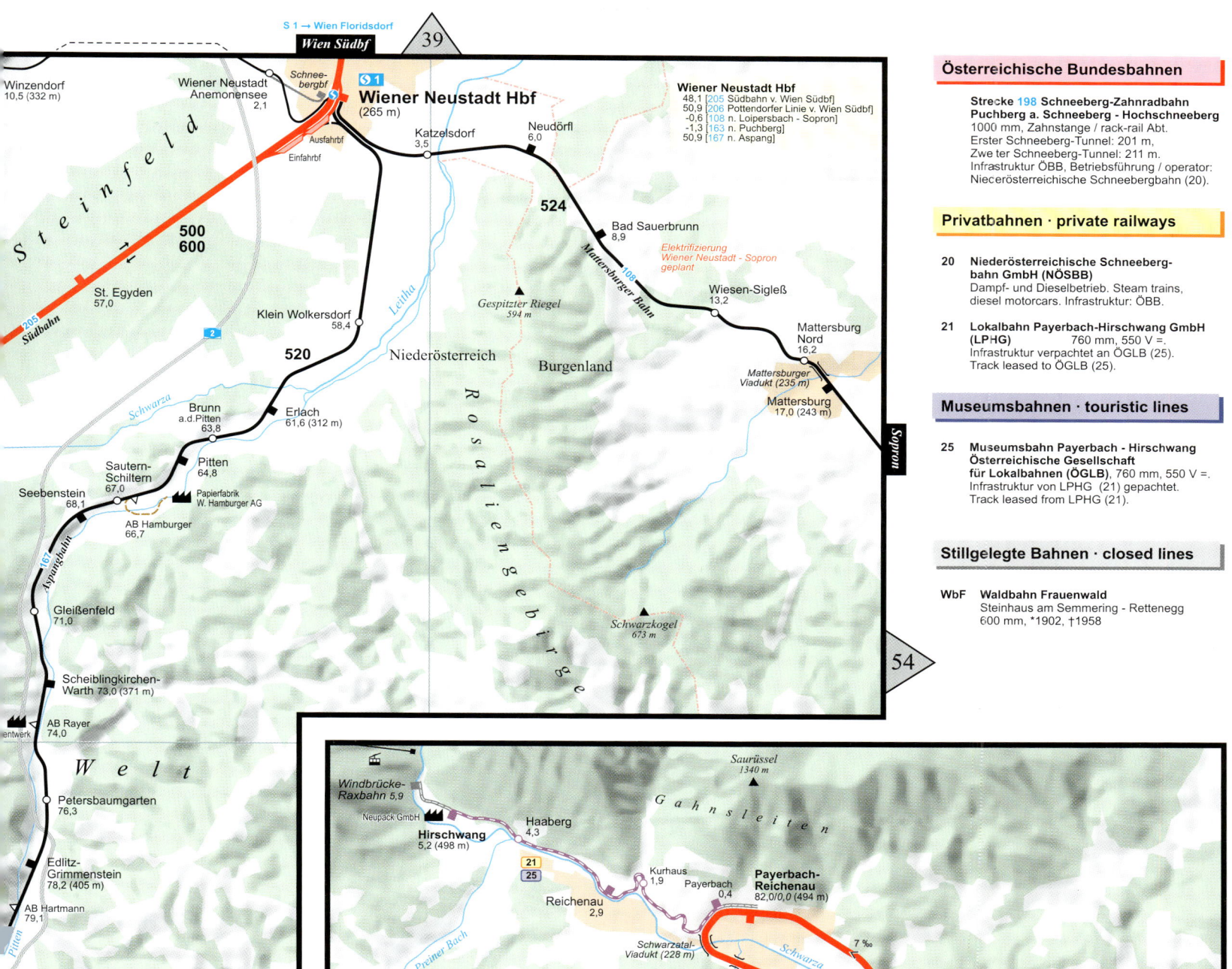

WbF Waldbahn Frauenwald
Steinhaus am Semmering - Rettenegg
600 mm, *1902, †1958

Wiener Neustadt Hbf
48,1 [205 Südbahn v. Wien Südbf]
50,9 [206 Pottendorfer Linie v. Wien Südbf]
-0,6 [108 n. Loipersbach - Sopron]
-1,3 [163 n. Puchberg]
50,9 [167 n. Aspang]

Semmering-Nordrampe
Unesco-Weltkulturerbe
1:75.000

Semmering-Nordrampe 1:75.000

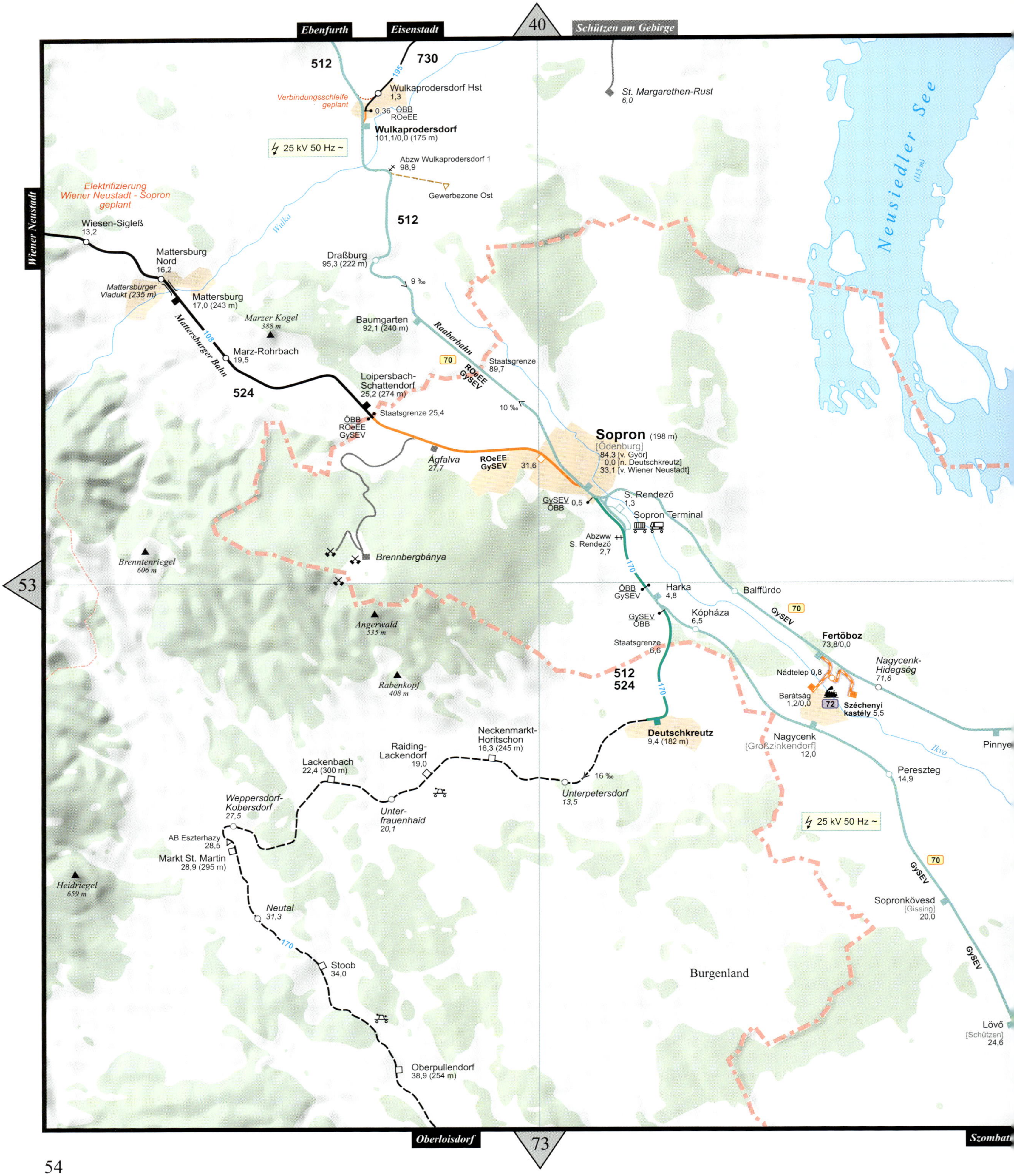
Ebenfurth
Eisenstadt
40
Schützen am Gebirge
512
730
195
Wulkaprodersdorf Hst
1,3
Verbindungsschleife geplant
0,36 ÖBB ROeEE
Wulkaprodersdorf
101,1/0,0 (175 m)
St. Margarethen-Rust
6,0
25 kV 50 Hz ~
Abzw Wulkaprodersdorf 1
98,9
Gewerbezone Ost
Elektrifizierung Wiener Neustadt - Sopron geplant
Wiener Neustadt
Wiesen-Sigleß
13,2
Wulka
512
Neusiedler See
(115 m)
Mattersburg Nord
16,2
Draßburg
95,3 (222 m)
Mattersburger Viadukt (235 m)
Mattersburg
17,0 (243 m)
9 ‰
Marzer Kogel
388 m
Baumgarten
92,1 (240 m)
Raaberbahn
Mattersburger Bahn
108
Marz-Rohrbach
19,5
70
Staatsgrenze
89,7
ROeEE GySEV
Loipersbach-Schattendorf
25,2 (274 m)
524
10 ‰
Staatsgrenze 25,4
ÖBB ROeEE GySEV
Sopron (198 m)
[Ödenburg]
84,3 [v. Győr]
0,0 [n. Deutschkreutz]
33,1 [v. Wiener Neustadt]
Ágfalva
27,7
ROeEE GySEV
31,6
GySEV ÖBB 0,5
S. Rendező
1,3
Sopron Terminal
Abzww S. Rendező
2,7
Brenntenriegel
606 m
Brennbergbánya
170
53
ÖBB GySEV
Harka
4,8
Balffürdo
70
GySEV
GySEV ÖBB
Kópháza
6,5
Angerwald
535 m
Fertöboz
73,8/0,0
Staatsgrenze
6,6
Nagycenk-Hidegség
71,6
Nádtelep 0,8
512
524
Rabenkopf
408 m
170
Barátság
1,2/0,0
72
Széchenyi kastély 5,5
Deutschkreutz
9,4 (182 m)
Neckenmarkt-Horitschon
16,3 (245 m)
Nagycenk
[Großzinkendorf]
12,0
Ikva
Pinnye
Raiding-Lackendorf
19,0
Lackenbach
22,4 (300 m)
Pereszteg
14,9
16 ‰
Unterpetersdorf
13,5
Weppersdorf-Kobersdorf
27,5
Unter-frauenhaid
20,1
25 kV 50 Hz ~
AB Eszterhazy
28,5
Markt St. Martin
28,9 (295 m)
70
GySEV
Heidriegel
659 m
Sopronkövesd
[Gissing]
20,0
Neutal
31,3
170
Stoob
34,0
Burgenland
GySEV
Lövő
[Schützen]
24,6
Oberpullendorf
38,9 (254 m)
Oberloisdorf
73
Szombat

Österreichische Bundesbahnen

Strecke 170 Sopron - Deutschkreutz
Stromsystem 25 kV 25 Hz ~.

Strecke 170 Neckenmarkt-H. - Oberpullendorf
Draisinenbetrieb durch Sonnenland Draisinentours GmbH außerhalb der Güterzug-Fahrzeiten.
Touristic track cars by "Sonnenland Draisinentours GmbH" out of freight service times.

Privatbahnen · private railways

70 Raab-Oedenburg-Ebenfurther Eisenbahn AG (ROeEE)
Györ-Sopron-Ebenfurti Vasut (GySEV)
Györ - Sopron - Wulkaprodersdorf - Ebenfurth, Sopron - Szombathely: 25 kV 50 Hz ~.
Betriebsleitung und Verwaltung für den österreichischen Abschnitt in Wulkaprodersdorf, für die ungarischen Strecken in Sopron.
Operating center for austrian part at Wulkaprodersdorf, for hungarian parts at Sopron.

71 Neusiedler Seebahn AG (NSB)
Fertöszentmiklos - Pamhagen - Neusiedl am See, 25 kV 50 Hz ~.
Betriebsführung: ROeEE/GySEV.
Operator: ROeEE/GySEV.

Museumsbahnen · touristic lines

72 Istvan Széchenyi-Museumsbahn, Nagycenk
760 mm, Länge/length 3,6 km,
Eigentümer und Betriebsführer GySEV.
Owner and operator GySEV.

Stillgelegte Bahnen · closed lines

FStA Feldbahn St. Andrä
600 mm, Pferdebetrieb/horse railway,
*1915/25, † 1956.

Friedrichshafen
Immenstadt
D 108
Wasserburg (Bodensee) 18,5
Baden-Württemberg
Enzisweiler 20,6
Abzw LI-Aeschach 22,6/151,5
Lindau-Aeschach 22,3
Lindau-Reutin 2,5
Vorarlberg
Bayern
Bodensee
(396 m)
Lindau Hbf
152,9/0,0
Staatsgrenze 5,9
DB ÖBB
Lochau-Hörbranz 6,7
866 m
Bregenz Hafen 9,6
Pfänder 1063 m
Pfänder (1022 m)
Bregenz
10,4/0,0 (398 m)
Vorkloster 1,1 (400 m)
Rieden-T. (212 m)
Rieden 2,6
Riedenburg 12,4
Hard-Fussach 6,5
Nord 13,2/9,6
Langen-Buch 10,2
Rickenbach-T. (86 m)
Rotach-T. (123 m)
Sulzberg 1013 m
Bregenzerwald
Kennelbach 4,7 (422 m)
Fluh 8,4
760 mm
Doren-Sulzberg 13,6 (456 m)
Weißachbrücke 15,0
West 8,4
Hst 14,2
Süd 14,7/9,9
Rorschach
880 SBB
Rheineck 57,8/0,0 (400 m)
Ruderbach 0,6
858 SBB
RhW
Walzenhausen 1,9 (672 m)
IRR
Werkhof Lustenau
401
Wolfurt Vbf 17,0
Wolfurt Hst 17,9
Schneiderspitze 971 m
Langenegg-Krumbach 18,2 (486 m)
Oberlangenegg 18,7
Bregenzerwaldbahn
SBB/ÖBB 0,7
St. Margrethen 53,8/0,0
Staatsgrenze 1,6
Lustenau 2,6
AB Hagen 2,1
Lustenau Markt 1,8
Schwarzach in Vorarlberg 18,6
Lingenau-Hittisau 20,7 (506 m)
Rheinbrücke
Au SG 51,1
Brüggelekopf 1162 m
Haselstauden 20,2
Egg 23,4 (553 m)
Berneck
RhSt
DL
Gaißkopf 1198 m
Unterbach 24,7
1000 mm
Landgraben
Dornbirn-Schoren 23,3
Dornbirn 22,2 (431 m)
CH 21
Heerbrugg 47,9
Wiesenrain
880 SBB
IRR Werkhof Widnau
Spital
Dornbirn (463 m)
Karren (976 m)
Hochälpele 1464 m
Schwarzenberg 30,3 (636 m)
Andelsbuch 26,7 (615 m)
Bezegg 27,9
Bersbuch 29,2
Baumgartner Höhe (1574 m)
Sonderdach (1169 m)
Ober-Bezau (680 m)
Winterstaude 1877 m
Rebstein-Marbach 44,3
Hatlerdorf 25,1
750 mm
AB Zumtobel/EHG 25,8
Diepoldsau
Steinbruch Unterklien
Bezau 35,3 (642 m)
Reuthe 33,6
SCHWEIZ
Alter Rhein
Westbahn
Staufen 1465 m
Staufensee
Schwarzenberg 1475 m
Hohenems 30,1 (421 m)
Altach 32,2
AB Loacker 32,4
Hangspitze 1746 m
Steinbruch Montlingen
Steinbruch Kadelberg, Koblach
Götzis 34,8 (426 m)
Morzelspitze 1830 m
Mellau (712 m)
Bregenzerach
Hohe Kugel 1645 m
Oberriet 35,3
Roßstelle (1394 m)
Kanisfluh 2044 m
Buchs SG
Sattelberg-T. (81 m)
Klaus in Vorarlberg 38,1
AB Eskimo 38,5
Hoher Freschen 2004 m
Damülser Mittagsspitze 2095 m
Alpe Uga (1817 m)
Uga (1368 m)
Argenbach
Sulz-Röthis 40,0
1483 m
Rankweil 42,5 (463 m)
Laterns-Gapfohl (1558 m)
Laterns-Kühboden (1156 m)
Gisingen 3,6
Altenstadt 2,1
503
AB Hämmerle 4,9
Feldkirch Amberg 44,9
AB Unterwerk 45,3
Feldkirch 46,9/0,0 (457 m)
Löffelspitze 1962 m
Glatthorn 2134 m
Zitterklapfen 2403 m
Buchs SG
Bludenz
74

Privatbahnen · private railways

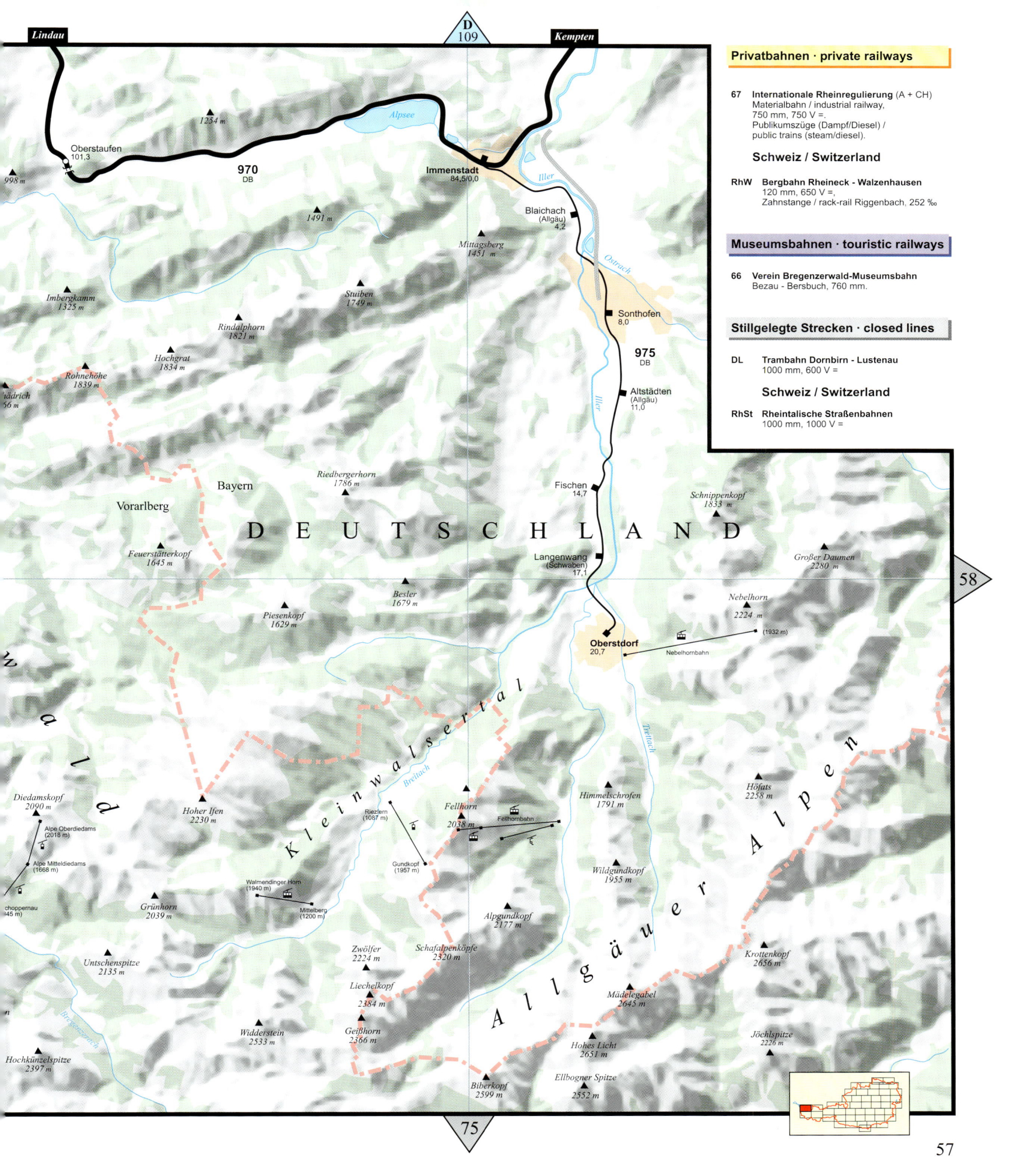

67 Internationale Rheinregulierung (A + CH)
Materialbahn / industrial railway,
750 mm, 750 V =.
Publikumszüge (Dampf/Diesel) /
public trains (steam/diesel).

Schweiz / Switzerland

RhW Bergbahn Rheineck - Walzenhausen
120 mm, 650 V =,
Zahnstange / rack-rail Riggenbach, 252 ‰

Museumsbahnen · touristic railways

66 Verein Bregenzerwald-Museumsbahn
Bezau - Bersbuch, 760 mm.

Stillgelegte Strecken · closed lines

DL Trambahn Dornbirn - Lustenau
1000 mm, 600 V =

Schweiz / Switzerland

RhSt Rheintalische Straßenbahnen
1000 mm, 1000 V =

Kempten
Marktoberdorf
D 110
Hopfensee
Forggensee
Bannwald-see
Edelsberg 1629 m
Pfronten-Weißbach 29,3
976 DB
974 DB
Pfronten-Ried 30,7 (858 m)
Vils
Füssen Stadt Füssen
Weißensee
Füssen 30,6 (797 m)
DEUTSCH
Pfronten-Steinach 33,0
DB/ÖBB
Schönbichl 0,5 (831 m)
Staatsgrenze 0,0 [n. Reutte] 34,3 [v. Kempten]
Zementwerk Schretter
Vils 3,9 (817 m)
Ulrichsbrücke-Füssen 6,2 (814 m)
Hochplat 2082 m
410 ÖBB
Aggenstein 1986 m
Musau 7,6 (822 m)
976 DB
Säuling 2048 m
Bayern
Gr. Schlicke 2059 m
Tannheimer Berge
Füssener Jöchler (1823 m)
Gran (1206 m)
Pflach 12,0 (840 m)
Tirol
Tannheim (1110 m)
Rote Flüh 2108 m
Haldensee
Neunerköpfle (1792 m)
Reutte in Tirol 0,0/14,4 (850 m)
Reutte Schulzentrum 0,5
Allgäuer Alpen
Gaishorn 2247 m
Höfener Alm (1740 m)
Höfen (931 m)
552
Außerfernbahn
Bad Krekelmoos 3,6 (938 m)
Vilsalpsee
Plansee
Klausen-T. (513 m)
Traualpsee
Thanellerkar 6,9
Heiterwanger See
Heiterwang-Plansee 8,8 (1012 m)
Hochschrutte 2247 m
Kohlbergspitze 2202 m
Schrecksee
Lellachspitze 2274 m
57
Kastenkopf 2130 m
Außerfern
Lech
Thaneller 2341 m
Bichlbach Almkopfbahn 11,6
410 ÖBB
Lähn 16,4 (1106
Bichlbach (1048 m)
Heiterwanger Hochalm (1611 m)
976 DB
Bichlbach-Berwang 13,1 (1072 m)
Berwang (1304 m)
40
Schwarzhanskarspitze 2227 m
Bleispitze 2255 m
Hochvogel 2592 m
Stallkarspitze 2350 m
Knittelkarspitze 2376 m
Roter Stein 2366 m
Lechtaler Alpen
Blindsee
Klimmspitze 2484 m
Seelakopf 2368 m
Loreakopf 2471 m
Elmer Kreuzspitze 2480 m
Bretterspitze 2608 m
Namloser Wetterspitze 2553 m
Heiterwand Hauptgipfel 2639 m
Gabelspitze 2581 m
Lichtspitze 2356 m
Rauchberg 2480 m
Wannespitze 2362 m
Gurglbach
76

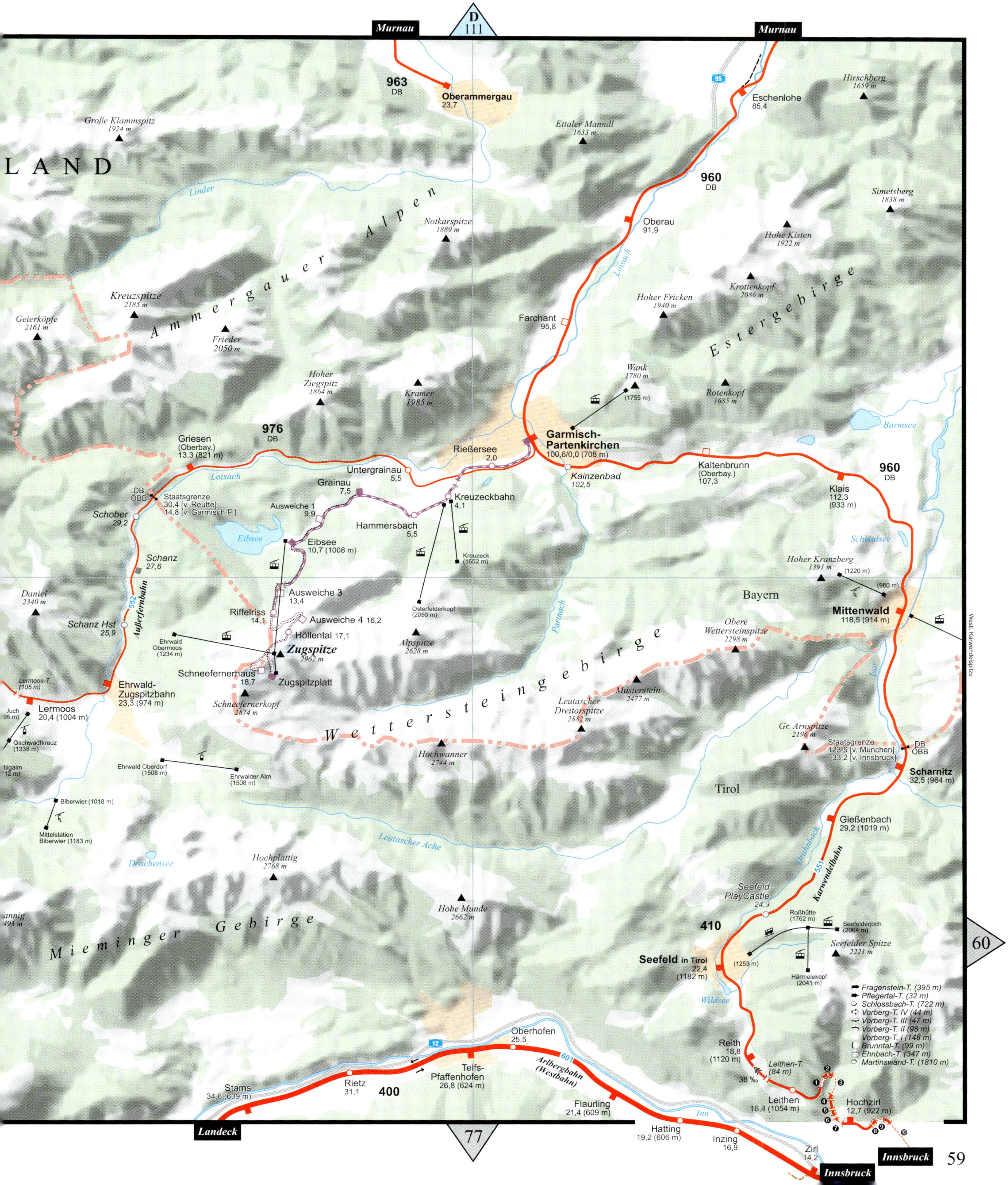

Murnau
D 111
Murnau
963
DB
Oberammergau
23,7
95
Eschenlohe
85,4
Hirschberg
1659 m
Große Klammspitz
1924 m
Ettaler Manndl
1633 m
L A N D
960
DB
Linder
Simetsberg
1838 m
Ammergauer Alpen
Notkarspitze
1889 m
Oberau
91,9
Hohe Kisten
1922 m
Loisach
Krottenkopf
2086 m
Kreuzspitze
2185 m
Hoher Fricken
1940 m
Estergebirge
Geierköpfe
2161 m
Frieder
2050 m
Farchant
95,8
Wank
1780 m
(1755 m)
Hoher Ziegspitz
1864 m
Kramer
1985 m
Rotenkopf
1685 m
Barmsee
976
DB
Griesen
(Oberbay.)
13,3 (821 m)
Rießersee
2,0
Garmisch-
Partenkirchen
100,6/0,0 (708 m)
Kainzenbad
102,5
Kaltenbrunn
(Oberbay.)
107,3
960
DB
Loisach
Untergrainau
5,5
Grainau
7,5
Kreuzeckbahn
4,1
Klais
112,3
(933 m)
DB
ÖBB
Staatsgrenze
30,4 [v. Reutte]
14,8 [v. Garmisch-P.]
Ausweiche 1
9,9
Schober
29,2
Hammersbach
5,5
Schmalsee
Eibsee
Eibsee
10,7 (1008 m)
Schanz
27,6
Kreuzeck
(1652 m)
Hoher Kranzberg
1391 m
(1220 m)
(980 m)
Daniel
2340 m
Ausweiche 3
13,4
Bayern
552
Außerfernbahn
Osterfelderkopf
(2050 m)
Mittenwald
118,5 (914 m)
Riffelriss
14,1
Ausweiche 4 16,2
Schanz Hst
25,9
Höllental 17,1
Alpspitze
2628 m
Obere
Wettersteinspitze
2298 m
Westl. Karwendelspitze
Ehrwald
Obermoos
(1234 m)
Zugspitze
2962 m
Partnach
Lermoos-T.
(105 m)
Schneefernerhaus
18,7
Zugspitzplatt
Musterstein
2477 m
Isar
Ehrwald-
Zugspitzbahn
23,3 (974 m)
Wettersteingebirge
Schneefernerkopf
2874 m
Leutascher
Dreitorspitze
2882 m
Lermoos
20,4 (1004 m)
Gschwadtkreuz
(1338 m)
Gr. Arnspitze
2196 m
Staatsgrenze
123,5 [v. München]
33,2 [v. Innsbruck]
DB
ÖBB
Hochwanner
2744 m
Scharnitz
32,5 (964 m)
Ehrwald Oberdorf
(1508 m)
Ehrwalder Alm
(1508 m)
Tirol
Biberwier (1018 m)
Mittelstation
Biberwier (1183 m)
Gießenbach
29,2 (1019 m)
Leutascher Ache
Drachensee
Hochplattig
2768 m
Drahnbach
551
Karwendelbahn
Seefeld
PlayCastle
24,9
Hohe Munde
2662 m
Roßhütte
(1762 m)
Seefelderjoch
(2064 m)
410
Seefelder Spitze
2221 m
60
Mieminger Gebirge
Seefeld in Tirol
22,4
(1182 m)
(1253 m)
Härmelekopf
(2041 m)
Fragenstein-T. (395 m)
Pflegertal-T. (32 m)
Schlossbach-T. (722 m)
Vorberg-T. IV (44 m)
Vorberg-T. III (47 m)
Vorberg-T. II (98 m)
Vorberg-T. I (148 m)
Brunntal-T. (99 m)
Ehnbach-T. (347 m)
Martinswand-T. (1810 m)
Wildsee
Oberhofen
25,5
12
Reith
18,8
(1120 m)
Telfs-
Pfaffenhofen
26,8 (624 m)
601
Arlbergbahn
(Westbahn)
Leithen-T.
(84 m)
38 ‰
Stams
34,6 (639 m)
Rietz
31,1
400
Leithen
16,8 (1054 m)
Hochzirl
12,7 (922 m)
Flaurling
21,4 (609 m)
Inn
Landeck
77
Hatting
19,2 (606 m)
Inzing
16,9
Zirl
14,2
Innsbruck
Innsbruck

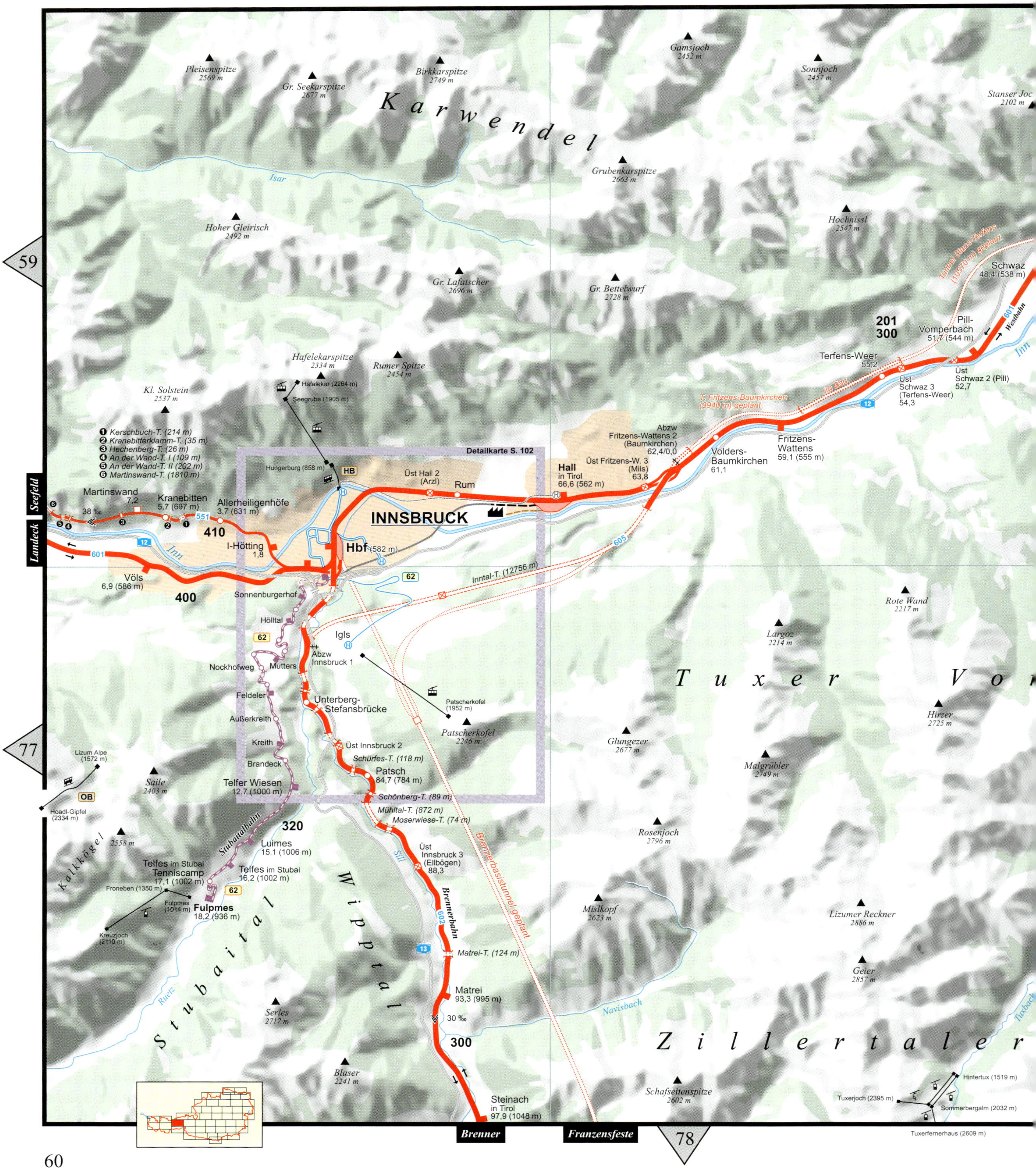

Karwendel
Pleisenspitze 2569 m
Gr. Seekarspitze 2677 m
Birkkarspitze 2749 m
Gamsjoch 2452 m
Sonnjoch 2457 m
Stanser Joc 2102 m
Isar
Grubenkarspitze 2663 m
Hoher Gleirisch 2492 m
Hochnissl 2547 m
Gr. Lafatscher 2696 m
Gr. Bettelwurf 2728 m
Schwaz 48,4 (538 m)
Tunnel Stans-Terfens (10570 m) geplant
201
300
Pill-Vomperbach 51,7 (544 m)
Westbahn
601
Inn
Terfens-Weer 55,2
Üst Schwaz 3 (Terfens-Weer) 54,3
Üst Schwaz 2 (Pill) 52,7
Hafelekarspitze 2334 m
Rumer Spitze 2454 m
Kl. Solstein 2537 m
Hafelekar (2264 m)
Seegrube (1905 m)
T. Fritzens-Baumkirchen (3940 m) geplant
im Bau
12
❶ Kerschbuch-T. (214 m)
❷ Kranebitterklamm-T. (35 m)
❸ Hechenberg-T. (26 m)
❹ An der Wand-T. I (109 m)
❺ An der Wand-T. II (202 m)
❻ Martinswand-T. (1810 m)
Abzw Fritzens-Wattens 2 (Baumkirchen) 62,4/0,0
Fritzens-Wattens 59,1 (555 m)
Volders-Baumkirchen 61,1
Detailkarte S. 102
Hungerburg (858 m)
HB
Üst Hall 2 (Arzl)
Rum
Hall in Tirol 66,6 (562 m)
Üst Fritzens-W. 3 (Mils) 63,8
Seefeld
Landeck
Martinswand 7,2
38 ‰
Kranebitten 5,7 (697 m)
Allerheiligenhöfe 3,7 (631 m)
551
410
INNSBRUCK
I-Hötting 1,8
Hbf (582 m)
605
601
Völs 6,9 (586 m)
400
62
Inntal-T. (12756 m)
Sonnenburgerhof
Hölltal
Igls
Abzw Innsbruck 1
Nockhofweg
Mutters
Patscherkofel (1952 m)
Rote Wand 2217 m
Largoz 2214 m
Tuxer Vor
Hirzer 2725 m
Feldeler
Unterberg-Stefansbrücke
Außerkreith
Patscherkofel 2246 m
Glungezer 2677 m
Kreith
Üst Innsbruck 2
Schürfes-T. (118 m)
Malgrübler 2749 m
Brandeck
Patsch 84,7 (784 m)
Lizum Alpe (1572 m)
OB
Hoadl-Gipfel (2334 m)
Saile 2403 m
Telfer Wiesen 12,7 (1000 m)
Schönberg-T. (89 m)
Mühltal-T. (872 m)
Moserwiese-T. (74 m)
320
Kalkkögel
2558 m
Stubaitalbahn
Luimes 15,1 (1006 m)
Rosenjoch 2796 m
Üst Innsbruck 3 (Ellbögen) 88,3
Sill
Telfes im Stubai Tenniscamp 17,1 (1002 m)
Telfes im Stubai 16,2 (1002 m)
Brennerbasistunnel geplant
Froneben (1350 m)
Fulpmes (1014 m)
Fulpmes 18,2 (936 m)
Wipptal
Brennerbahn
602
Mislkopf 2623 m
Lizumer Reckner 2886 m
Kreuzjoch (2110 m)
13
Matrei-T. (124 m)
Stubaital
Ruetz
Matrei 93,3 (995 m)
Geier 2857 m
Navisbach
Serles 2717 m
30 ‰
300
Zillertaler
Tuxbach
Blaser 2241 m
Schafseitenspitze 2602 m
Hintertux (1519 m)
Steinach in Tirol 97,9 (1048 m)
Tuxerjoch (2395 m)
Sommerbergalm (2032 m)
Tuxerfernerhaus (2609 m)
59
77
78
Brenner
Franzensfeste

Privatbahnen · private railways

60 Zillertaler Verkehrsbetriebe AG (ZB)
Jenbach - Mayrhofen, 760 mm.
Touristische Dampfzüge / touristic steam-trains.

61 Achenseebahn AG
1000 mm, Dampfbetrieb / steam operated.
Jenbach - Eben:
Zahnstange / rack-rail Riggenbach.

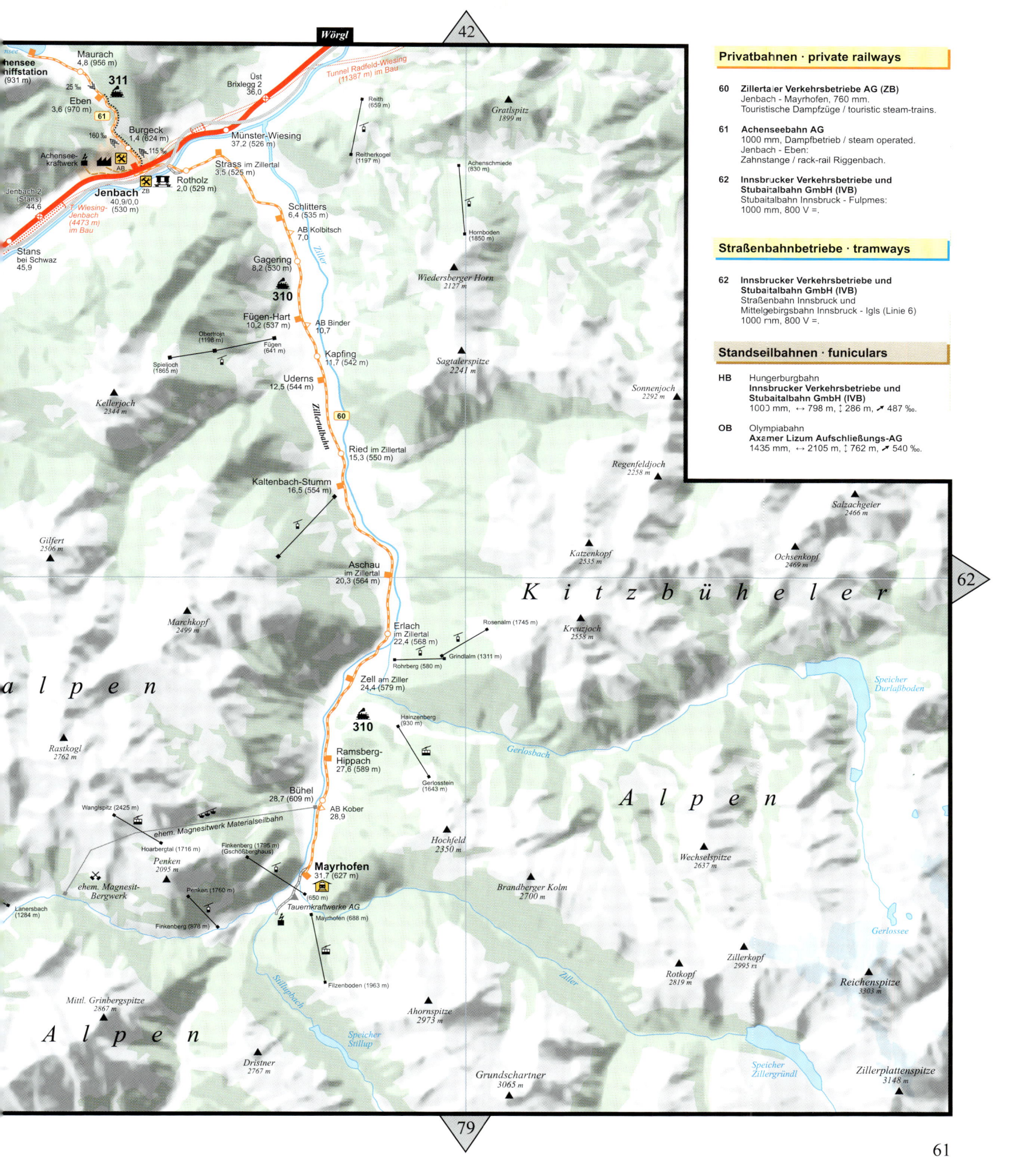

62 Innsbrucker Verkehrsbetriebe und
Stubaitalbahn GmbH (IVB)
Stubaitalbahn Innsbruck - Fulpmes:
1000 mm, 800 V =.

Straßenbahnbetriebe · tramways

62 Innsbrucker Verkehrsbetriebe und
Stubaitalbahn GmbH (IVB)
Straßenbahn Innsbruck und
Mittelgebirgsbahn Innsbruck - Igls (Linie 6)
1000 mm, 800 V =.

Standseilbahnen · funiculars

HB Hungerburgbahn
Innsbrucker Verkehrsbetriebe und
Stubaitalbahn GmbH (IVB)
1000 mm, ↔ 798 m, ↕ 286 m, ↗ 487 ‰.

OB Olympiabahn
Axamer Lizum Aufschließungs-AG
1435 mm, ↔ 2105 m, ↕ 762 m, ↗ 540 ‰.

43

61

Ehrenbachhöhe 1802 m
Gampenkogel 1957 m
Steinbergkogel 1972 m
Auracher Bach
Bischof 2125 m
Schaubergwerk Kupferplatte
Besucher-Grubenbahn Jochberg (600 mm)
Staffkogel 2115 m
Brechhorn 2032 m
Schwarzkogel 2030 m
Saukaserbach
Jochberger Ache
Gamshag 2178 m
K i t z b ü h e l e r
Kreuzjoch 2071 m
Steinbergstein 2215 m
Rettenstein 2368 m
Kl. Rettenstein 2216 m
Bärenbadkogel 1883 m
Geißstein 2363 m
Schellenberg 2048 m
Reschaskogel 2182 m
Salzachursprung
Tirol
Pass Thurn 1274 m
Wasenmoos
600 mm
Torf
Kröndlhorn 2440 m
Steinkogel 2209 m
Mühlbach
Resterhöhe 1894 m
Salzburg
Wildkogel 2224 m
Bergeralmhöhe (2092 m)
Wildkogelbahn
Baumgartgeier 2392 m
Laubkogel 2317 m
Mittersill 28,6 (786 m)
Burk 27,4
Heilbad Burgwies 26,4
Stuhlfelder 25,1
Hollersbach Lst 34,0
Mühlbach im Pinzgau 37,1 (812 m)
Wenns 38,6
Bramberg-Steinach 40,0
Rettenbach 31,1 (794 m)
AB Lagerhaus 27,2
Pirten
367
Dorf Paßthurn 35,9
Hollersbach 33,5
Bramberg 39,4 (815 m)
Salzach
P i n z g a
Neukirchen Vorstadt 43,7
Habachtal 42,2
Rosental-Großvenediger 48,4 (854 m)
Kreilsiedlung 50,8
Neukirchen am Großvenediger 44,9 (834 m)
Gerlospaß
24 ‰
Wald im Pinzgau 49,7 (869 m)
Sulzbachtäler 47,1
Sulzbachfall
Lahnsiedlung 51,5 (880 m)
Krimml 52,7 (911 m)
Filzstein (1674 m)
Plattenkogel (1991 m)
Plattenkogel 2039 m
Zwölferkogel 2281 m
Elferkogel 2190 m
Breitkopf 2421 m
Pihapper 2513 m
Zwölferkogel 2446 m
Krimmler Fälle
Achkogl 2313 m
Obersulzbach
Untersulzbach
Gr. Finagl 2780 m
Amerbach
Felber Bach
Roßkopf 2606 m
Seekarsee
Krimmler Ache
Habach
Hollersbach
Graukogel 2834 m
Hoher Herd 2824 m
Schrotk 2776 m
Seekarspitze 2914 m
Hütteltalkopf 2962 m
Breitfuß 2853 m
Seebachsee
Kesselkarkopf 2703 m
Blessachkopf 3050 m
Gr. Schrankeck 2394 m
Wildkarspitze 3073 m
Foißkarkopf 3029 m
Goßkopf 2876 m
Leiterkogel 2987 m
Plattachsee
Langsee
Kratzenbergsee
Rainbachegg 2530 m
Tauernkogel 2988 m
Tauernsee (Obersee)
Amerbach
Weiglkarkopf 3009 m
Habachkees
Felber Tauern 2481 m
Untersulzbachkees
Kratzenberg 3022 m
Keeskogel 3291 m
Hochgasser 2922 m
Jaidbachspitze 3100 m
Rote Säule 2993 m
Hohe Fürleg 3243 m
Gr. Jaidbachkees
Ammertaler See
Windbachtalkogel 2843 m
Sonntagskees
V e n e d i g e r g r u p p e
Riegelkopf 2920 m
Schlieferspitze 3290 m
Gschlössbach
Tauernbach
Sulzbachkees
Kleinvenediger 3471 m
Schlatenkees
Wildenkogel 3021 m
Eissee
Krimmler Törlkopf 3063 m
Großvenediger 3666 m
Glockenk 2828 m
Dorferkees
Rainerhorn 3559 m
Kristallwand 3310 m
H o h
Krimmler Kees
Gr. Geiger 3360 m
Mullwitzkees
Wildensee

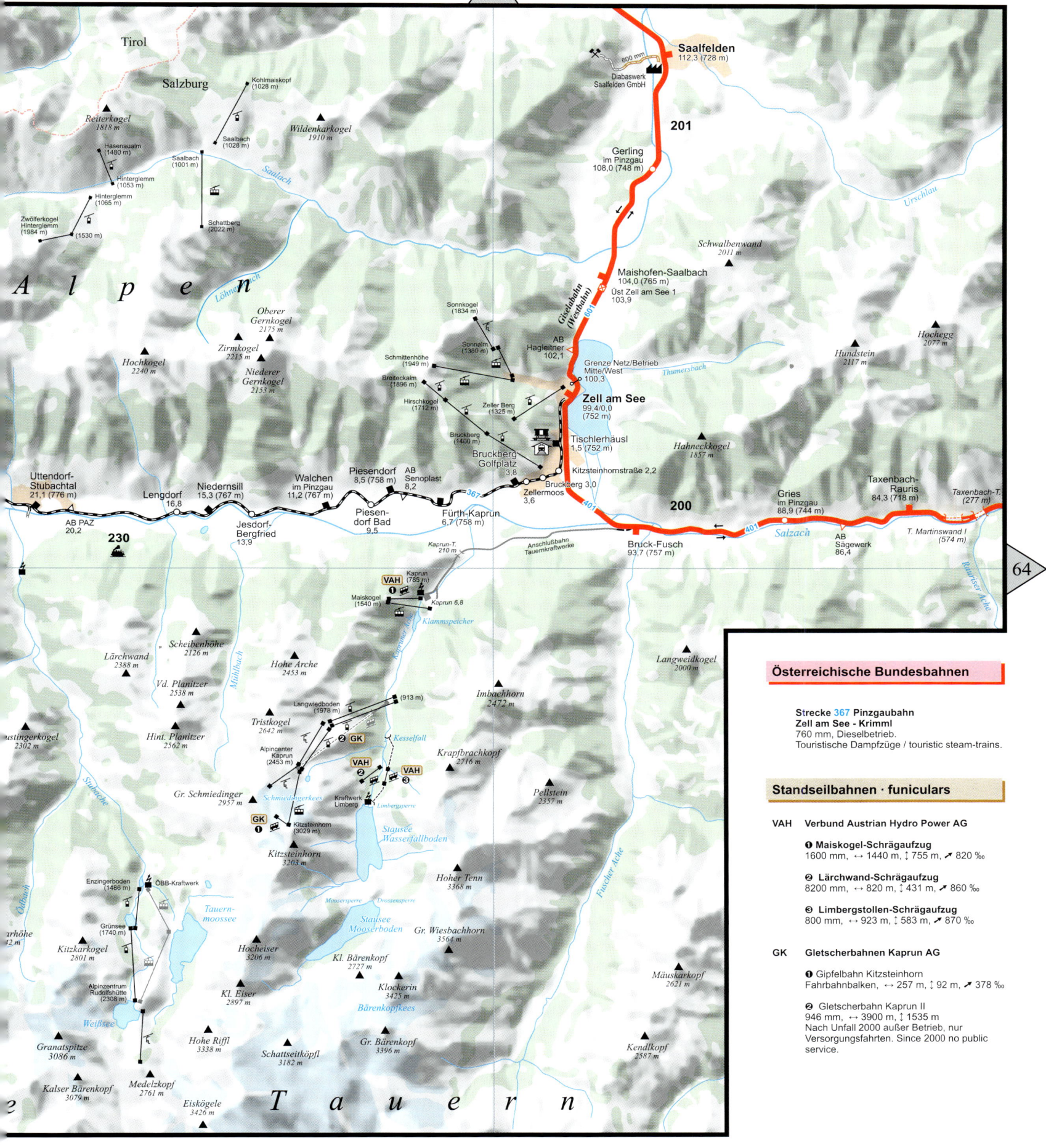

Österreichische Bundesbahnen

Strecke 367 Pinzgaubahn
Zell am See - Krimml
760 mm, Dieselbetrieb.
Touristische Dampfzüge / touristic steam-trains.

Standseilbahnen · funiculars

VAH Verbund Austrian Hydro Power AG

❶ Maiskogel-Schrägaufzug
1600 mm, ↔ 1440 m, ↕ 755 m, ↗ 820 ‰

❷ Lärchwand-Schrägaufzug
8200 mm, ↔ 820 m, ↕ 431 m, ↗ 860 ‰

❸ Limbergstollen-Schrägaufzug
800 mm, ↔ 923 m, ↕ 583 m, ↗ 870 ‰

GK Gletscherbahnen Kaprun AG

❶ Gipfelbahn Kitzsteinhorn
Fahrbahnbalken, ↔ 257 m, ↕ 92 m, ↗ 378 ‰

❷ Gletscherbahn Kaprun II
946 mm, ↔ 3900 m, ↕ 1535 m
Nach Unfall 2000 außer Betrieb, nur Versorgungsfahrten. Since 2000 no public service.

Museumsbahnen · touristic lines

58 Taurachbahn GmbH (TB) / Club 760
km 65,7 - Mauterndorf.
760 mm, Dampfbetrieb / steam operated.
Regelverkehr St. Andrä Andlwirt - Mauterndorf.
Regular train service between St. Andrä
Andlwirt and Mauterndorf.

Standseilbahnen · funiculars

GB Schloßalmbahn
Gasteiner Bergbahnen AG
1200 mm, ↔ 1251 m, ↕ 359 m, ↗ 485 ‰.

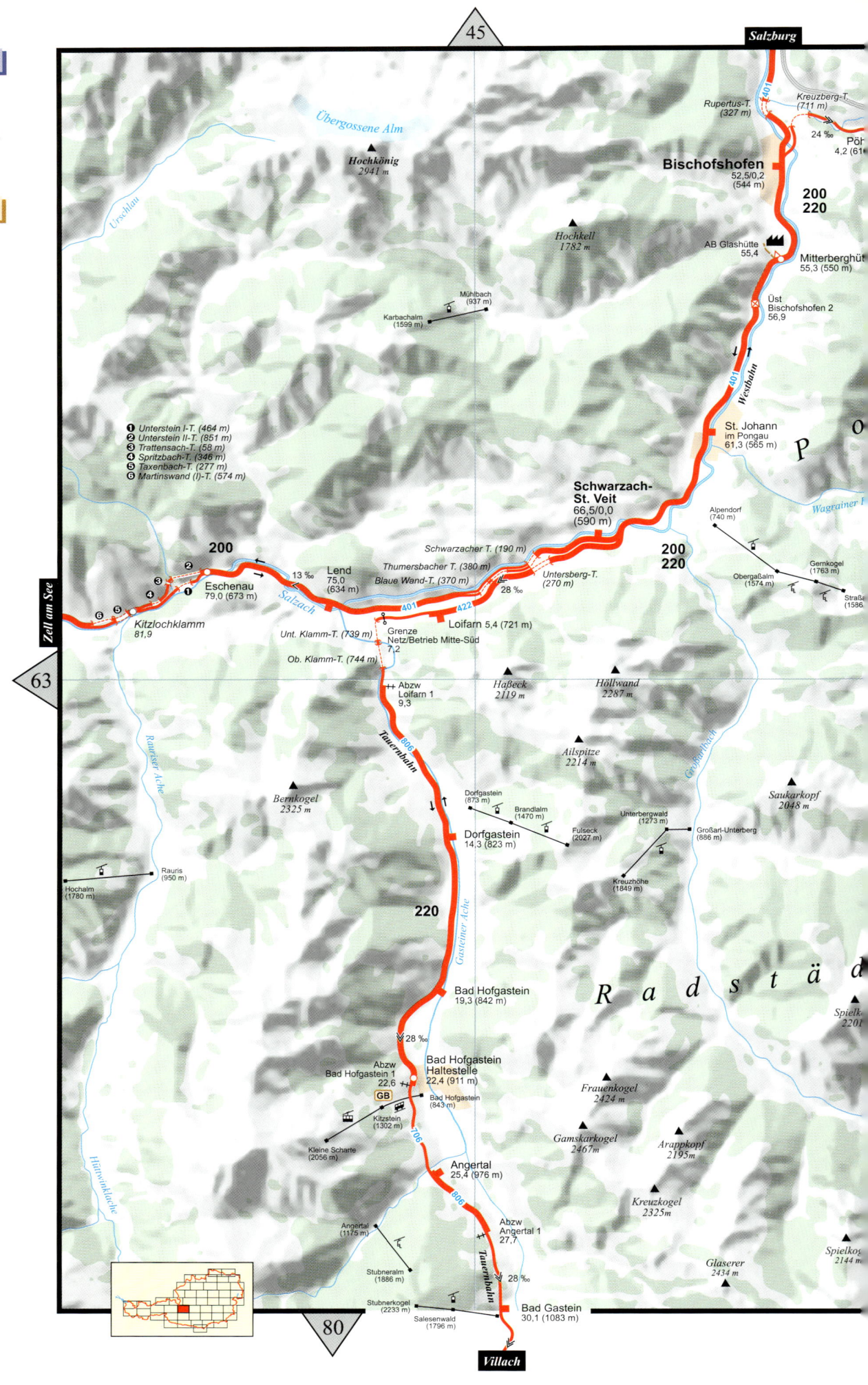

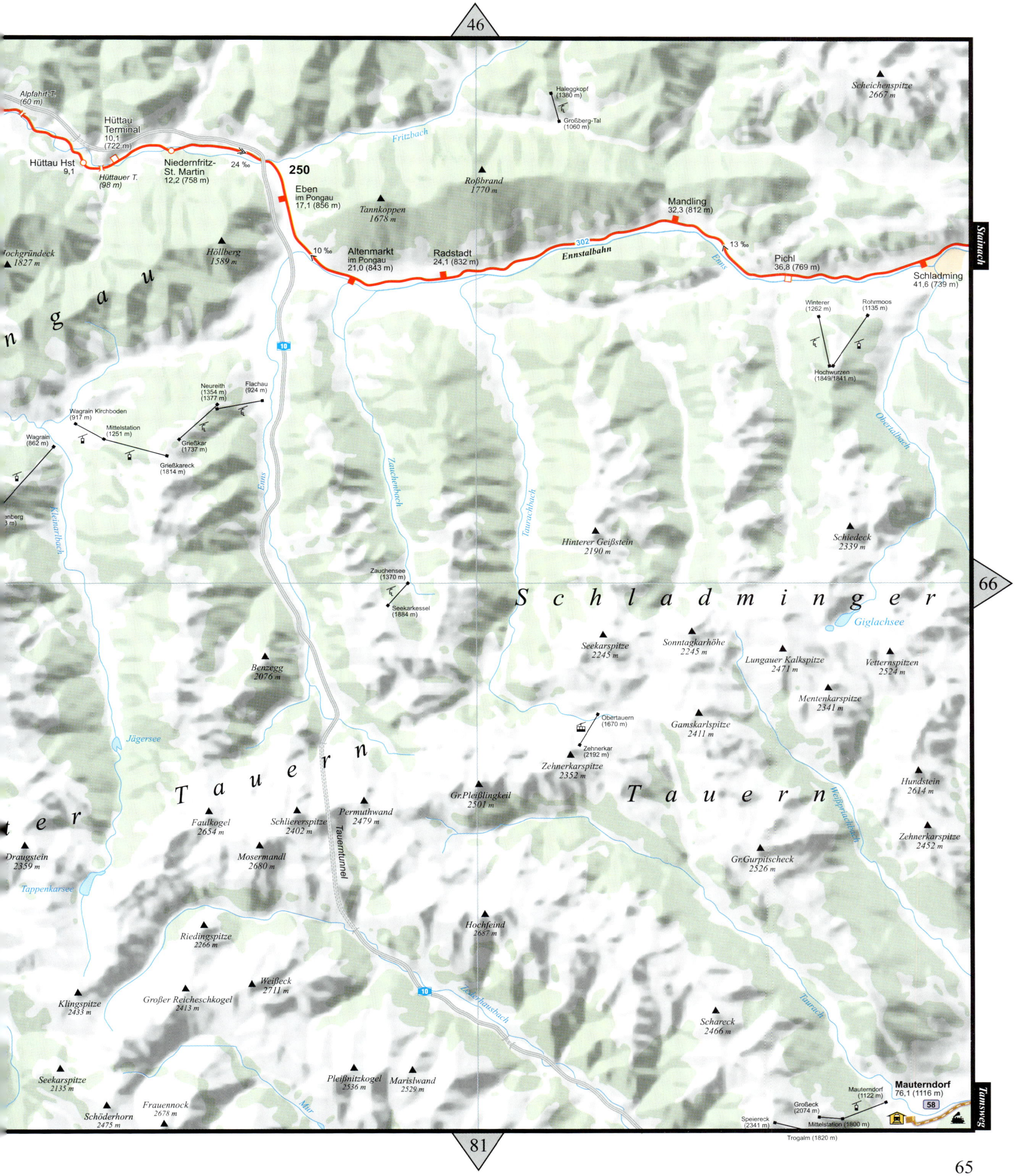
46
66
81
Alpfahrt-T.
(60 m)
Hüttau Terminal
10,1
(722 m)
Hüttau Hst
9,1
Hüttauer T.
(98 m)
Niedernfritz-St. Martin
12,2 (758 m)
24 ‰
250
Eben
im Pongau
17,1 (856 m)
Fritzbach
Haleggkopf
(1380 m)
Großberg-Tal
(1060 m)
Scheichenspitze
2667 m
Roßbrand
1770 m
Tannkoppen
1678 m
Mandling
32,3 (812 m)
Ochgründeck
1827 m
Höllberg
1589 m
10 ‰
Altenmarkt
im Pongau
21,0 (843 m)
Radstadt
24,1 (832 m)
302
Ennstalbahn
Enns
13 ‰
Pichl
36,8 (769 m)
Schladming
41,6 (739 m)
Stainach
n g a u
10
Winterer
(1262 m)
Rohrmoos
(1135 m)
Hochwurzen
(1849/1841 m)
Neureith
(1354 m)
(1377 m)
Flachau
(924 m)
Wagrain Kirchboden
(917 m)
Mittelstation
(1251 m)
Wagrain
(862 m)
Grießkar
(1737 m)
Grießkareck
(1814 m)
Oberalbach
Enns
Zauchenbach
Taurachbach
Kleinarlbach
Hinterer Geißstein
2190 m
Schiedeck
2339 m
Zauchensee
(1370 m)
Seekarkessel
(1884 m)
S c h l a d m i n g e r
Giglachsee
Seekarspitze
2245 m
Sonntagkarhöhe
2245 m
Lungauer Kalkspitze
2471 m
Vetternspitzen
2524 m
Benzegg
2076 m
Mentenkarspitze
2341 m
Obertauern
(1670 m)
Gamskarlspitze
2411 m
Zehnerkar
(2192 m)
Zehnerkarspitze
2352 m
Jägersee
T a u e r n
Hundstein
2614 m
Gr.Pleißlingkeil
2501 m
T a u e r n
Weißpriachbach
Faulkogel
2654 m
Schliererspitze
2402 m
Permuthwand
2479 m
Tauerntunnel
Zehnerkarspitze
2452 m
t e r
Draugstein
2359 m
Mosermandl
2680 m
Gr.Gurpitscheck
2526 m
Tappenkarsee
Riedingspitze
2266 m
Hochfeind
2687 m
Weißeck
2711 m
Klingspitze
2433 m
Großer Reicheschkogel
2413 m
10
Zederhausbach
Taurach
Schareck
2466 m
Seekarspitze
2135 m
Pleißnitzkogel
2536 m
Marislwand
2529 m
Mauterndorf
76,1 (1116 m)
Mauterndorf
(1122 m)
58
Großeck
(2074 m)
Frauennock
2678 m
Mur
Speiereck
(2341 m)
Mittelstation (1800 m)
Trogalm (1820 m)
Schöderhorn
2475 m
Tamsweg

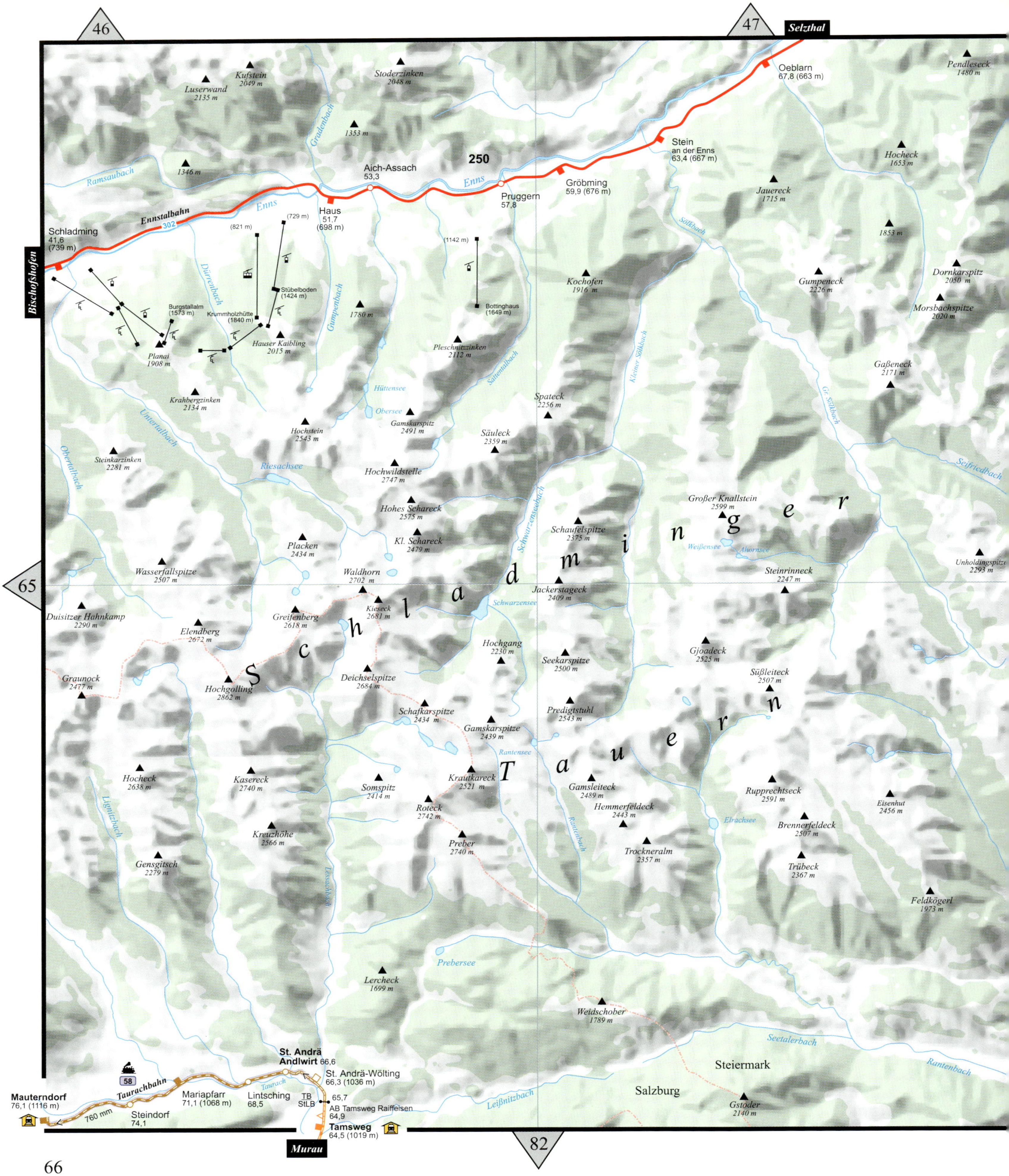

46
47
Selzthal
65
82
Murau
Bischofshofen
Luserwand 2135 m
Kufstein 2049 m
Stoderzinken 2048 m
Pendleseck 1480 m
Oeblarn 67,8 (663 m)
Stein an der Enns 63,4 (667 m)
Gröbming 59,9 (676 m)
Pruggern 57,8
Aich-Assach 53,3
Haus 51,7 (698 m)
Schladming 41,6 (739 m)
Ennstalbahn
302
250
Enns
Ramsaubach
Gradenbach
Dürrenbach
Gumpenbach
Sölkbach
Hocheck 1653 m
Jauereck 1715 m
1853 m
Dornkarspitz 2050 m
Gumpeneck 2226 m
Morsbachspitze 2020 m
Kochofen 1916 m
Stübelboden (1424 m)
Bottinghaus (1649 m)
Burgstallalm (1573 m)
Krummholzhütte (1840 m)
Planai 1908 m
Hauser Kaibling 2015 m
Krahbergzinken 2134 m
Pleschnitzzinken 2112 m
Gaßeneck 2171 m
Spateck 2256 m
Säuleck 2359 m
Hochstein 2543 m
Gamskarspitz 2491 m
Hochwildstelle 2747 m
Hohes Schareck 2575 m
Kl. Schareck 2479 m
Placken 2434 m
Schaufelspitze 2375 m
Großer Knallstein 2599 m
Unholdingspitze 2293 m
Steinrinneck 2247 m
Jackerstageck 2409 m
Waldhorn 2702 m
Wasserfallspitze 2507 m
Steinkarzinken 2281 m
Duisitzer Hahnkamp 2290 m
Elendberg 2672 m
Greifenberg 2618 m
Kieseck 2681 m
Graunock 2477 m
Hochgolling 2862 m
Deichselspitze 2684 m
Hochgang 2230 m
Seekarspitze 2500 m
Gjoadeck 2525 m
Süßleiteck 2507 m
Predigtstuhl 2543 m
Schafkarspitze 2434 m
Gamskarspitze 2439 m
Hocheck 2638 m
Kasereck 2740 m
Somspitz 2414 m
Krautkareck 2521 m
Roteck 2742 m
Gamsleiteck 2489 m
Hemmerfeldeck 2443 m
Rupprechtseck 2591 m
Eisenhut 2456 m
Brennerfeldeck 2507 m
Kreuzhöhe 2566 m
Preber 2740 m
Trockneralm 2357 m
Trübeck 2367 m
Gensgitsch 2279 m
Feldkögerl 1973 m
Lercheck 1699 m
Weidschober 1789 m
Gstoder 2140 m
Schladminger Tauern
Hüttensee
Obersee
Riesachsee
Schwarzensee
Weißensee
Ahornsee
Rantensee
Etrachsee
Prebersee
Untertalbach
Obertalbach
Seifriedbach
Schwarzenseebach
Lignitzbach
Rantenbach
Seetalerbach
Leißnitzbach
Steiermark
Salzburg
St. Andrä Andlwirt 66,6
St. Andrä-Wölting 66,3 (1036 m)
Lintsching 68,5
Mariapfarr 71,1 (1068 m)
Steindorf 74,1
Mauterndorf 76,1 (1116 m)
Taurachbahn
Taurach
760 mm
58
TB StLB
65,7
AB Tamsweg Raiffeisen 64,9
Tamsweg 64,5 (1019 m)

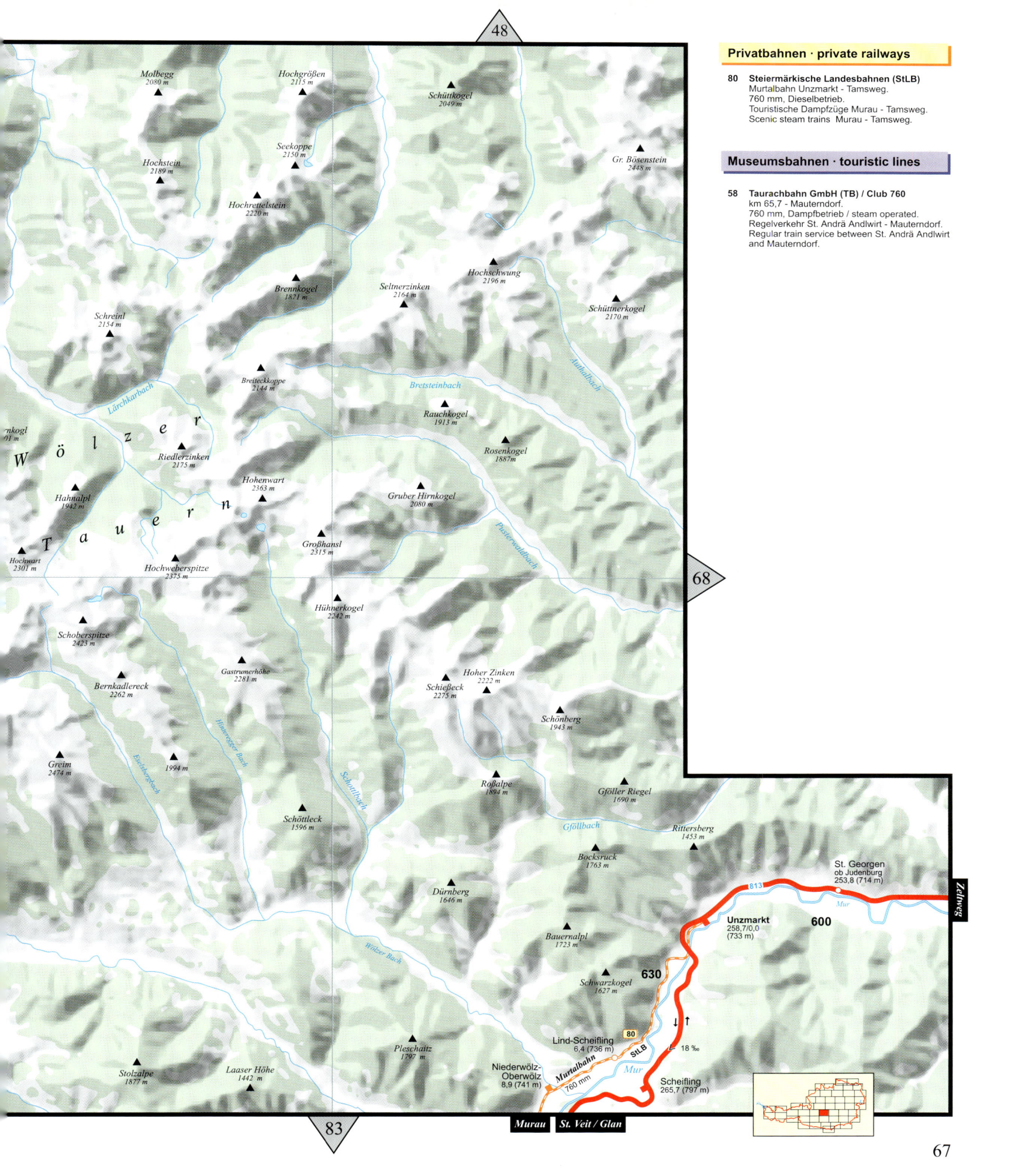

Privatbahnen · private railways

80 **Steiermärkische Landesbahnen (StLB)**
Murtalbahn Unzmarkt - Tamsweg.
760 mm, Dieselbetrieb.
Touristische Dampfzüge Murau - Tamsweg.
Scenic steam trains Murau - Tamsweg.

Museumsbahnen · touristic lines

58 **Taurachbahn GmbH (TB) / Club 760**
km 65,7 - Mauterndorf.
760 mm, Dampfbetrieb / steam operated.
Regelverkehr St. Andrä Andlwirt - Mauterndorf.
Regular train service between St. Andrä Andlwirt and Mauterndorf.

Privatbahnen · private railways

80 Steiermärkische Landesbahnen (StLB)
Murtalbahn Unzmarkt - Tamsweg.
760 mm, Dieselbetrieb.
Touristische Dampfzüge Murau - Tamsweg.
Scenic steam trains Murau - Tamsweg.

Stillgelegte Strecken · closed lines

Wbl Waldbahn Ingering
forest railway, 720 mm, *ca. 1885, † 1938.

WbT Waldbahn Trieben
forest railway, 800 mm, *1900, † ca. 1939

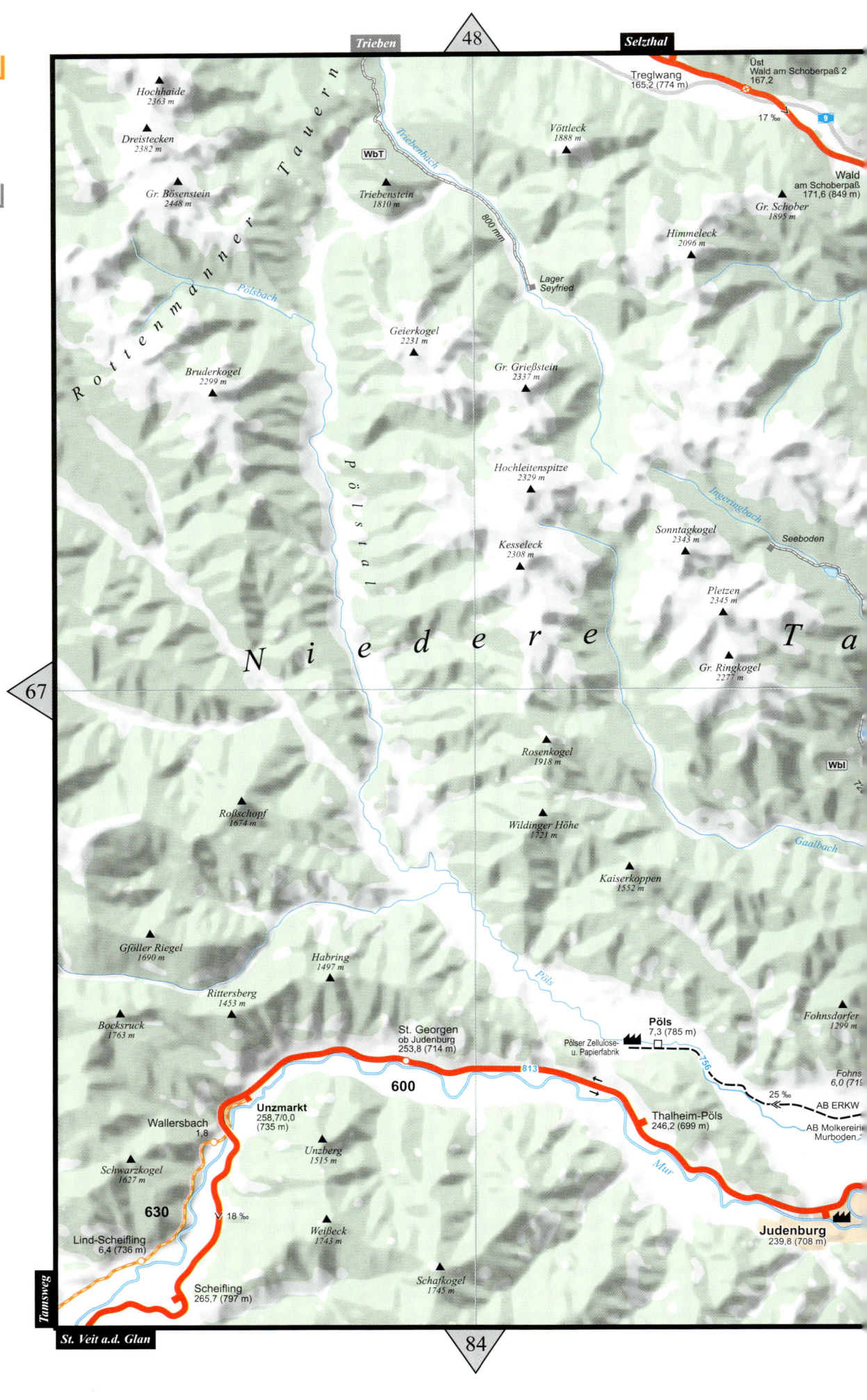

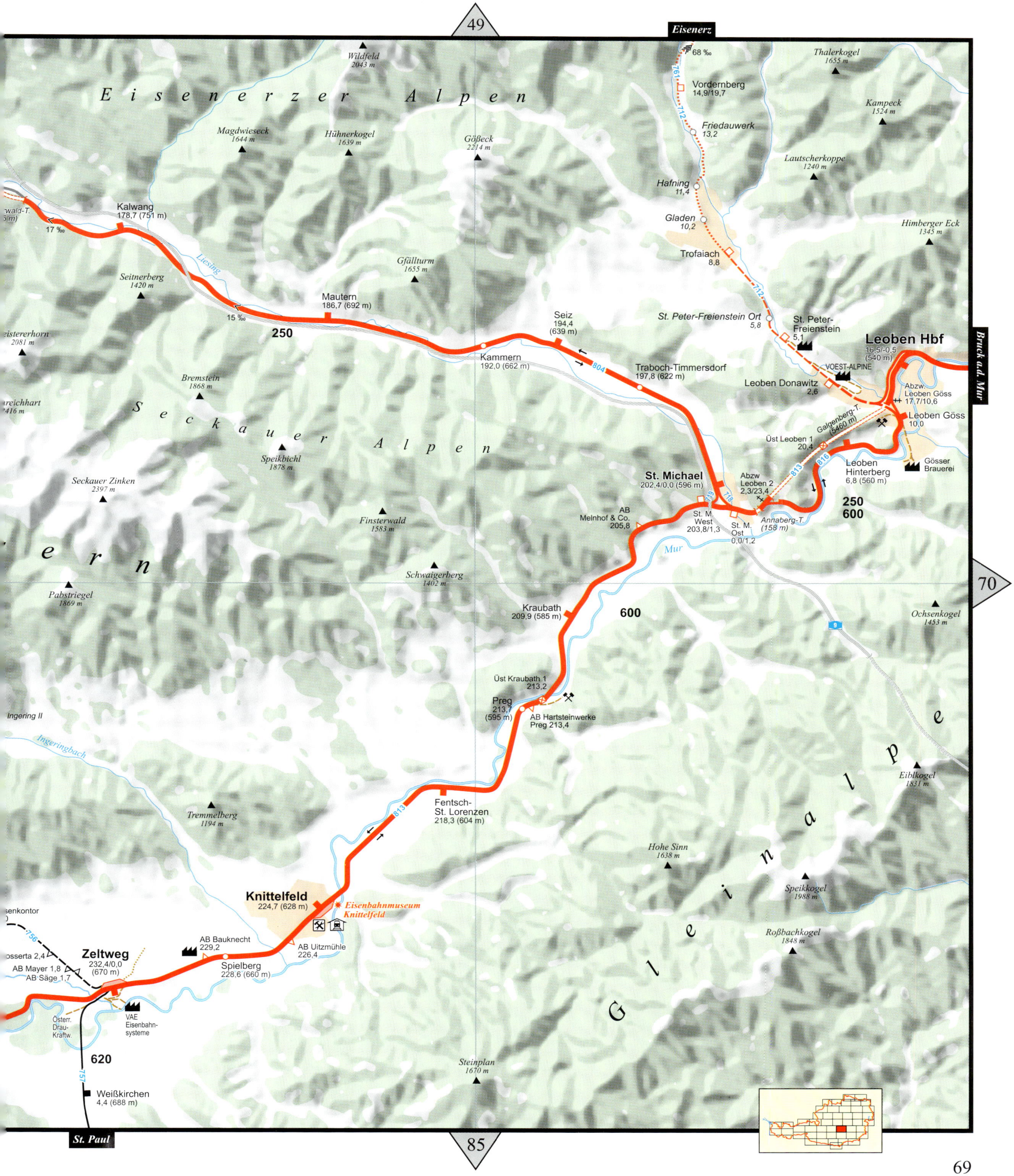
49
Eisenerz
Wildfeld 2043 m
Eisenerzer Alpen
Magdwieseck 1644 m
Hühnerkogel 1639 m
Gößeck 2214 m
68 ‰
Vordernberg 14,9/19,7
Friedauwerk 13,2
Thalerkogel 1655 m
Kampeck 1524 m
Lautscherkoppe 1240 m
Hafning 11,4
Gladen 10,2
Trofaiach 8,8
Himberger Eck 1345 m
Kalwang 178,7 (751 m)
17 ‰
Liesing
Seitnerberg 1420 m
Gfällturm 1655 m
Mautern 186,7 (692 m)
15 ‰
250
Seiz 194,4 (639 m)
Kammern 192,0 (662 m)
804
Traboch-Timmersdorf 197,8 (622 m)
St. Peter-Freienstein Ort 5,8
St. Peter-Freienstein 5,1
VOEST-ALPINE
Leoben Donawitz 2,6
Leoben Hbf 16,5/-0,5 (540 m)
Bruck a.d. Mur
Abzw. Leoben Göss 17,7/10,6
Leoben Göss 10,0
Galgenberg-T. (5460 m)
Üst Leoben 1 20,4
813
816
Leoben Hinterberg 6,8 (560 m)
Gösser Brauerei
Bremstein 1868 m
Seckauer Alpen
Speikbichl 1878 m
Seckauer Zinken 2397 m
Finsterwald 1583 m
St. Michael 202,4/0,0 (596 m)
AB Melnhof & Co. 205,8
St. M. West 203,8/1,3
St. M. Ost 0,0/1,2
Abzw Leoben 2 2,3/23,4
Annaberg-T. (158 m)
250
600
Mur
Schwaigerberg 1402 m
Pabstriegel 1869 m
70
Kraubath 209,9 (585 m)
600
Ochsenkogel 1453 m
9
Üst Kraubath 1 213,2
Preg 213,7 (595 m)
AB Hartsteinwerke Preg 213,4
Ingering II
Ingeringbach
Eiblkogel 1831 m
Fentsch-St. Lorenzen 218,3 (604 m)
Tremmelberg 1194 m
Hohe Sinn 1638 m
Speikkogel 1988 m
Gleinalpe
Knittelfeld 224,7 (628 m)
Eisenbahnmuseum Knittelfeld
AB Bauknecht 229,2
AB Uitzmühle 226,4
Roßbachkogel 1848 m
Zeltweg 232,4/0,0 (670 m)
756
AB Mayer 1,8
AB Säge 1,7
Spielberg 228,6 (660 m)
Österr. Drau-Kraftw.
VAE Eisenbahn-systeme
620
757
Weißkirchen 4,4 (688 m)
Steinplan 1670 m
St. Paul
85

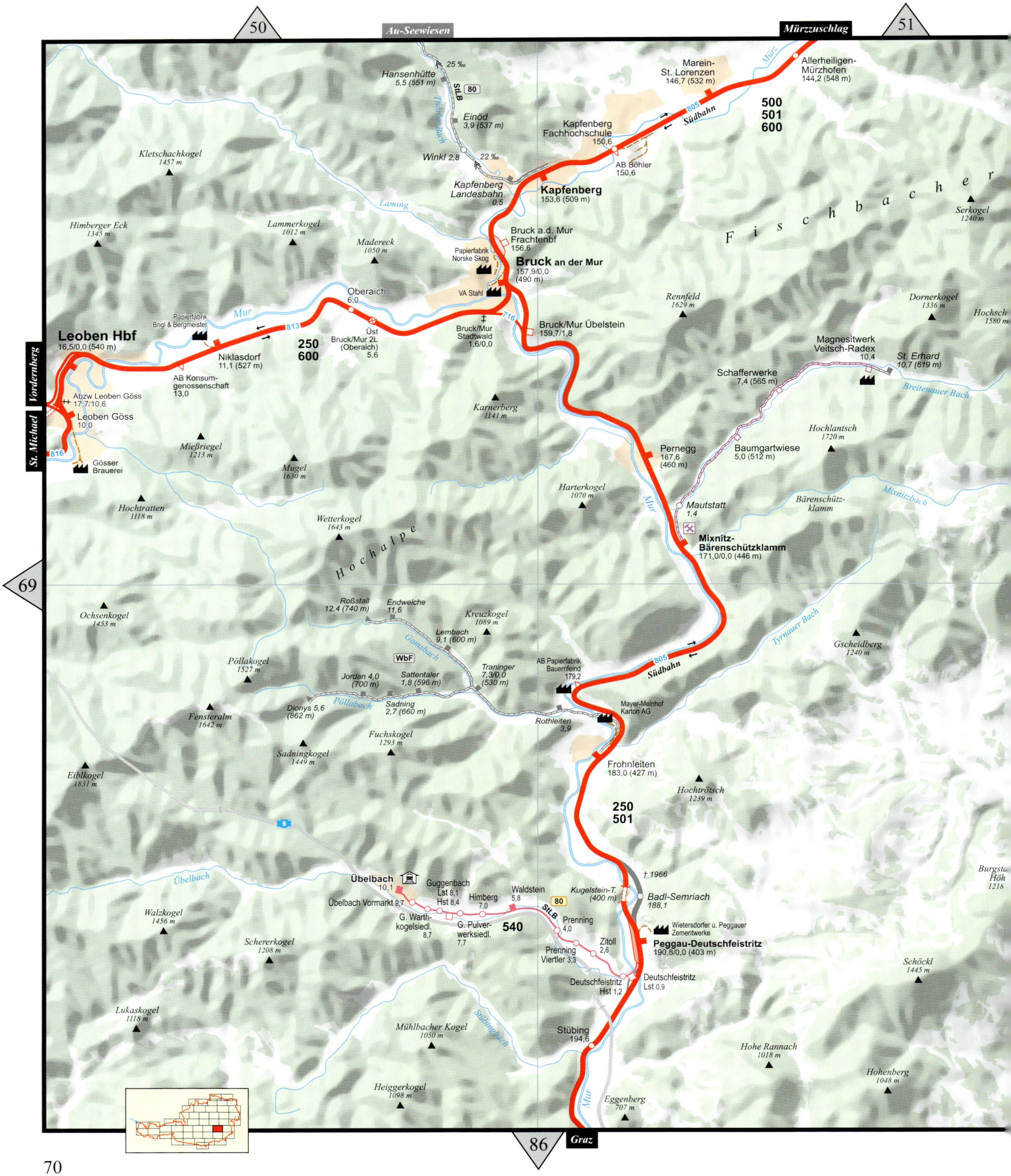

50
Au-Seewiesen
Mürzzuschlag
51
69
86
Graz
Hansenhütte
5,5 (551 m)
25 ‰
StLB
80
Einöd
3,9 (537 m)
Winkl 2,8
22 ‰
Kapfenberg
Landesbahn
0,5
Marein-
St. Lorenzen
146,7 (532 m)
Allerheiligen-
Mürzhofen
144,2 (548 m)
Mürz
805
Südbahn
500
501
600
Kapfenberg
Fachhochschule
150,6
AB Böhler
150,6
Kapfenberg
153,6 (509 m)
Kletschachkogel
1457 m
Laming
Himberger Eck
1345 m
Lammerkogel
1012 m
Madereck
1050 m
Bruck a.d. Mur
Frachtenbf
156,6
Papierfabrik
Norske Skog
Bruck an der Mur
157,9/0,0
(490 m)
VA Stahl
F i s c h b a c h e r
Serkogel
1240 m
Oberaich
6,0
Mur
Papierfabrik
Brigl & Bergmeister
813
716
Bruck/Mur Übelstein
159,7/1,8
Rennfeld
1629 m
Dornerkogel
1336 m
Leoben Hbf
16,5/0,0 (540 m)
Niklasdorf
11,1 (527 m)
250
600
Üst
Bruck/Mur 2L
(Oberaich)
5,6
Bruck/Mur
Stadtwald
1,6/0,0
Magnesitwerk
Veitsch-Radex
10,4
St. Erhard
10,7 (619 m)
Schafferwerke
7,4 (565 m)
Vordernberg
AB Konsum-
genossenschaft
13,0
Abzw Leoben Göss
17,7/10,6
Leoben Göss
10,0
St. Michael
816
Gösser
Brauerei
Karnerberg
1141 m
Breitenauer Bach
Hochlantsch
1720 m
Mießriegel
1213 m
Mugel
1630 m
Pernegg
167,6
(460 m)
Baumgartwiese
5,0 (512 m)
Harterkogel
1070 m
Hochtratten
1118 m
Mautstatt
1,4
Bärenschütz-
klamm
Mixnitzbach
Wetterkogel
1643 m
Mixnitz-
Bärenschützklamm
171,0/0,0 (446 m)
H o c h a l p e
Ochsenkogel
1453 m
Roßstall
12,4 (740 m)
Endweiche
11,6
Kreuzkogel
1089 m
Lembach
9,1 (600 m)
Gamsbach
WbF
Tyrnauer Bach
Gscheidberg
1240 m
Pöllakogel
1527 m
Jordan 4,0
(700 m)
Sattentaler
1,8 (596 m)
Traninger
7,3/0,0
(530 m)
AB Papierfabrik
Bauernfeind
179,2
805
Südbahn
Fensteralm
1642 m
Dionys 5,6
(862 m)
Pöllabach
Sadning
2,7 (660 m)
Mayer-Melnhof
Karton AG
Rothleiten
3,9
Fuchskogel
1293 m
Sadningkogel
1449 m
Frohnleiten
183,0 (427 m)
Eiblkogel
1831 m
Hochtrötsch
1239 m
250
501
9
† 1966
Übelbach
Übelbach
10,1
Guggenbach
Lst 8,1
Hst 8,4
Himberg
7,0
Waldstein
5,8
80
Kugelstein-T.
(400 m)
Badl-Semriach
188,1
Übelbach Vormarkt 9,7
Walzkogel
1456 m
G. Warth-
kogelsiedl.
8,7
G. Pulver-
werksiedl.
7,7
540
StLB
Prenning
4,0
Wietersdorfer u. Peggauer
Zementwerke
Peggau-Deutschfeistritz
190,8/0,0 (403 m)
Schererkogel
1208 m
Prenning
Viertler 3,3
Zitoll
2,6
Schöckl
1445 m
Deutschfeistritz
Hst 1,2
Deutschfeistritz
Lst 0,9
Lukaskogel
1118 m
Mühlbacher Kogel
1050 m
Stübingbach
Stübing
194,6
Hohe Rannach
1018 m
Hohenberg
1048 m
Heiggerkogel
1098 m
Mur
Eggenberg
707 m

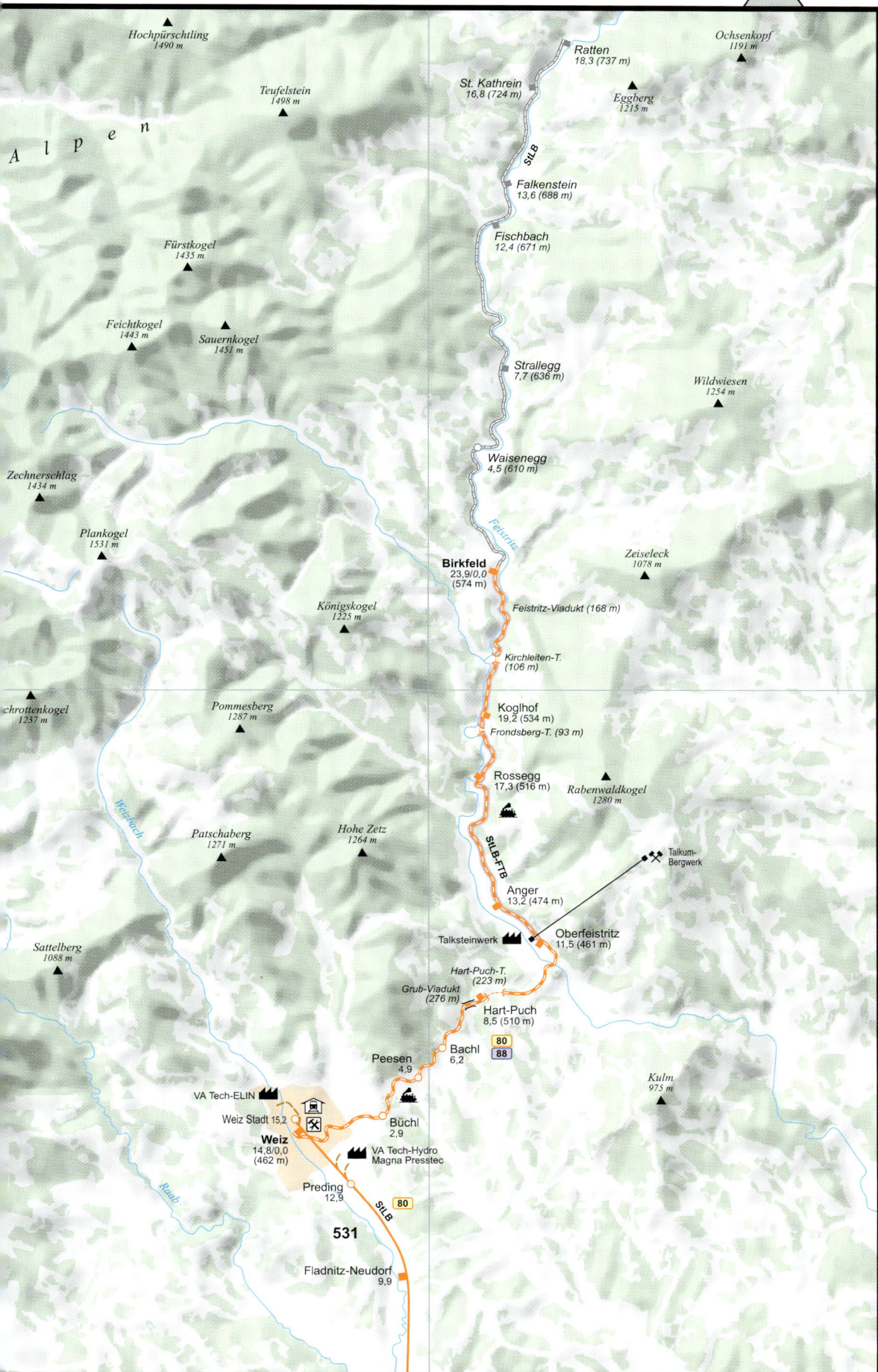

Privatbahnen · private railways

80 Steiermärkische Landesbahnen (StLB)
Peggau-Deutschfeistritz - Übelbach,
1435 mm, 15 kV 16,7 Hz ~.
Gleisdorf - Weiz, 1435 mm.
Weiz - Oberfeistritz, 760 mm.

Museumsbahnen · touristic lines

88 Feistritztalbahn Betriebsgesellschaft GmbH
(FTB) und Club U 44, 760 mm.
Weiz -Anger - Birkfeld, 760 mm.
Dampfbetrieb / steam operated.
Infrastruktur: Steiermärkische Landesbahnen.

Stillgelegte Bahnen · closed lines

80 Steiermärkische Landesbahnen (StLB)
Thörlerbahn Kapfenberg - Au-Seewiesen
760 mm. Kapfenberg - Kapfenberg Landes-
bahn 3- bzw. vierschienig 760 + 1435 mm.

WbF Waldbahn Frohnleiten
forest railway, 760 mm, *1925-27, † 1951.

Privatbahnen · private railways

75 Südburgenländische Regionalbahn GmbH (SRB)
Oberwart - Oberschützen,
Oberwart - Rechnitz (- Staatsgrenze).
Betrieb als Anschlußbahn, Güterverkehr,
Nostalgiezüge Großpetersdorf - Rechnitz.
Ab September 2005 Personenverkehr
Oberwart - Großpetersdorf durch ÖBB.
Freight service, touristic trains Großpeters-
dorf - Rechnitz. Oberwart - Großpetersdorf
passenger service by ÖBB.

Stillgelegte Bahnen · closed lines

WbD Waldbahn Dörfl
600 mm, *1924, † 1933

WbL Waldbahn Lockenhaus
600 mm, *1926, † 1956

WGR Waldbahn Großpetersdorf - Rumpersdorf
760 mm, *1920, † ca. 1933

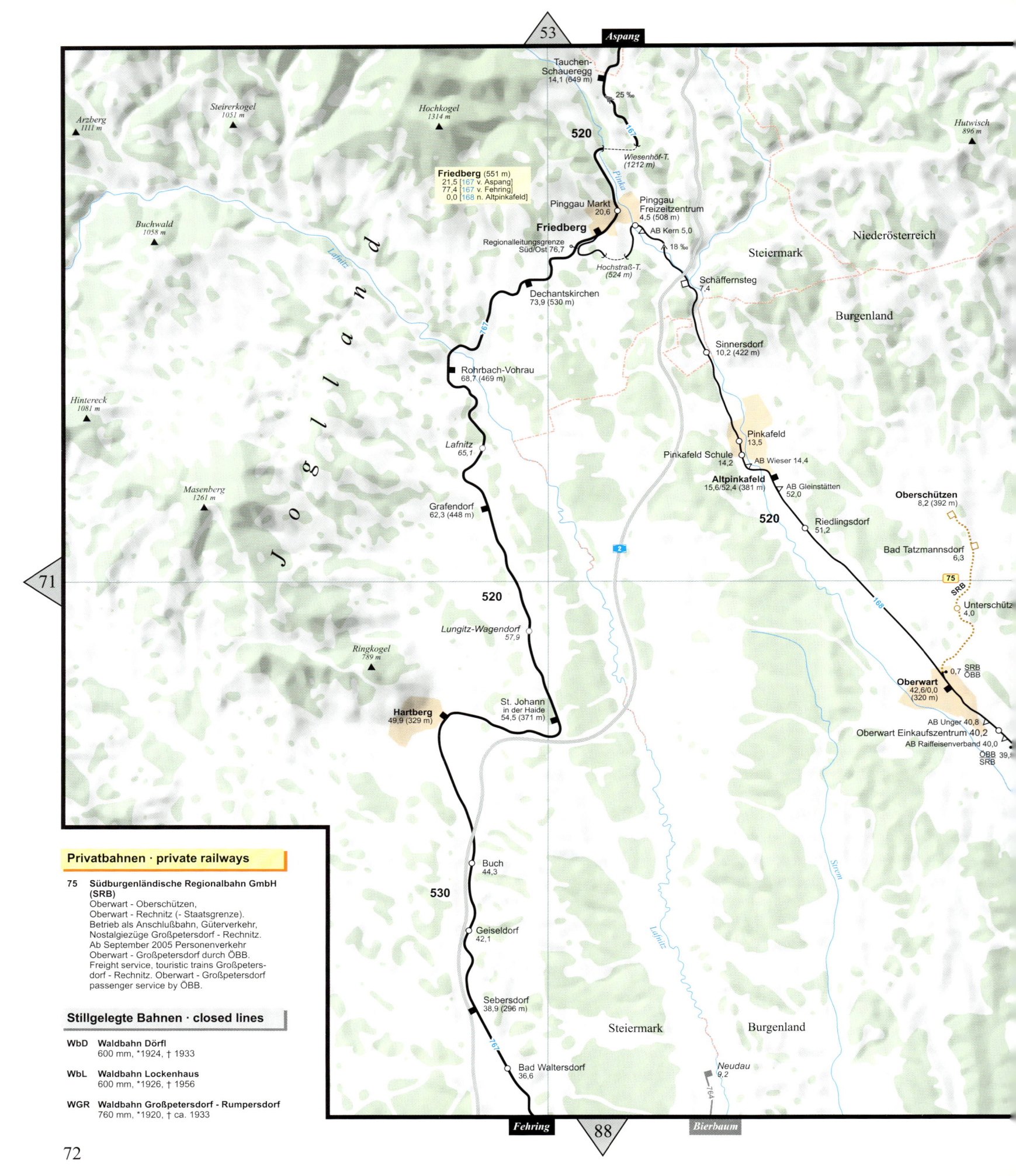

73

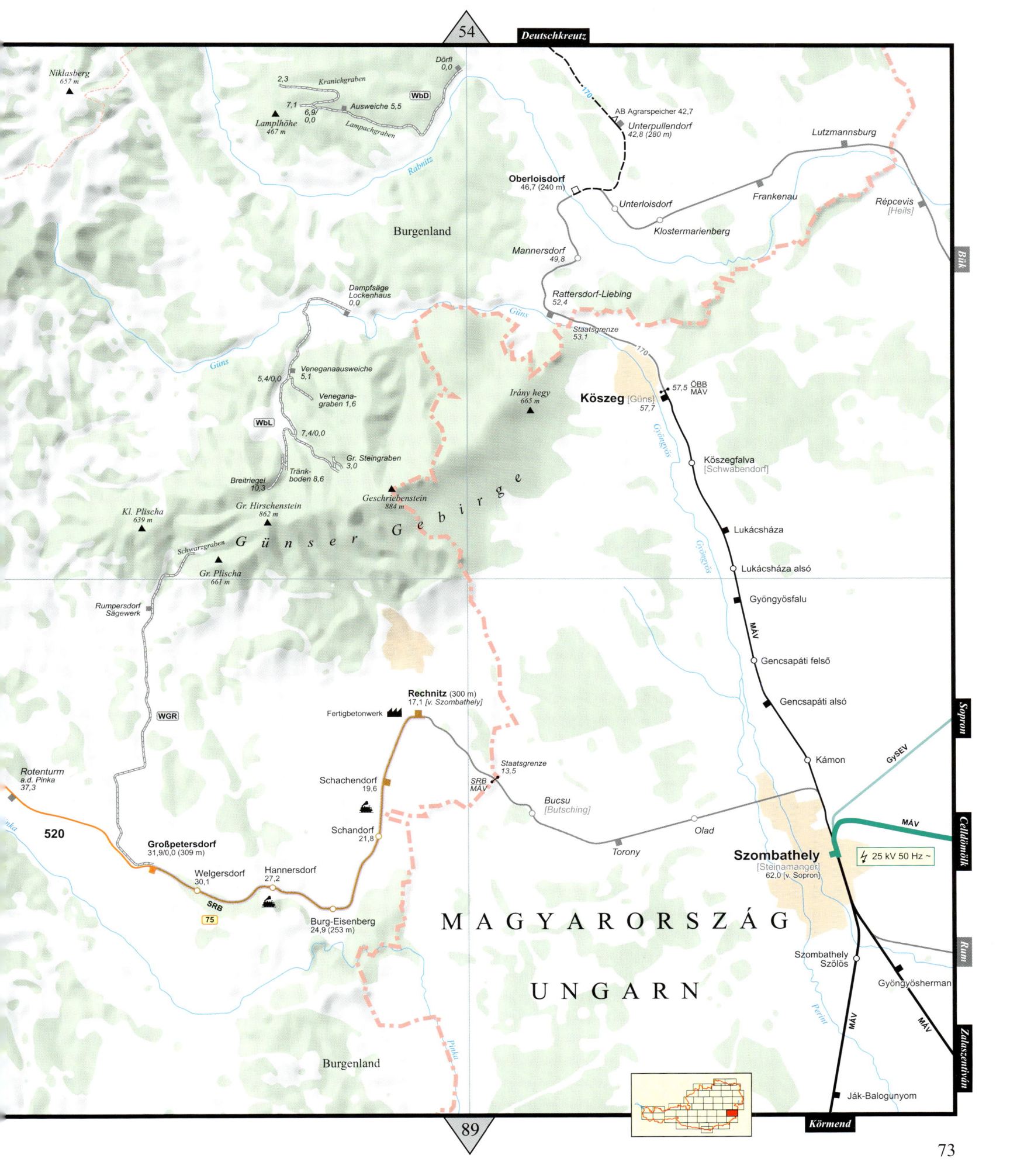

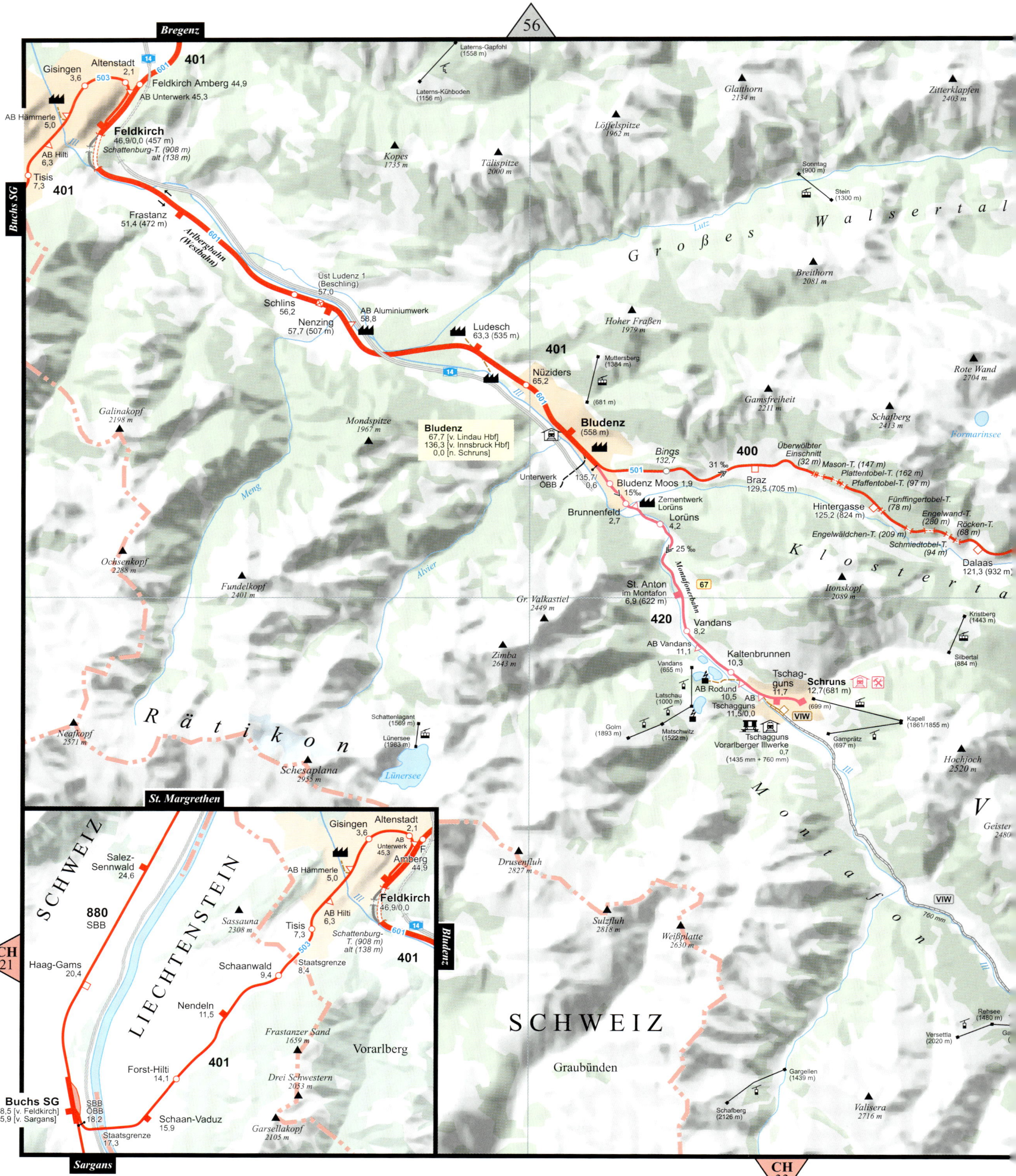
56
Bregenz
Buchs SG
St. Margrethen
Sargans
Bludenz
CH 21
CH 33
401
Gisingen 3,6
Altenstadt 2,1
503
601
14
Feldkirch Amberg 44,9
AB Unterwerk 45,3
AB Hämmerle 5,0
Feldkirch
46,9/0,0 (457 m)
Schattenburg-T. (908 m)
alt (138 m)
AB Hilti 6,3
Tisis 7,3
Frastanz 51,4 (472 m)
Arlbergbahn (Westbahn)
Laterns-Gapfohl (1558 m)
Laterns-Kühboden (1156 m)
Üst Ludenz 1 (Beschling) 57,0
Schlins 56,2
Nenzing 57,7 (507 m)
AB Aluminiumwerk 58,8
Ludesch 63,3 (535 m)
Nüziders 65,2
Muttersberg (1384 m)
(681 m)
Bludenz (558 m)
Bludenz
67,7 [v. Lindau Hbf]
136,3 [v. Innsbruck Hbf]
0,0 [n. Schruns]
Unterwerk ÖBB
135,7/0,6
Bludenz Moos 1,9
15‰
Zementwerk Lorüns
Brunnenfeld 2,7
Lorüns 4,2
25 ‰
Montafonerbahn
67
St. Anton im Montafon 6,9 (622 m)
420
Vandans 8,2
AB Vandans 11,1
Kaltenbrunnen 10,3
Tschagguns 11,7
Schruns 12,7(681 m)
(699 m)
AB Rodund 10,5
AB Tschagguns 11,5/0,0
VIW
Tschagguns Vorarlberger Illwerke 0,7
(1435 mm + 760 mm)
Vandans (655 m)
Latschau (1000 m)
Golm (1893 m)
Matschwitz (1522 m)
Kapell (1861/1855 m)
Gamprätz (697 m)
Schattenlagant (1569 m)
Lünersee (1983 m)
Lünersee
Bings 132,7
400
501
31 ‰
Braz 129,5 (705 m)
Überwölbter Einschnitt (32 m)
Mason-T. (147 m)
Plattentobel-T. (162 m)
Pfaffentobel-T. (97 m)
Hintergasse 125,2 (824 m)
Fünffingertobel-T. (78 m)
Engelwand-T. (280 m)
Röcken-T. (68 m)
Engelwäldchen-T. (209 m)
Schmiedtobel-T. (94 m)
Dalaas 121,3 (932 m)
Sonntag (900 m)
Stein (1300 m)
Kristberg (1443 m)
Silbertal (884 m)
Glatthorn 2134 m
Zitterklapfen 2403 m
Löffelspitze 1962 m
Kopes 1735 m
Tälispitze 2000 m
Großes Walsertal
Lutz
Breithorn 2081 m
Hoher Fraßen 1979 m
Rote Wand 2704 m
Gamsfreiheit 2211 m
Schafberg 2413 m
Formarinsee
Galinakopf 2198 m
Mondspitze 1967 m
Meng
Ochsenkopf 2288 m
Fundelkopf 2401 m
Alvier
Gr. Valkastiel 2449 m
Itonskopf 2089 m
Klostertal
Zimba 2643 m
Rätikon
Neafkopf 2571 m
Schesaplana 2955 m
Hochjoch 2520 m
Montafon
Ill
Drusenfluh 2827 m
Sulzfluh 2818 m
Weißplatte 2630 m
760 mm
SCHWEIZ
Graubünden
Gargellen (1439 m)
Schafberg (2126 m)
Valisera 2716 m
Versettla (2020 m)
Rehsee (1480 m)
SCHWEIZ
LIECHTENSTEIN
880 SBB
Salez-Sennwald 24,6
Haag-Gams 20,4
Buchs SG
18,5 [v. Feldkirch]
15,9 [v. Sargans]
SBB ÖBB 18,2
Staatsgrenze 17,3
Schaan-Vaduz 15,9
Forst-Hilti 14,1
Nendeln 11,5
Schaanwald 9,4
Staatsgrenze 8,4
Sassauna 2308 m
Frastanzer Sand 1659 m
Drei Schwestern 2053 m
Garsellakopf 2105 m
Vorarlberg
F. Amberg 44,9
AB Unterwerk 45,3
Feldkirch 46,9/0,0
Schattenburg-T. (908 m) alt (138 m)

Privatbahnen · private railways

67 Montafonerbahn AG (MBS)
Bludenz - Schruns

Stillgelegte Strecken · closed lines

VIW Vorarlberger Illwerke Tschagguns - Partenen
760 mm. Materialbahn / industrial railway, † 1962.
Schmalspurbahnhof Tschagguns noch in Betrieb /
narrow gauge station Tschagguns still operating.

Partenen- Tromenier:
1000 mm, ↔ 1450 m, ↕ 700 m, ↗ 865 ‰,
1994 ersetzt durch Luftseilbahn / replaced by cableway.

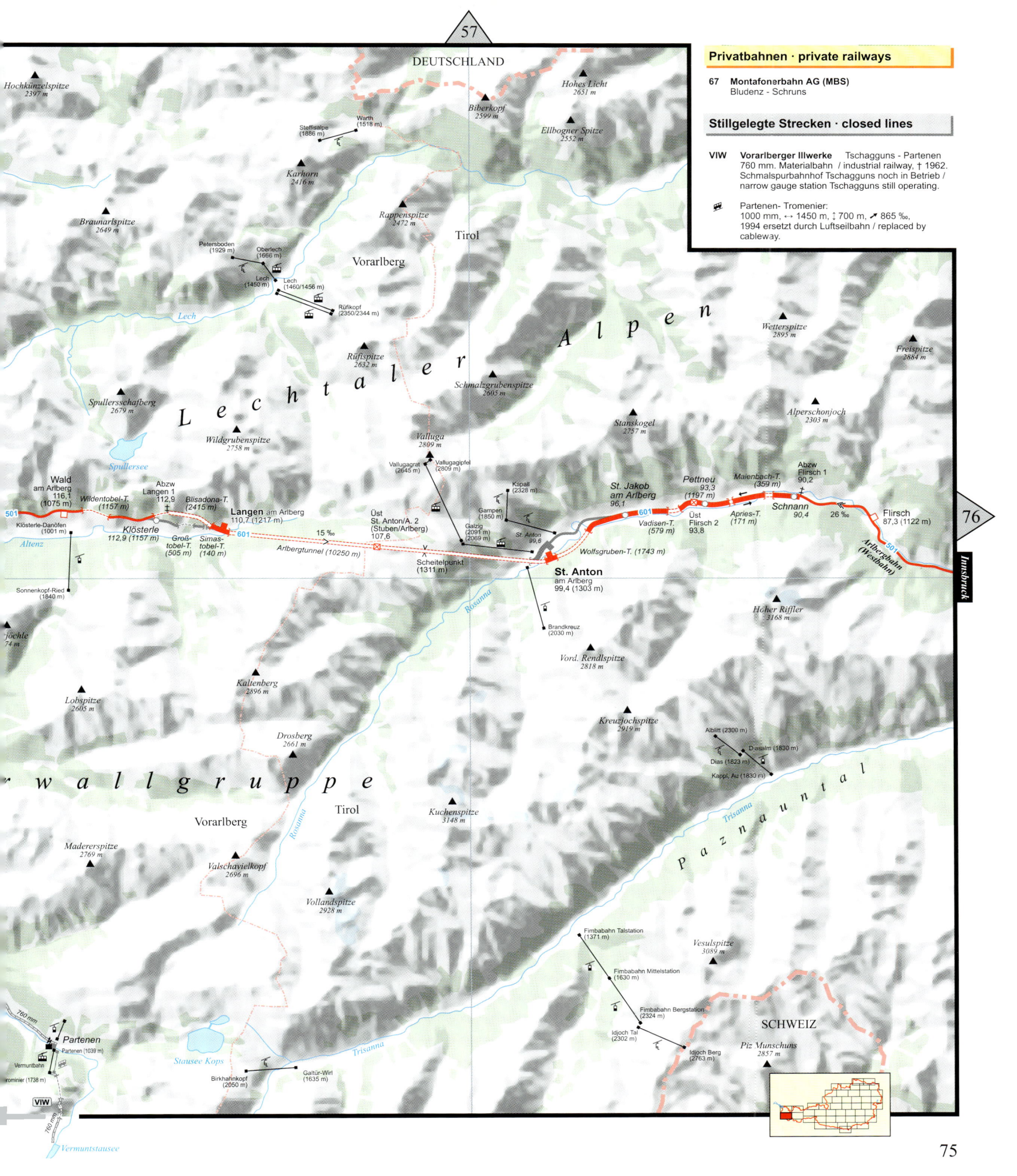

Standseilbahnen · funiculars

OB **Olympiabahn**
Axamer Lizum Aufschließungs-AG
1435 mm, ↔ 2105 m, ↕ 762 m, ↗ 540 ‰

DS **Dorfbahn Serfaus**
Seilbahn Komperdell GmbH
Unterirdische Luftkissenbahn, underground
line on air-cushion,
↔ 1280 m, ↕ 19 m, ↗ 53 ‰.

Map 77 — Tyrol / Stubaier Alpen / Ötztal

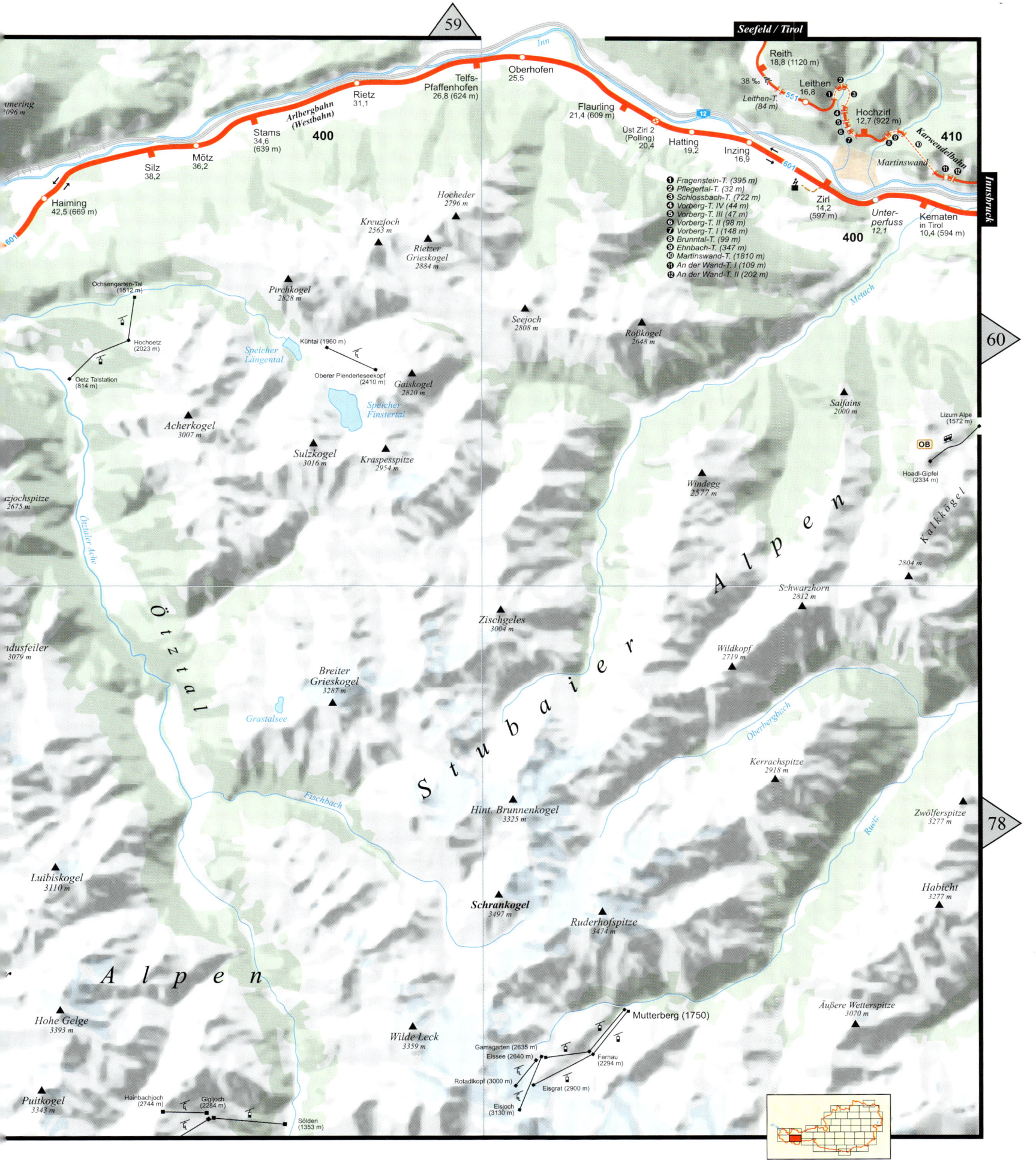

Railway line 400 — Arlbergbahn (Westbahn)
- Haiming 42,5 (669 m)
- Silz 38,2
- Mötz 36,2
- Stams 34,6 (639 m)
- Rietz 31,1
- Telfs-Pfaffenhofen 26,8 (624 m)
- Oberhofen 25,5
- Flaurling 21,4 (609 m)
- Üst Zirl 2 (Polling) 20,4
- Hatting 19,2
- Inzing 16,9
- Zirl 14,2 (597 m)
- Unterperfuss 12,1
- Kematen in Tirol 10,4 (594 m)

Railway line 410 — Karwendelbahn (→ Seefeld / Tirol, Innsbruck)
- Reith 18,8 (1120 m)
- Leithen 16,8
- Leithen-T. (84 m)
- Hochzirl 12,7 (922 m)
- Martinswand
- 38 ‰

Tunnels
1. Fragenstein-T. (395 m)
2. Pflegertal-T. (32 m)
3. Schlossbach-T. (722 m)
4. Vorberg-T. IV (44 m)
5. Vorberg-T. III (47 m)
6. Vorberg-T. II (98 m)
7. Vorberg-T. I (148 m)
8. Brunntal-T. (99 m)
9. Ehnbach-T. (347 m)
10. Martinswand-T. (1810 m)
11. An der Wand-T. I (109 m)
12. An der Wand-T. II (202 m)

Peaks and features

Stubaier Alpen / Ötztaler Alpen

- Hocheder 2796 m
- Kreuzjoch 2563 m
- Rietzer Grieskogel 2884 m
- Pirchkogel 2828 m
- Seejoch 2808 m
- Roßkogel 2648 m
- Ochsengarten-Tal (1512 m)
- Hochoetz (2023 m)
- Oetz Talstation (814 m)
- Kühtai (1960 m)
- Oberer Plenderleseekopf (2410 m)
- Speicher Längental
- Speicher Finstertal
- Gaiskogel 2820 m
- Acherkogel 3007 m
- Sulzkogel 3016 m
- Kraspesspitze 2954 m
- Salfains 2000 m
- Lizum Alpe (1572 m)
- Hoadl-Gipfel (2334 m)
- Windegg 2577 m
- Kalkkögel 2804 m
- ...zjochspitze 2675 m
- Ötztaler Ache
- Schwarzhorn 2812 m
- Zischgeles 3004 m
- ...dusfeiler 3079 m
- Wildkopf 2719 m
- Breiter Grieskogel 3287 m
- Grastalsee
- Kerrachspitze 2918 m
- Oberbergbach
- Fischbach
- Hint. Brunnenkogel 3325 m
- Ruetz
- Zwölferspitze 3277 m
- Luibiskogel 3110 m
- Schrankogel 3497 m
- Ruderhofspitze 3474 m
- Habicht 3277 m
- Hohe Gelge 3393 m
- Wilde Leck 3359 m
- Äußere Wetterspitze 3070 m
- Mutterberg (1750)
- Gamsgarten (2635 m)
- Eissee (2640 m)
- Fernau (2294 m)
- Rotadlkopf (3000 m)
- Eisgrat (2900 m)
- Eisjoch (3130 m)
- Puitkogel 3343 m
- Hainbachjoch (2744 m)
- Gigijoch (2284 m)
- Sölden (1353 m)

Inn

77

Innsbruck
Innsbruck
60
77
Steinach
in Tirol
97,9 (1048 m)
300
Brennerbahn
Steinach
(1070 m)
Bergeralm
(1591 m)
St. Jodok
101,9
(1141 m)
Üst Steinach/T. 1
102,0
Stafflacher T.
(283 m)
St. Jodok-T.
(480 m)
13
Grieser T. (173 m)
Gries
106,7 (1255 m)
Üst
Steinach/T. 2
106,9
602
Steinach
Schmirnbach
Gschnitzbach
Zwölferspitze
2562 m
Kirchdach
2840 m
Nösslachjoch
2231 m
Stubaier
Alpen
Rötenspitze
2481 m
Seebach
Valser Bach
Sommerbergalm (2032 m)
H. Riffl
3231 m
Tuxerfernerhaus
(2609 m)
Tuxer
Ferner
Gefrorene Wand
(3239 m)
Olperer
3478 m
Gammerspitze
2537 m
Tirol
Schlegeis-
Speicher
Brennersee
110,9 (1351 m)
Abzw Steinach/T. 4
(Brennersee) 111,4
Brennersee Terminal
Brennero / Brenner
239,5 (1371 m)
Staatsgrenze
111,7 [v. Kufstein Grenze]
240,1 [v. Verona]
ÖBB
RFI
Tirol
Hohe Wand
3289 m
Kraxentrager
2999 m
Haupenhöh
3041 m
Weißwand
3017 m
Pflerscher
Tribulaun
3091 m
Terme di Brennero
Brennerbad
236,2 (1305 m)
Gall. di Fleres
Pflerscher T.
(~ 7300 m)
Gall. Ast (761 m)
Moncucco
Schelleberg
232,3 (1239 m)
Fleres
Pflersch
226,7 (1130 m)
Colle Isarco
Gossensass
222,8 (1100 m)
Wetterspitze
2709 m
Grabspitze
3059 m
Telfer Weißen
2566 m
50
Trenitalia
Wiesen / Prati
Wilde Kreuzspitze
3132 m
Vipiteno
Sterzing
217,0 (943 m)
22
RFI
Campo di Trens
Freienfeld
212,0 (935 m)
Brennerbasistunnel (geplant)
3000 V =
Plattspitz
2669 m
Gaisjochspitze
2641 m
Mules
Mauls
208,9
ITALIA
Isarco
Eisack
Zinseler
2422 m
Le Cave
Grasstein
204,3 (843 m)
50
Trenitalia
Vandoies / V
12,9 (744
Weißhorn
2705 m
Mezzaselva
Mittewald
200,8 (798 m)
Rio di Pusteria
Mühlbach
7,8 (749 m)
Hochwart
2746 m
Fortezza
Franzensfeste
197,0/375,6
(747 m)
Aica
Aicha
2,8
G. Colle del Bue
Ochsenbichl-T.
(257 m)
Schiaves
Schabs 4,5
Tegewaldhorn
2705 m
Bolzano / Bozen

Map

Tirol / **ITALIA**

Zillertaler Alpen — Rieserferner Gruppe — Pustertal — Ahrntal — Taufers

Peaks
- Dristner 2805 m
- Grundschartner 3065 m
- Zillerplattenspitze 3148 m
- Roßwandspitze 3161 m
- Hohe Warte 3097 m
- Rauchkofel 3251 m
- Gigalitz 3001 m
- Ochsner 3107 m
- Wollbachspitze 3209 m
- Gr. Löffler 3379 m
- Schwarzenstein 3369 m
- Großer Möseler 3480 m
- Hochfeiler 3509 m
- Schwarze Spitze 2862 m
- Durreck 3130 m
- Dreieggspitze 3030 m
- Zintnock 2623 m
- Speikboden 2517 m
- Hochgall 3436 m
- Schneebiger Nock 3358 m
- Schwarze Wand 3105 m
- Grubbachspitze 2809 m
- Perntalerspitze 2450 m
- Zinsnock 2528 m
- Hochnall 2231 m
- Lutterkopf 2145 m

Water features
- Stilluppbach
- Waxeggkees
- Neveser See
- F. Rienza / Rienz

Line 210 Trenitalia
- S. Sigismondo / St. Sigmund 18,7
- Casteldarne / Ehrenburg 23,2
- S. Lorenzo di Sebato / St. Lorenzen 29,0
- Bruneck Lokalbf
- **Brunico / Bruneck** 31,9 (834 m)
- G. Mte. Lamberto / Lambrechtsburg-T. (338 m)
- G. Villa Wielen-T. (61 m)
- G. Rasun (192 m)
- Valdaora-Anterselva / Olang-Antholz 43,9

Branch line
- Campo Tures / Sand in Taufers
- Caminata di Tures / Kematen
- Molini di Tures / Mühlen
- Villa Ottone / Uttenheim
- Villa Ottone ferm. / Uttenheim Hst.
- Gais
- S. Giorgio / St. Georgen

S. Candido / Innichen

61 / 90

79

Österreichische Bundesbahnen

Strecke 806 Tauernbahn

Neubautrasse / new line
Mallnitz-Obervellach - Penk: *14.11.1999.

Alte Trasse / old line:
❶ Dösen-T. (891 m)
❷ Oberer Kaponig-T. (236 m)
❸ Unterer Kaponig-T. (789 m)
❹ Oberer Lindisch-T. (260 m)
❺ Unterer Lindisch-T. (379 m)
❻ Leutschacher T. (247 m)
❼ Falkenstein-T. (67 m)
❽ Gratschacher T. (357 m)
❾ Pfaffenberg-T. (499 m)
Zwenberg-T. (391 m): Abstellgleis für
Tunnellöschzug / siding for tunnel rescue train

Privatbahnen · private railways

90 Reißeck-Höhenbahn
Schoberboden - Sporthotel Reißeck
600 mm, Dieselbetrieb.
Konzession: Verbund - Austrian Hydro
Power AG, Salzburg.
Betriebsführung / operator:
Tauern-Touristik GmbH, Kaprun/Klagenfurt.

Museumsbahnen · touristic lines

58 Taurachbahn GmbH (TB) / Club 760
km 65,7 - Mauterndorf.
760 mm, Dampfbetrieb / steam operated.
Regelverkehr St. Andrä Andlwirt - Mauterndorf.
Regular train service between St. Andrä
Andlwirt and Mauterndorf.

Standseilbahnen · funiculars

RB Reißeck-Bergbahn Kolbnitz - Schoberboden
Verbund Austrian Hydro Power AG, Salzburg.
Betriebsführung / operator:
Tauern-Touristik GmbH, Kaprun/Klagenfurt.
1000 mm, 3 Sektionen. Windenbetrieb mit je 1
Wagen pro Sektion. Windlass operated, one
vehicle per section.

1. Sektion Kolbnitz Zandlach - Schütter:
↔ 1185 m, ↕ 567 m, ↗ 820 ‰.
2. Sektion Schütter - Trog:
↔ 1260 m, ↕ 515 m, ↗ 740 ‰.
3. Sektion Trog - Schoberboden:
↔ 1130 m, ↕ 488 m, ↗ 730 ‰.

KB Kreuzeckbahn
Verbund Austrian Hydro Power AG, Salzburg.
↔ 1370 m, ↕ 604 m, ↗ 740 ‰.

MG Stollenbahn Mölltaler Gletscher
Mölltaler Gletscherbahnen GmbH & Co KG
↔ 4827 m, ↕ 1012 m, ↗ 250 ‰.

Besonderheiten · special lines

GH Gasteiner Heilstollenbahn
600 mm, Länge/length 2,4 km.
Besucherfahrten / guest trips.

BI Besucherbergwerk Imhofstollen
Böckstein-Naßfeld
Stollenbahn Naßfeld - Kolm-Saigurn:
600 mm, Länge/length 4,9 km, seit 1993 außer
Betrieb / since 1993 out of service.

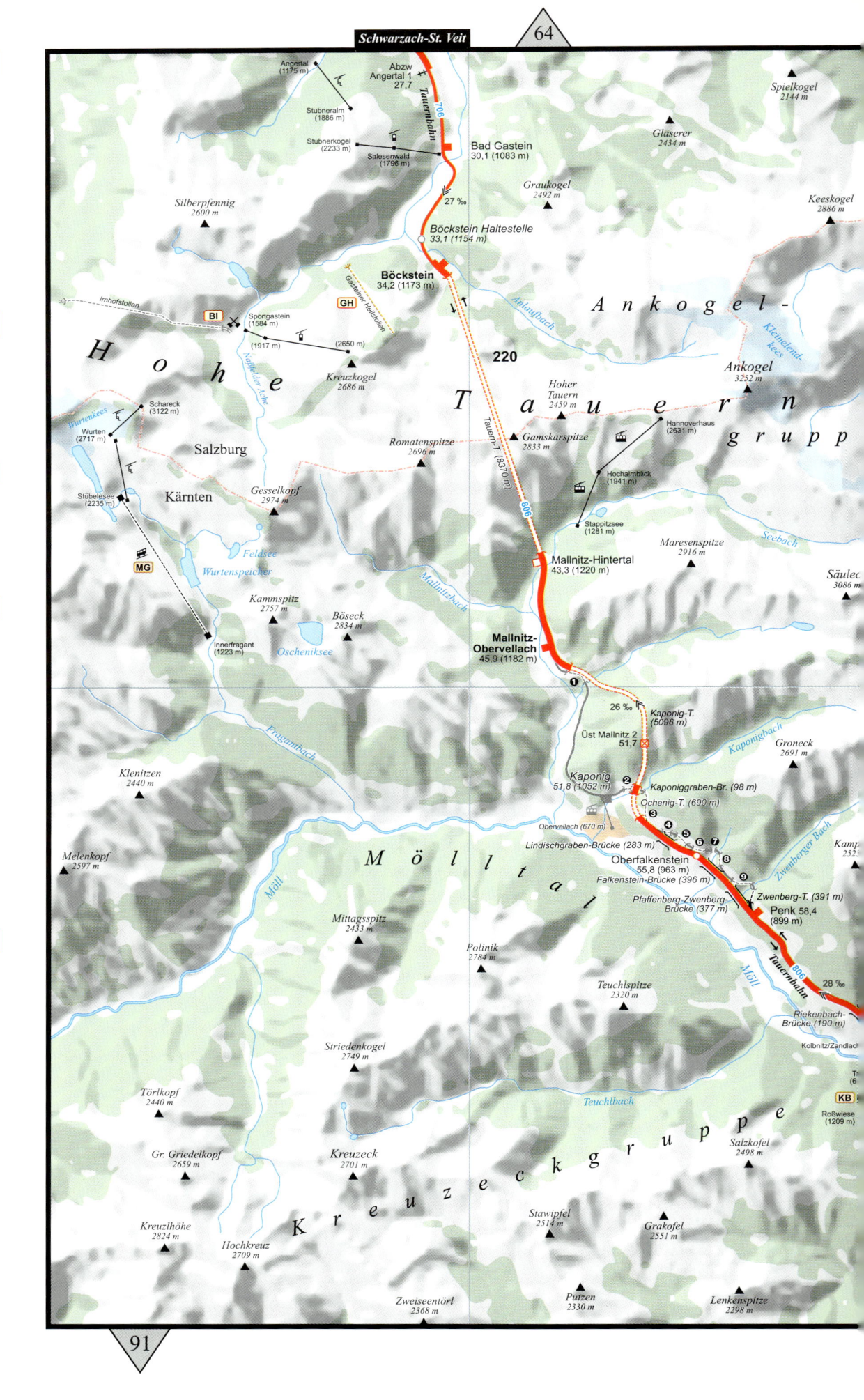

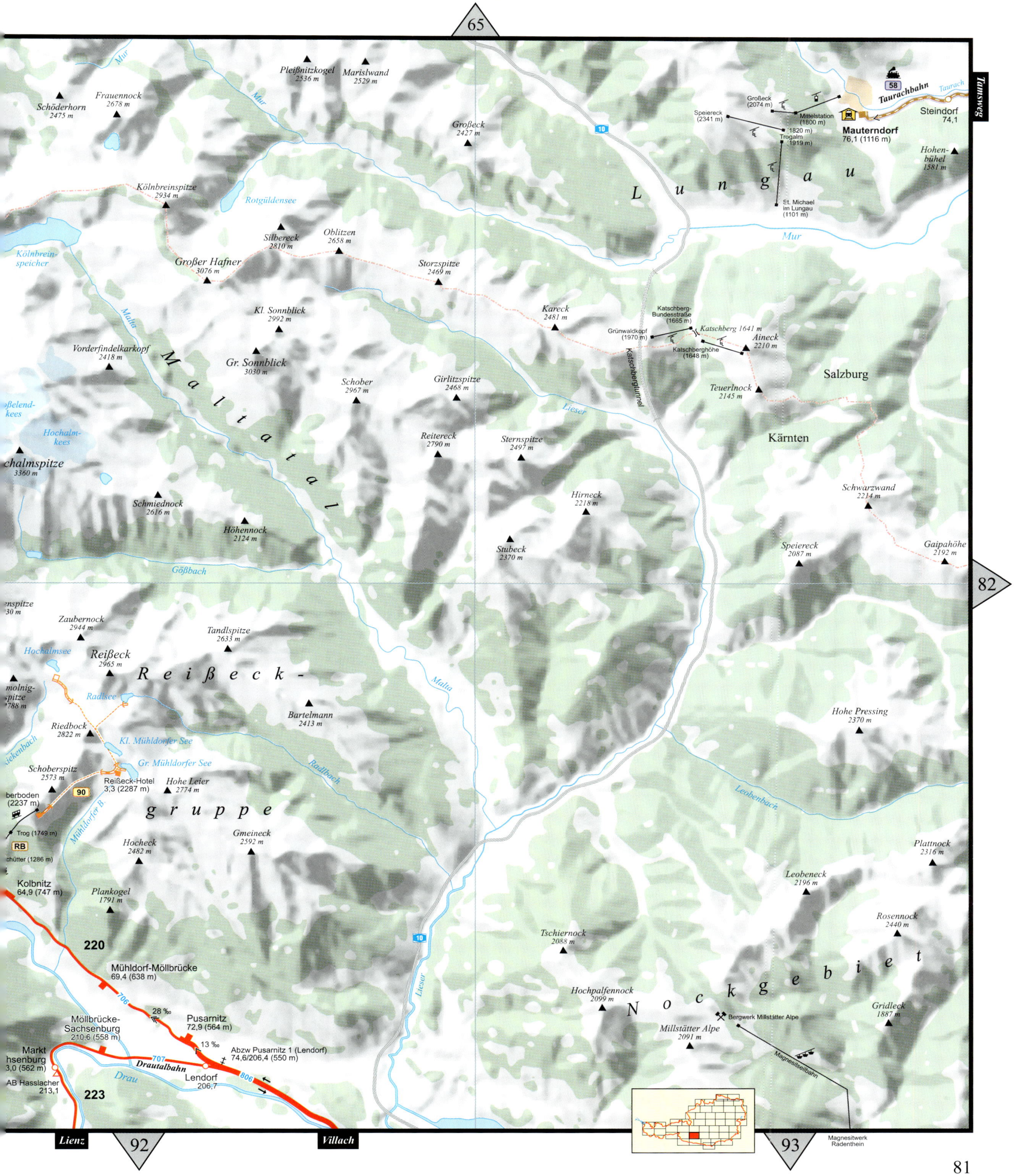

65
82
92
93
Tamsweg
Lienz
Villach
Mur
Schöderhorn 2475 m
Frauennock 2678 m
Pleißnitzkogel 2536 m
Marislwand 2529 m
Großeck 2427 m
Taurach
Taurachbahn
Steindorf 74,1
Mauterndorf 76,1 (1116 m)
Großeck (2074 m)
Speiereck (2341 m)
Mittelstation (1800 m)
1820 m)
Trogalm (1919 m)
St. Michael im Lungau (1101 m)
Hohen-bühel 1581 m
L u n g a u
Kölnbreinspitze 2934 m
Rotgüldensee
Kölnbrein-speicher
Silbereck 2810 m
Oblitzen 2658 m
Großer Hafner 3076 m
Storzspitze 2469 m
Kl. Sonnblick 2992 m
Kareck 2481 m
Katschberg-Bundesstraße (1665 m)
Grünwaldkopf (1970 m)
Katschberg 1641 m
Aineck 2210 m
Katschberghöhe (1648 m)
Katschbergtunnel
Vorderfindelkarkopf 2418 m
M a l t a t a l
Malta
Gr. Sonnblick 3030 m
Schober 2967 m
Girlitzspitze 2468 m
Teuerlnock 2145 m
Salzburg
Kärnten
Lieser
Hochalm-kees
chalmspitze 3360 m
Reitereck 2790 m
Sternspitze 2497 m
Schwarzwand 2214 m
Schmiednock 2616 m
Höhennock 2124 m
Hirneck 2218 m
Stubeck 2370 m
Speiereck 2087 m
Gaipahöhe 2192 m
Gößbach
Zaubernock 2944 m
Tandlspitze 2633 m
Hochalmsee
Reißeck 2965 m
R e i ß e c k -
Radlsee
Bartelmann 2413 m
Hohe Pressing 2370 m
Riedbock 2822 m
Kl. Mühldorfer See
Gr. Mühldorfer See
Radlbach
Schoberspitz 2573 m
Reißeck-Hotel 3,3 (2287 m)
Hohe Leier 2774 m
90
Leobenbach
g r u p p e
Trog (1749 m)
RB
Mühldorfer B.
Gmeineck 2592 m
Hocheck 2482 m
Plattnock 2316 m
Leobeneck 2196 m
Kolbnitz 64,9 (747 m)
Plankogel 1791 m
220
Rosennock 2440 m
Tschiernock 2088 m
Mühldorf-Möllbrücke 69,4 (638 m)
706
28 ‰
Pusarnitz 72,9 (564 m)
Möllbrücke-Sachsenburg 210,6 (558 m)
13 ‰
Abzw Pusarnitz 1 (Lendorf) 74,6/206,4 (550 m)
707
Drautalbahn
Lendorf 206,7
806
Drau
AB Hasslacher 213,1
223
Hochpalfennock 2099 m
N o c k g e b i e t
Bergwerk Millstätter Alpe
Millstätter Alpe 2091 m
Gridleck 1887 m
Magnesitseilbahn
Magnesitwerk Radenthein
10

66

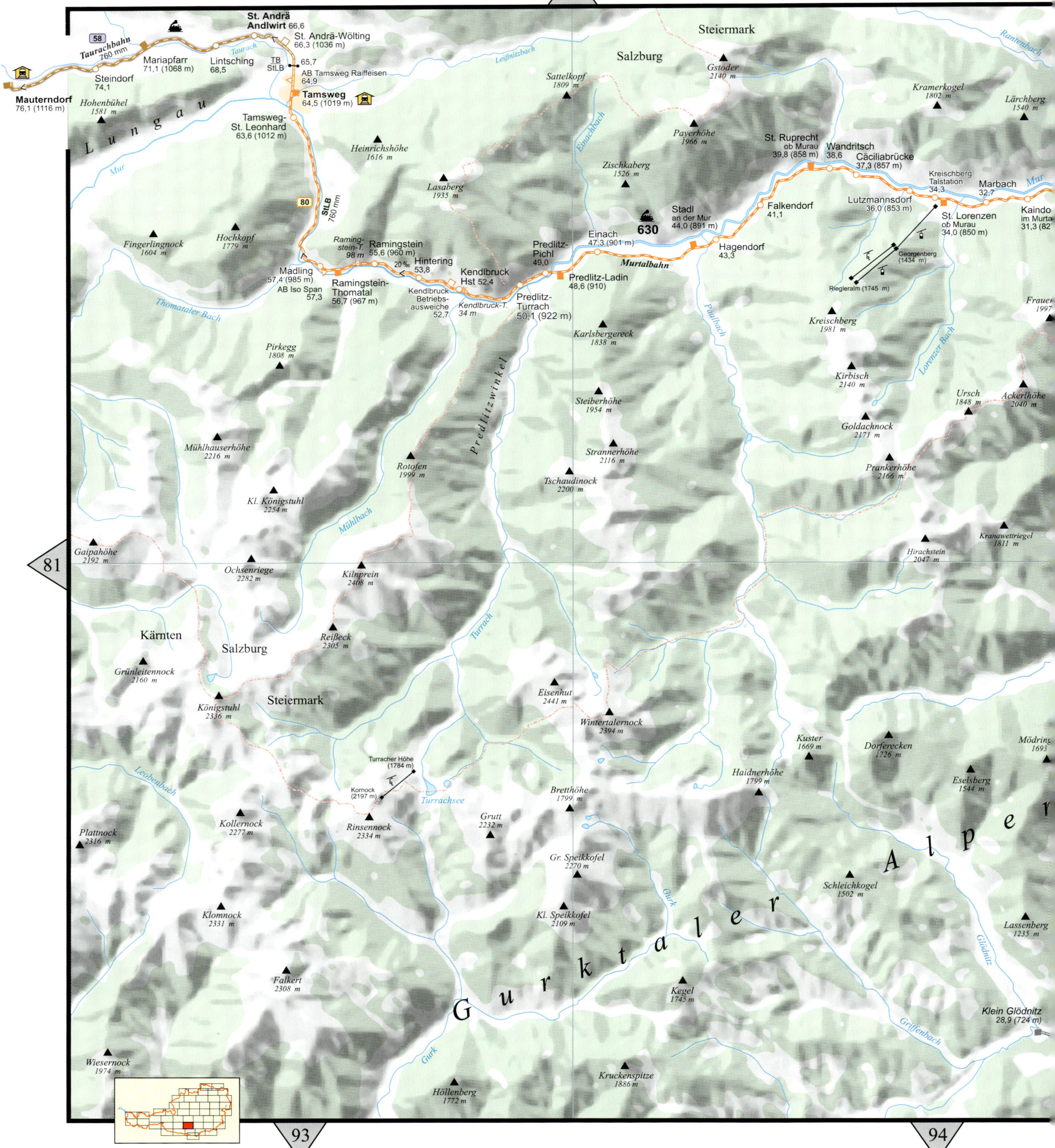
Steiermark
Salzburg
Taurachbahn 760 mm
58
Mauterndorf 76,1 (1116 m)
Steindorf 74,1
Mariapfarr 71,1 (1068 m)
Lintsching 68,5
St. Andrä Andlwirt 66,6
St. Andrä-Wölting 66,3 (1036 m)
TB StLB
65,7
AB Tamsweg Raiffeisen 64,9
Tamsweg 64,5 (1019 m)
Tamsweg-St. Leonhard 63,6 (1012 m)
Hohenbühel 1581 m
Lungau
Mur
Taurach
Leißnitzbach
Sattelkopf 1809 m
Gstoder 2140 m
Kramerkogel 1802 m
Lärchberg 1540 m
Rantenbach
Heinrichshöhe 1616 m
Einachbach
Payerhöhe 1966 m
Zischkaberg 1526 m
St. Ruprecht ob Murau 39,8 (858 m)
Wandritsch 38,6
Cäciliabrücke 37,3 (857 m)
Kreischberg Talstation 34,3
Marbach 32,7
Lasaberg 1935 m
80
StLB 760 mm
Fingerlingnock 1604 m
Hochkopf 1779 m
Stadl an der Mur 44,0 (891 m)
630
Falkendorf 41,1
Lutzmannsdorf 36,0 (853 m)
St. Lorenzen ob Murau 34,0 (850 m)
Kaindorf im Murtal 31,3
Raming-stein-T. 98 m
Ramingstein 55,6 (960 m)
Hintering 53,8
20 ‰
Madling 57,4 (985 m)
AB Iso Span 57,3
Ramingstein-Thomatal 56,7 (967 m)
Kendlbruck Hst 52,4
Kendlbruck Betriebs-ausweiche 52,7
Kendlbruck-T. 34 m
Predlitz-Turrach 50,1 (922 m)
Predlitz-Pichl 49,0
Einach 47,3 (901 m)
Predlitz-Ladin 48,6 (910)
Murtalbahn
Hagendorf 43,3
Georgenberg (1434 m)
Riegleralm (1745 m)
Thomataler Bach
Paalbach
Kreischberg 1981 m
Lorenzer Bach
Pirkegg 1808 m
Karlsbergereck 1838 m
Predlitzwinkel
Kirbisch 2140 m
Steiberhöhe 1954 m
Ursch 1848 m
Ackerlhöhe 2040 m
Goldachnock 2171 m
Mühlhauserhöhe 2216 m
Strannerhöhe 2116 m
Rotofen 1999 m
Prankerhöhe 2166 m
Tschaudinock 2200 m
Kl. Königstuhl 2254 m
Mühlbach
Gaipahöhe 2192 m
Ochsenriege 2282 m
Kilnprein 2408 m
Hirachstein 2047 m
Kranawettriegel 1811 m
Kärnten
Salzburg
Reißeck 2305 m
Turrach
Grünleitennock 2160 m
Königstuhl 2336 m
Steiermark
Eisenhut 2441 m
Wintertalernock 2394 m
Kuster 1669 m
Dorferecken 1726 m
Turracher Höhe (1784 m)
Kornock (2197 m)
Turrachsee
Leobenbach
Haidnerhöhe 1799 m
Eselsberg 1544 m
Bretthöhe 1799 m
Plattnock 2316 m
Kollernock 2277 m
Rinsennock 2334 m
Grutt 2232 m
Gr. Speikkofel 2270 m
Schleichkogel 1502 m
Gurktaler Alpen
Gurk
Klomnock 2331 m
Kl. Speikkofel 2109 m
Lassenberg 1235 m
Glödnitz
Falkert 2308 m
Kegel 1745 m
Klein Glödnitz 28,9 (724 m)
Griffenbach
Wiesernock 1974 m
Höllenberg 1772 m
Kruckenspitze 1886 m

81

93 94

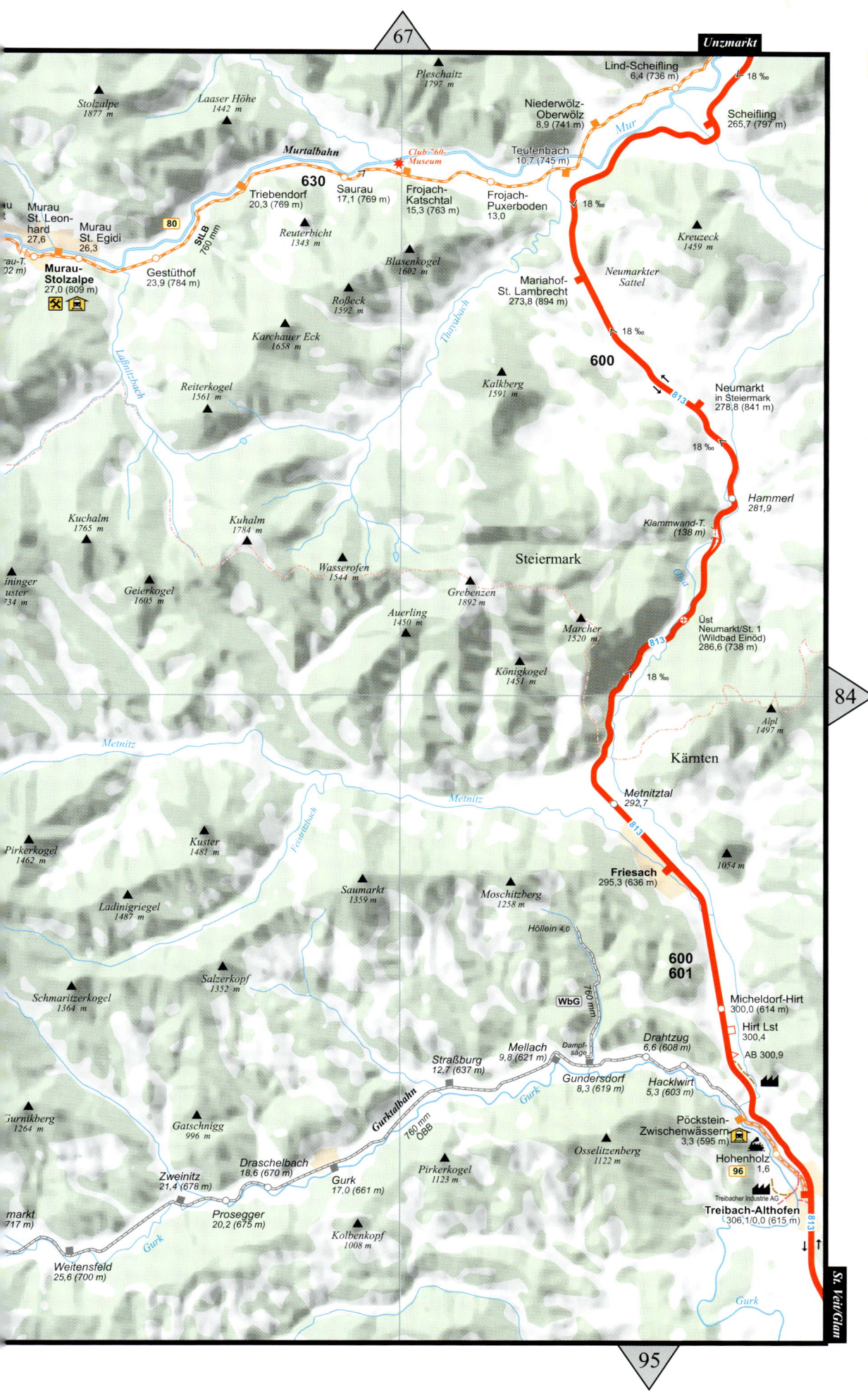

Privatbahnen · private railways

80 **Steiermärkische Landesbahnen (StLB)**
Murtalbahn Unzmarkt - Tamsweg.
760 mm, Dieselbetrieb.
Touristische Dampfzüge Murau - Tamsweg.
Scenic steam trains Murau - Tamsweg.

Museumsbahnen · touristic lines

58 **Taurachbahn GmbH (TB) / Club 760**
km 65,7 - Mauterndorf.
760 mm, Dampfbetrieb / steam operated.
Regelverkehr St. Andrä Andlwirt - Mauterndorf.
Regular train service between St. Andrä Andlwirt and Mauterndorf.

96 **Kärntner Museumsbahnen (KMB)**
Treibach-Althofen - Pöckstein-Zwischenwässern
760 mm, Reststück der Gurktalbahn / former part of "Gurktalbahn".
Dampfbetrieb / steam operated.

Stillgelegte Strecken · closed lines

WbG Waldbahn Gundersdorf
forest railway, 760 mm

Privatbahnen · private railways

80 Steiermärkische Landesbahnen (StLB)
Murtalbahn Unzmarkt - Tamsweg
760 mm, Dieselbetrieb, touristische
Dampfzüge / scenic steam trains

82 Graz-Köflacher Bahn und Busbetrieb GmbH (GKB)
touristische Dampfzüge / scenic steam trains

Museumsbahnen · touristic lines

96 Kärntner Museumsbahnen (KMB)
Treibach-Althofen - Pöckstein-Zwischenwässern
760 mm, Reststück der Gurktalbahn / former
part of "Gurktalbahn".
Dampfbetrieb / steam operated.

Stillgelegte Strecken · closed lines

WbD Waldbahn Deutschlandsberg
forest railway, 600 mm

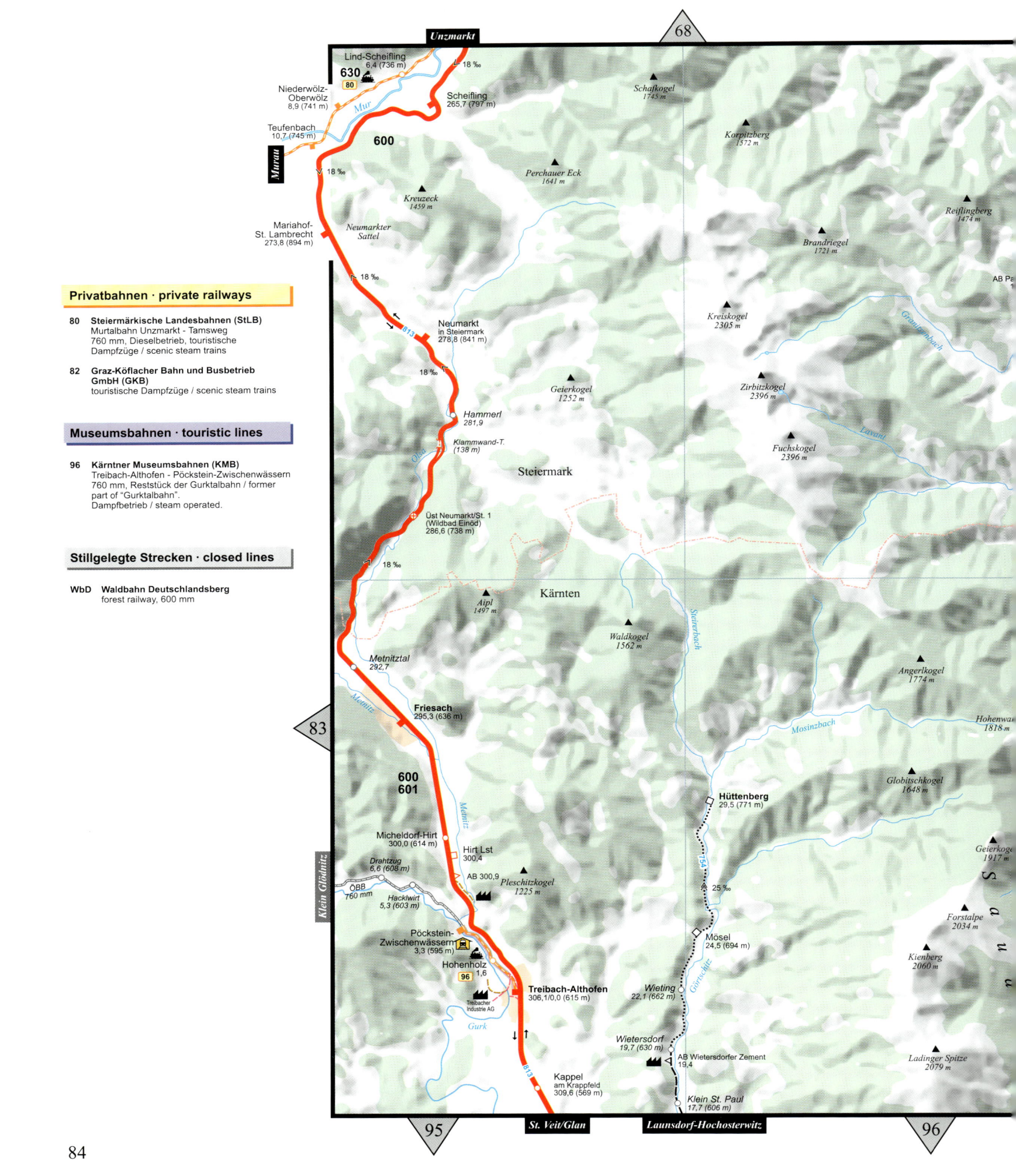

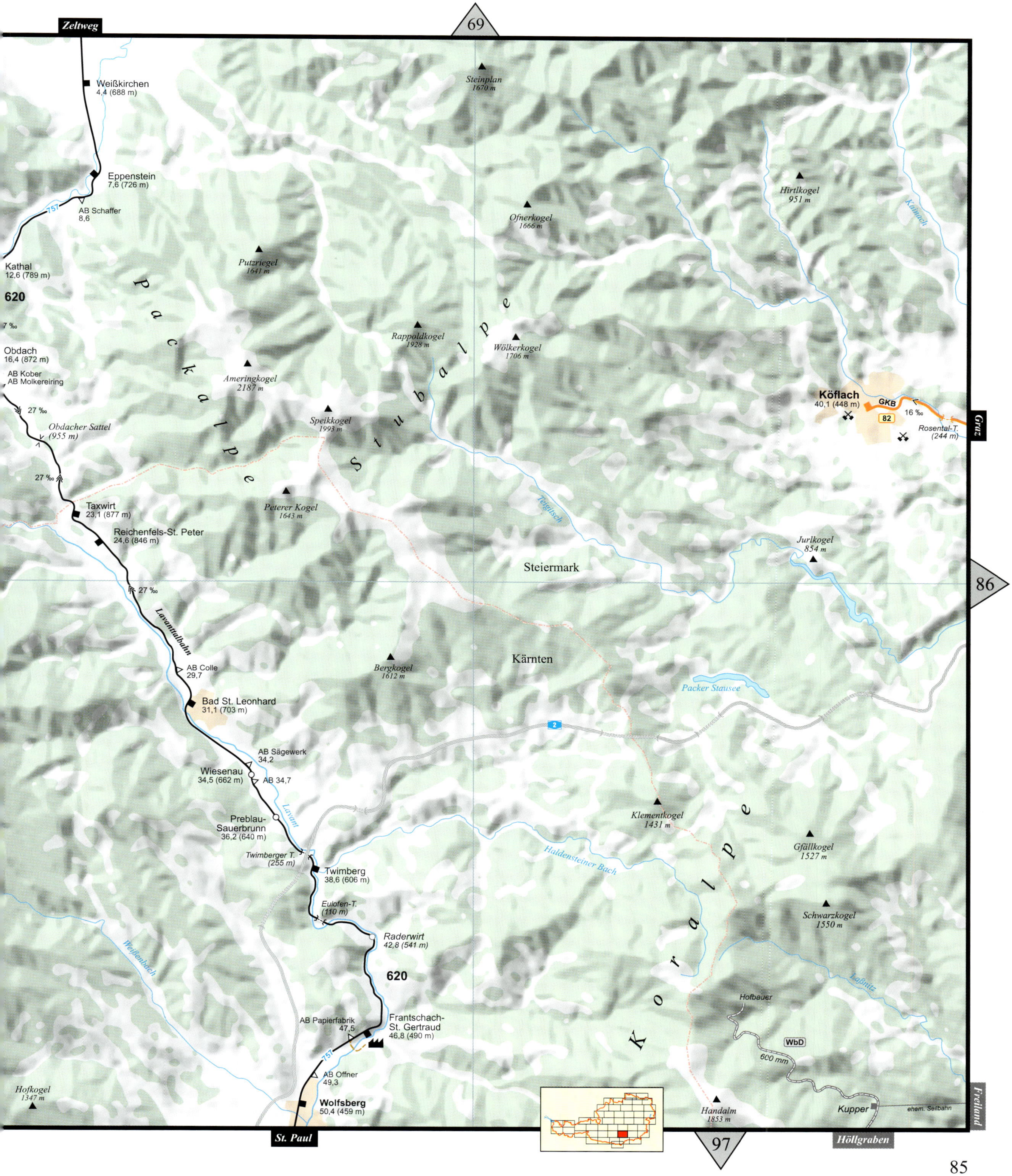

Zeltweg
69
Weißkirchen
4,4 (688 m)
Steinplan
1670 m
Eppenstein
7,6 (726 m)
757
AB Schaffer
8,6
Hirtlkogel
951 m
Ofnerkogel
1666 m
Kainach
Kathal
12,6 (789 m)
Putzriegel
1641 m
620
7 ‰
Packalpe
Stubalpe
Rappoldkogel
1928 m
Wölkerkogel
1706 m
Obdach
16,4 (872 m)
AB Kober
AB Molkereiring
Ameringkogel
2187 m
Köflach
40,1 (448 m)
GKB
16 ‰
82
Graz
27 ‰
Speikkogel
1993 m
Rosental-T.
(244 m)
Obdacher Sattel
(955 m)
27 ‰
Peterer Kogel
1643 m
Teigitsch
Taxwirt
23,1 (877 m)
Reichenfels-St. Peter
24,6 (846 m)
Jurlkogel
854 m
Steiermark
27 ‰
86
Lavanttalbahn
Bergkogel
1612 m
Kärnten
AB Colle
29,7
Packer Stausee
Bad St. Leonhard
31,1 (703 m)
2
AB Sägewerk
34,2
Wiesenau
34,5 (662 m)
AB 34,7
Lavant
Preblau-Sauerbrunn
36,2 (640 m)
Klementkogel
1431 m
Gfällkogel
1527 m
Twimberger T.
(255 m)
Twimberg
38,6 (606 m)
Haldensteiner Bach
Eulofen-T.
(110 m)
Schwarzkogel
1550 m
Raderwirt
42,8 (541 m)
Weißenbach
620
Koralpe
Laßnitz
Hofbauer
AB Papierfabrik
47,5
Frantschach-St. Gertraud
46,8 (490 m)
WbD
600 mm
757
AB Offner
49,3
Hofkogel
1347 m
Wolfsberg
50,4 (459 m)
Handalm
1853 m
Kupper
ehem. Seilbahn
Freiland
St. Paul
97
Höllgraben

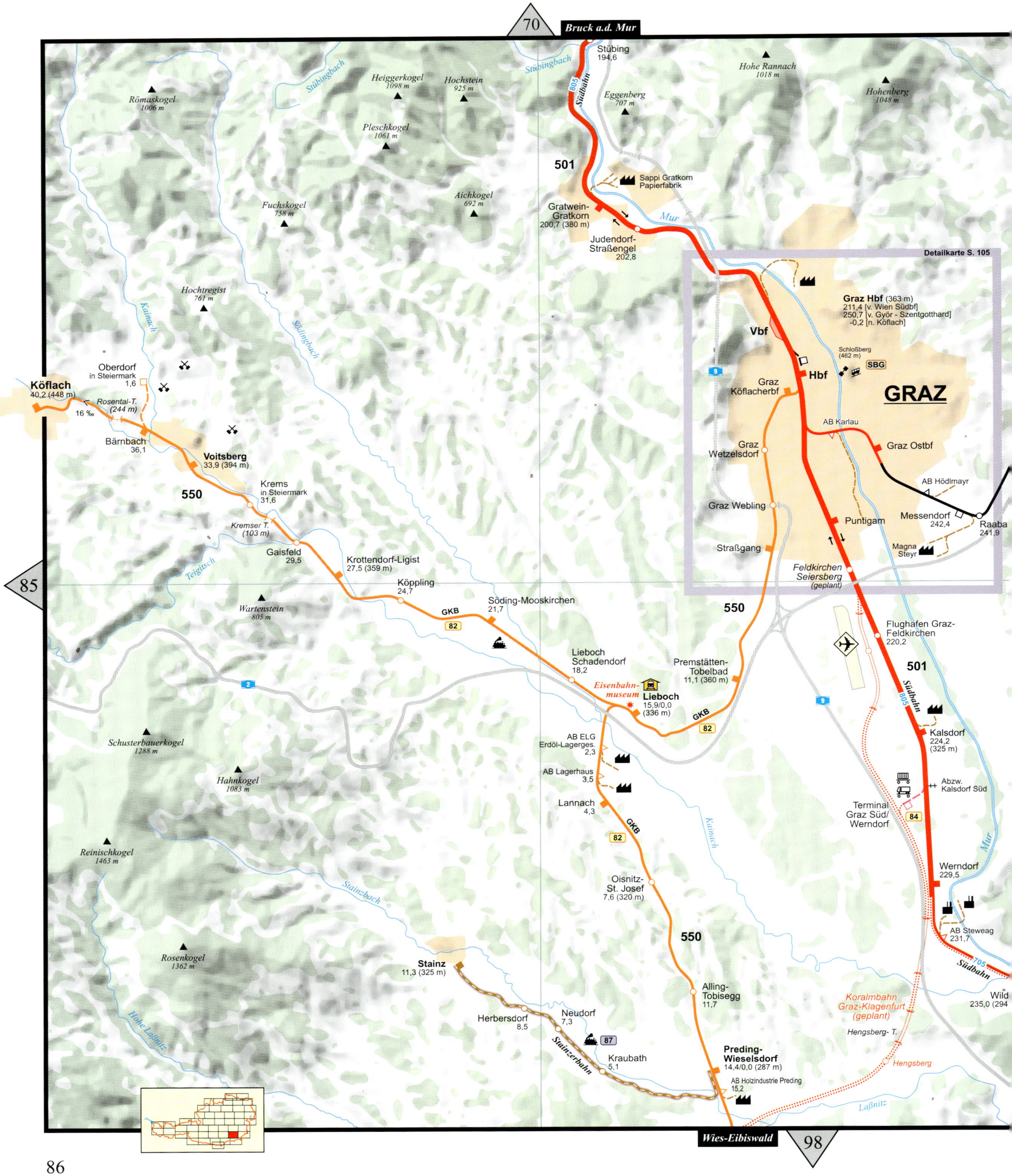
70
Bruck a.d. Mur
Stübing
194,6
Stübingbach
805
Südbahn
Eggenberg
707 m
Hohe Rannach
1018 m
Hohenberg
1048 m
Heiggerkogel
1098 m
Hochstein
925 m
Römaskogel
1006 m
Pleschkogel
1061 m
501
Sappi Gratkorn
Papierfabrik
Aichkogel
692 m
Fuchskogel
758 m
Gratwein-
Gratkorn
200,7 (380 m)
Mur
Judendorf-
Straßengel
202,8
Detailkarte S. 105
Graz Hbf (363 m)
211,4 [v. Wien Südbf]
250,7 [v. Györ - Szentgotthard]
-0,2 [n. Köflach]
Hochtregist
761 m
Kainach
Södingbach
Vbf
Schloßberg
(462 m)
SBG
Hbf
9
GRAZ
Graz
Köflacherbf
Oberdorf
in Steiermark
1,6
Köflach
40,2 (448 m)
Rosental-T.
(244 m)
16 ‰
Bärnbach
36,1
Voitsberg
33,9 (394 m)
AB Karlau
Graz Ostbf
Graz
Wetzelsdorf
AB Hödlmayr
550
Krems
in Steiermark
31,6
Graz Webling
Messendorf
242,4
Raaba
241,9
Puntigam
Kremser T.
(103 m)
Straßgang
Magna
Steyr
Gaisfeld
29,5
Krottendorf-Ligist
27,5 (359 m)
Feldkirchen
Seiersberg
(geplant)
85
Teigitsch
Köppling
24,7
Wartenstein
805 m
550
GKB
82
Söding-Mooskirchen
21,7
Flughafen Graz-
Feldkirchen
220,2
501
Lieboch
Schadendorf
18,2
Premstätten-
Tobelbad
11,1 (360 m)
2
Eisenbahn-
museum
Lieboch
15,9/0,0
(336 m)
GKB
82
9
Südbahn
805
Kalsdorf
224,2
(325 m)
Schusterbauerkogel
1288 m
AB ELG
Erdöl-Lagerges.
2,3
AB Lagerhaus
3,5
Abzw.
Kalsdorf Süd
Hahnkogel
1083 m
Lannach
4,3
Terminal
Graz Süd/
Werndorf
84
GKB
82
Kainach
Reinischkogel
1463 m
Mur
Oisnitz-
St. Josef
7,6 (320 m)
Werndorf
229,5
Stainzbach
550
AB Steweag
231,7
Rosenkogel
1362 m
Stainz
11,3 (325 m)
705
Südbahn
Alling-
Tobisegg
11,7
Wild
235,0 (294
Koralmbahn
Graz-Klagenfurt
(geplant)
Herbersdorf
8,5
Neudorf
7,3
87
Hengsberg- T.
Hohe Laßnitz
Stainzerbahn
Kraubath
5,1
Preding-
Wieselsdorf
14,4/0,0 (287 m)
Hengsberg
AB Holzindustrie Preding
15,2
Laßnitz
Wies-Eibiswald
98

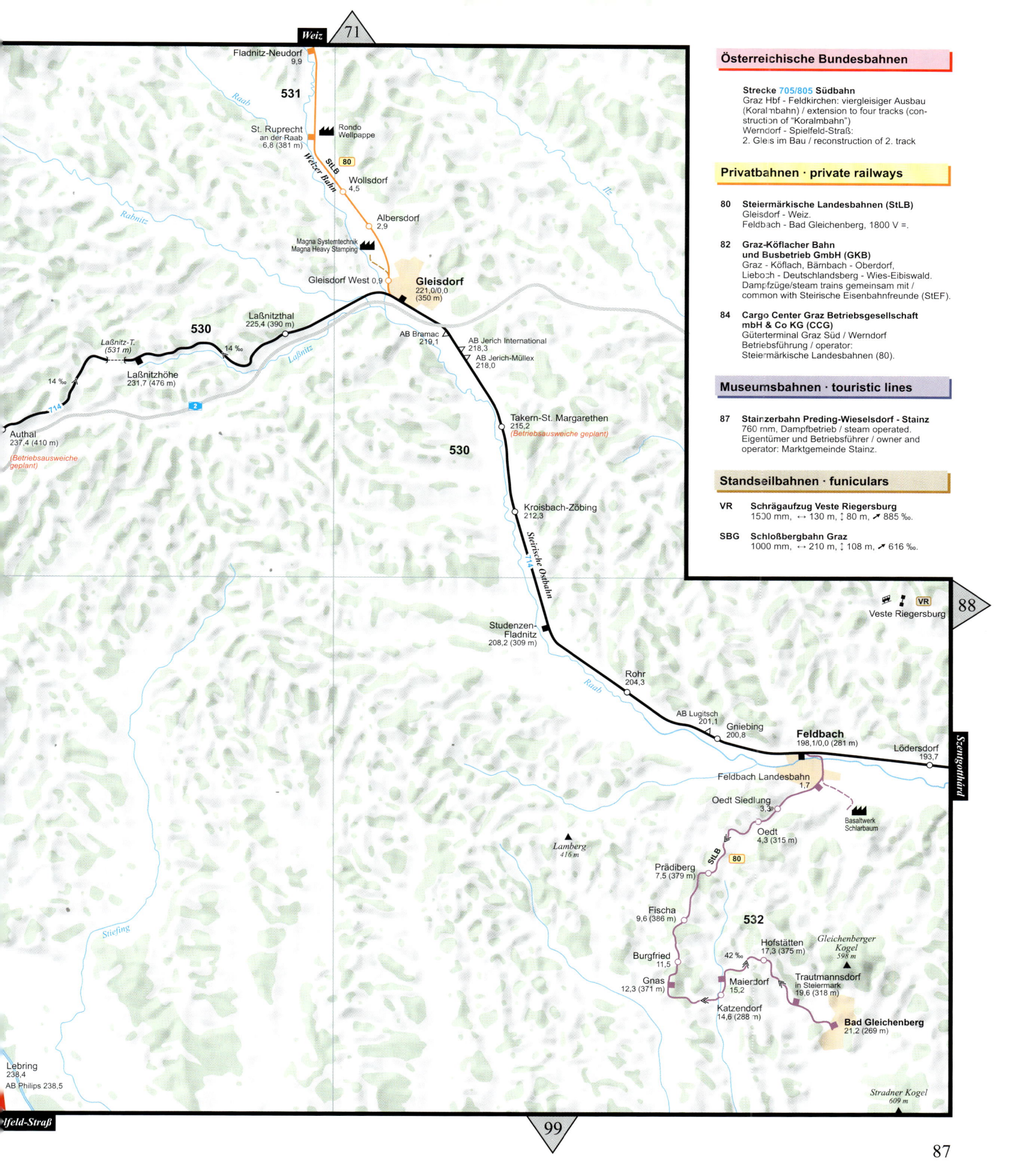

Österreichische Bundesbahnen

Strecke 705/805 Südbahn
Graz Hbf - Feldkirchen: viergleisiger Ausbau (Koralmbahn) / extension to four tracks (construction of "Koralmbahn")
Werndorf - Spielfeld-Straß:
2. Gleis im Bau / reconstruction of 2. track

Privatbahnen · private railways

80 Steiermärkische Landesbahnen (StLB)
Gleisdorf - Weiz.
Feldbach - Bad Gleichenberg, 1800 V =.

82 Graz-Köflacher Bahn
und Busbetrieb GmbH (GKB)
Graz - Köflach, Bärnbach - Oberdorf,
Lieboch - Deutschlandsberg - Wies-Eibiswald.
Dampfzüge/steam trains gemeinsam mit /
common with Steirische Eisenbahnfreunde (StEF).

84 Cargo Center Graz Betriebsgesellschaft
mbH & Co KG (CCG)
Güterterminal Graz Süd / Werndorf
Betriebsführung / operator:
Steiermärkische Landesbahnen (80).

Museumsbahnen · touristic lines

87 Stainzerbahn Preding-Wieselsdorf - Stainz
760 mm, Dampfbetrieb / steam operated.
Eigentümer und Betriebsführer / owner and
operator: Marktgemeinde Stainz.

Standseilbahnen · funiculars

VR Schrägaufzug Veste Riegersburg
1500 mm, ↔ 130 m, ↕ 80 m, ↗ 885 ‰

SBG Schloßbergbahn Graz
1000 mm, ↔ 210 m, ↕ 108 m, ↗ 616 ‰

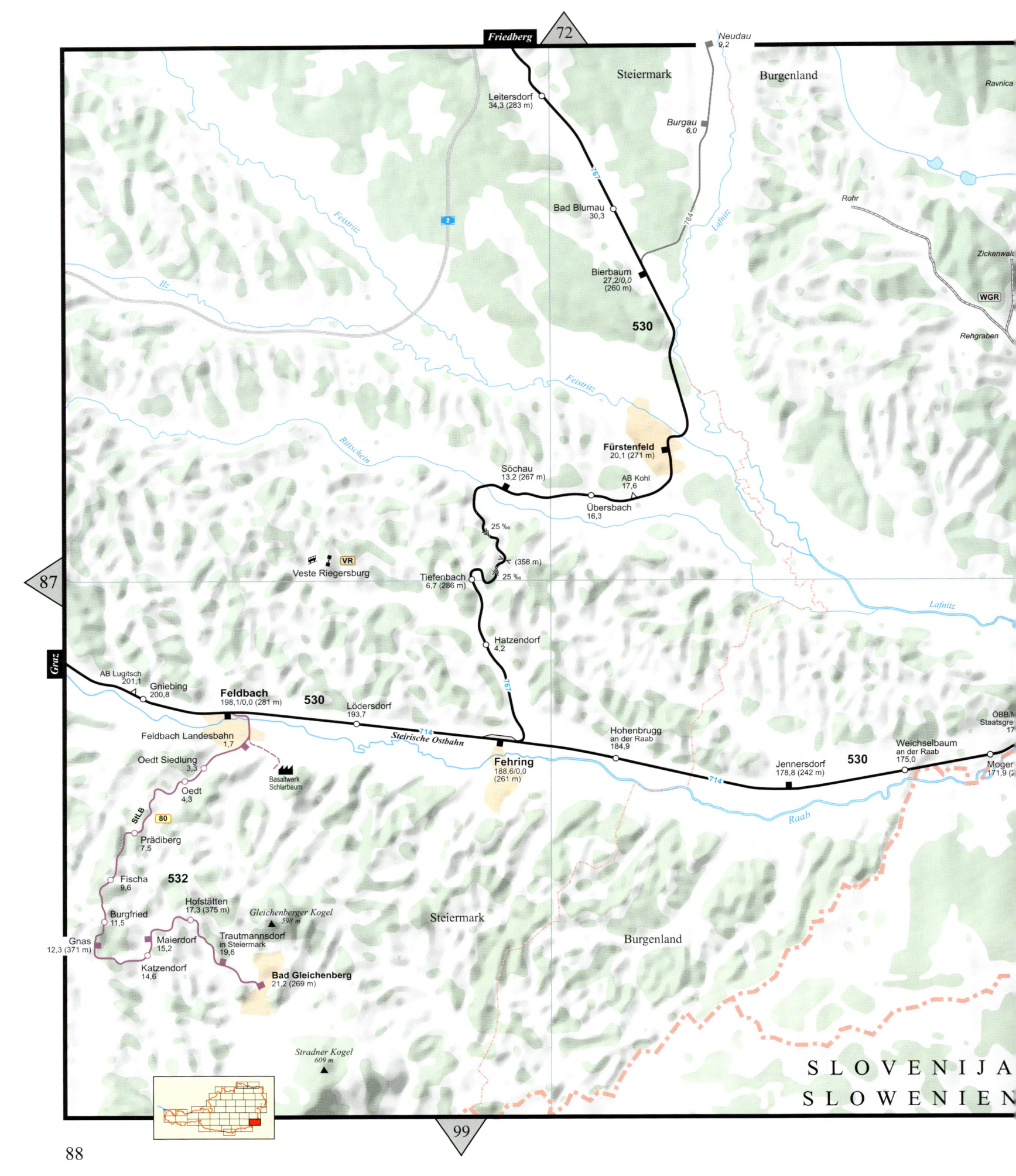

Map section — Steiermark / Burgenland / Slovenija border region

- Friedberg — 72
- Steiermark
- Burgenland
- Neudau 9,2
- Leitersdorf 34,3 (283 m)
- Burgau 6,0
- Ravnica
- Bad Blumau 30,3
- Rohr
- Zickenwald
- Bierbaum 27,2/0,0 (260 m)
- WGR
- Rehgraben
- 530
- Feistritz
- Ilz
- Rittschein
- Fürstenfeld 20,1 (271 m)
- Söchau 13,2 (267 m)
- AB Kohl 17,6
- Übersbach 16,3
- 25 ‰
- (358 m)
- 25 ‰
- Veste Riegersburg — VR
- Tiefenbach 6,7 (286 m)
- 87
- Lafnitz
- Hatzendorf 4,2
- Graz
- AB Lugitsch 201,1
- Gniebing 200,8
- Feldbach 198,1/0,0 (281 m)
- 530
- Lödersdorf 193,7
- Hohenbrugg an der Raab 184,9
- ÖBB/M Staatsgre
- Feldbach Landesbahn 1,7
- Steirische Ostbahn — 714
- Fehring 188,6/0,0 (261 m)
- Jennersdorf 178,8 (242 m)
- Weichselbaum an der Raab 175,0
- Moger 171,9
- 530
- Oedt Siedlung 3,3
- Basaltwerk Schlarbaum
- Oedt 4,3
- StLB
- 80
- Prädiberg 7,5
- Raab
- 532
- Fischa 9,6
- Hofstätten 17,3 (375 m)
- Gleichenberger Kogel 598 m
- Burgfried 11,5
- Gnas 12,3 (371 m)
- Maierdorf 15,2
- Trautmannsdorf in Steiermark 19,6
- Katzendorf 14,6
- Bad Gleichenberg 21,2 (269 m)
- Steiermark
- Burgenland
- Stradner Kogel 609 m
- SLOVENIJA / SLOWENIEN
- 99
- 88

Privatbahnen · private railways

80 Steiermärkische Landesbahnen
Feldbach - Bad Gleichenberg, 1800 V =.

Standseilbahnen · funiculars

VR Schrägaufzug Veste Riegersburg
1500 mm, ↔ 130 m, ↕ 80 m, ↗ 885 ‰.

Stillgelegte Bahnen · closed lines

WbP Waldbahn Punitz
Urbersdorf - Punitzer Gemeindewald,
600 mm, Pferdebetrieb / horse railway,
Länge/length ca. 9 km, *1905, † ca. 1933.

WbG Waldbahn Großmürbisch
Alsórönök - Großmürbisch - Reinersdorfer Bach
760 mm, Länge/length ca. 6,5 km,
*1935, †1937

WGR Waldbahn Güssing - Rohr im Burgenland
760 mm, Länge/length ca. 27 km,
*1913, †1921

WGN Waldbahn Güssing - Neuberg im Burgenland
760 mm, Länge/length c.a 14 km,
*1913, †1921

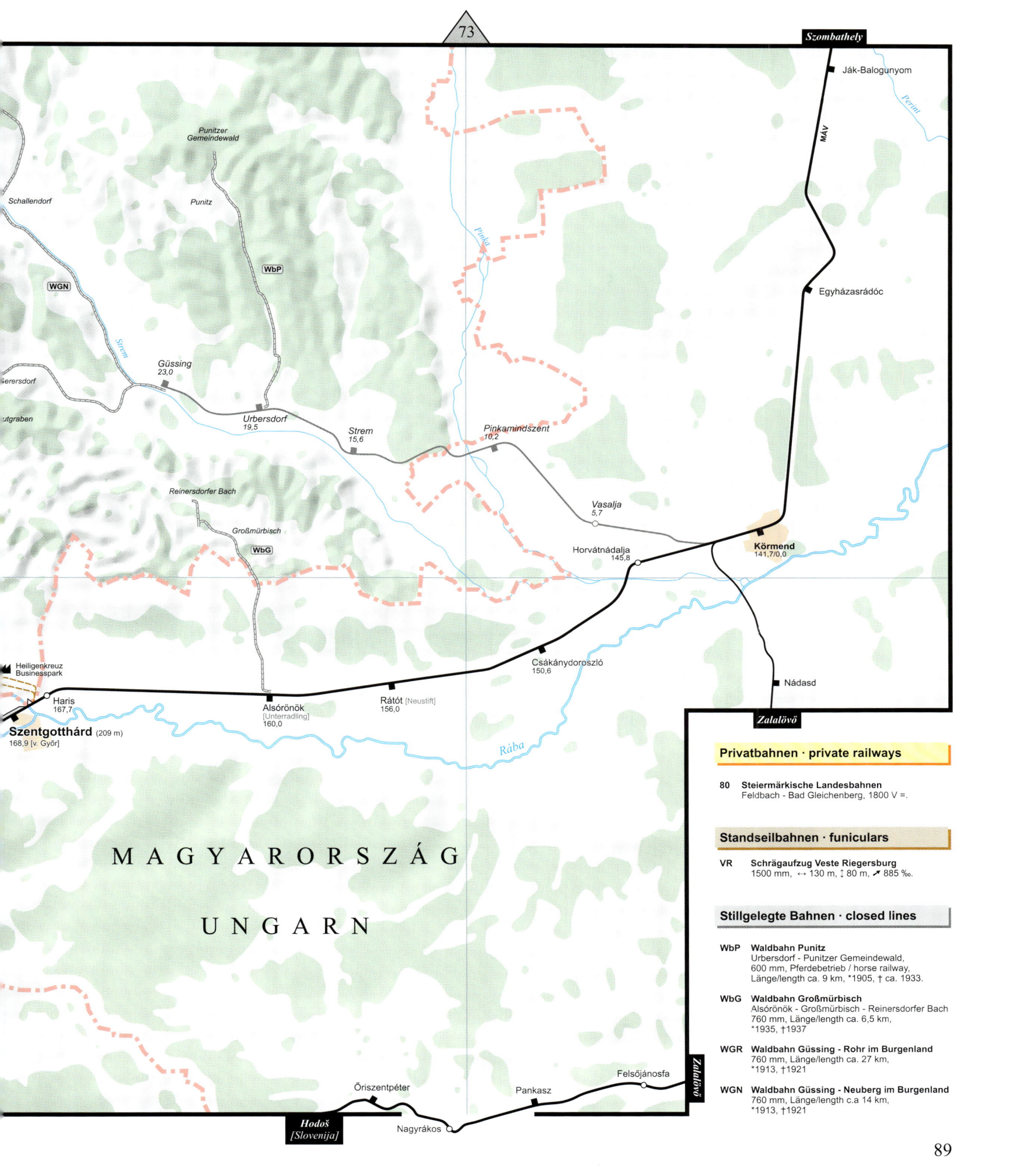

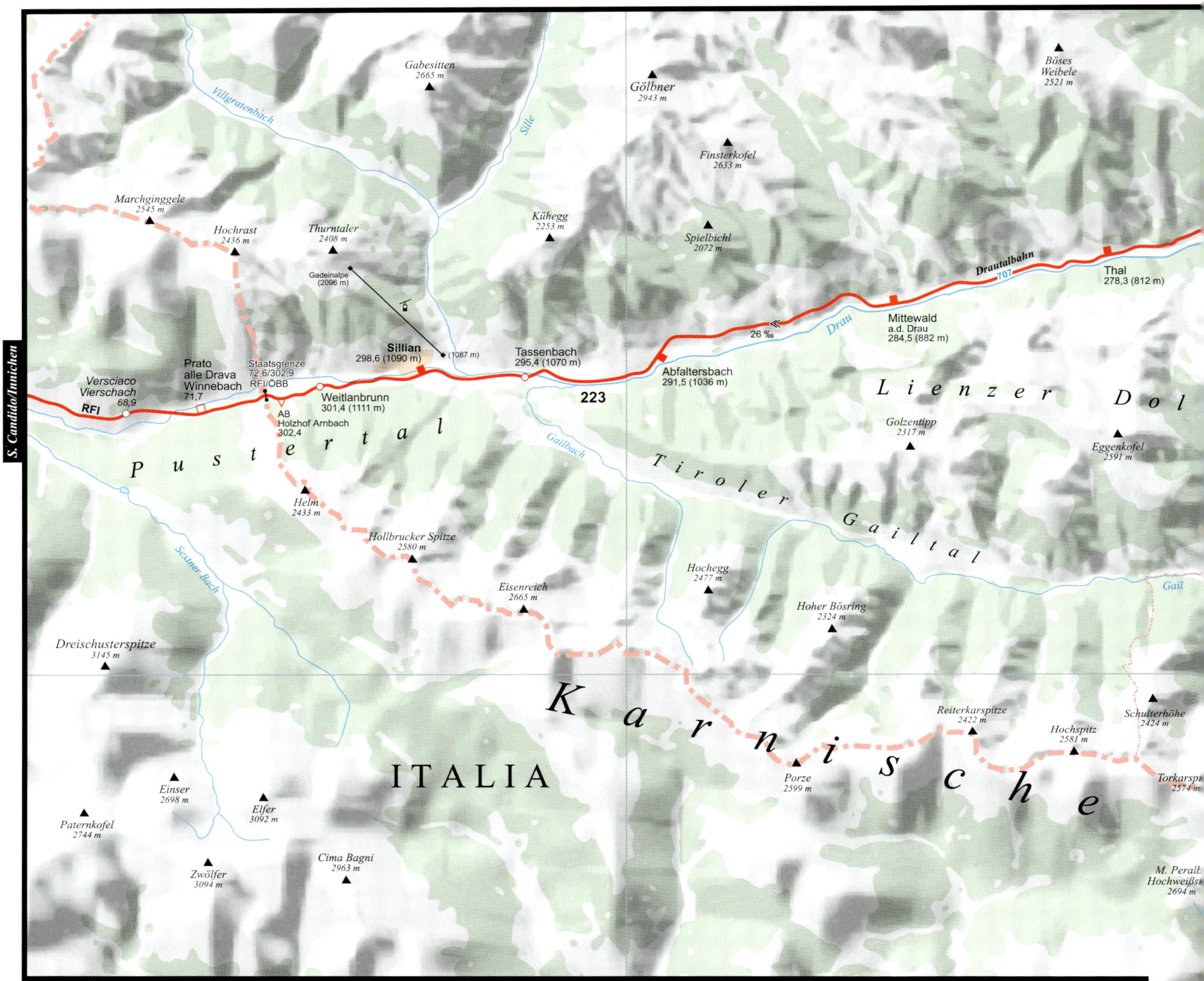
S. Candido/Innichen
Gabesitten 2665 m
Gölbner 2943 m
Böses Weibele 2521 m
Villgratenbach
Sille
Finsterkofel 2633 m
Marchginggele 2545 m
Hochrast 2436 m
Thurntaler 2408 m
Kühegg 2253 m
Spielbichl 2072 m
Drautalbahn
707
Thal 278,3 (812 m)
Gadeinalpe (2096 m)
(1087 m)
Mittewald a.d. Drau 284,5 (882 m)
26 ‰
Drau
Sillian 298,6 (1090 m)
Tassenbach 295,4 (1070 m)
Abfaltersbach 291,5 (1036 m)
Versciaco Vierschach 68,9
Prato alle Drava Winnebach 71,7
Staatsgrenze 72,6/302,9 RFI/ÖBB
RFI
Weitlanbrunn 301,4 (1111 m)
223
AB Holzhof Arnbach 302,4
Lienzer Dol
Golzentipp 2317 m
Eggenkofel 2591 m
Pustertal
Gailbach
Tiroler Gailtal
Helm 2433 m
Hollbrucker Spitze 2580 m
Hochegg 2477 m
Sexner Bach
Eisenreich 2665 m
Hoher Bösring 2324 m
Gail
Dreischusterspitze 3145 m
Karnische
Reiterkarspitze 2422 m
Schulterhöhe 2424 m
Hochspitz 2581 m
ITALIA
Porze 2599 m
Torkarsp 2574 m
Einser 2698 m
Elfer 3092 m
Paternkofel 2744 m
Cima Bagni 2963 m
Zwölfer 3094 m
M. Peralb Hochweißs 2694 m

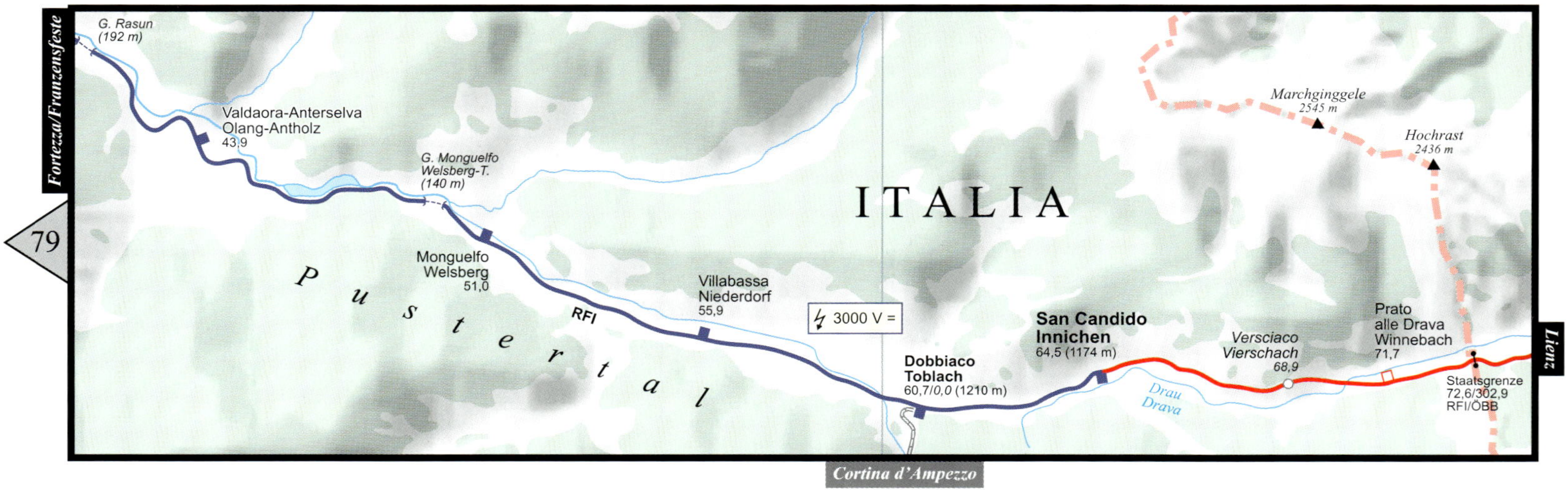
Fortezza/Franzensfeste
79
G. Rasun (192 m)
Valdaora-Anterselva Olang-Antholz 43,9
G. Monguelfo Welsberg-T. (140 m)
ITALIA
Marchginggele 2545 m
Hochrast 2436 m
Monguelfo Welsberg 51,0
Pustertal
RFI
Villabassa Niederdorf 55,9
3000 V =
San Candido Innichen 64,5 (1174 m)
Versciaco Vierschach 68,9
Prato alle Drava Winnebach 71,7
Lienz
Dobbiaco Toblach 60,7/0,0 (1210 m)
Drau Drava
Staatsgrenze 72,6/302,9 RFI/ÖBB
Cortina d'Ampezzo

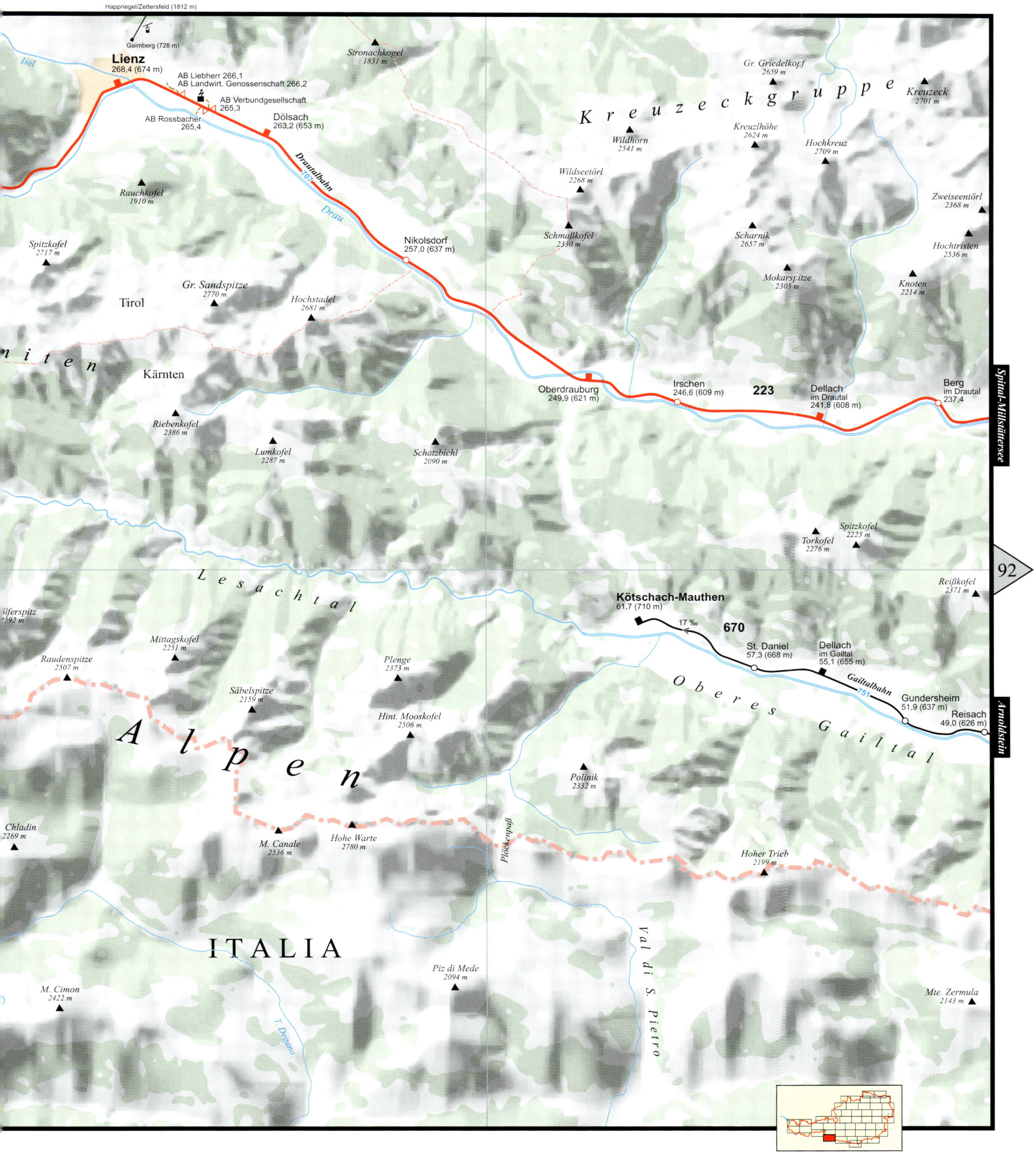
Happriegel/Zettersfeld (1812 m)
Gaimberg (728 m)
Isel
Lienz
268,4 (674 m)
AB Liebherr 266,1
AB Landwirt. Genossenschaft 266,2
AB Verbundgesellschaft
265,3
AB Rossbacher
265,4
Dölsach
263,2 (653 m)
Drautalbahn
707
Drau
Stronachkogel
1831 m
Gr. Griedelkopf
2659 m
K r e u z e c k g r u p p e
Kreuzeck
2701 m
Wildhorn
2541 m
Kreuzlhöhe
2624 m
Hochkreuz
2709 m
Wildseetörl
2268 m
Zweiseentörl
2368 m
Rauchkofel
1910 m
Schmaßkofel
2330 m
Scharnik
2657 m
Hochtristen
2536 m
Nikolsdorf
257,0 (637 m)
Spitzkofel
2717 m
Mokarspitze
2305 m
Knoten
2214 m
Gr. Sandspitze
2770 m
Hochstadel
2681 m
Tirol
Kärnten
Oberdrauburg
249,9 (621 m)
Irschen
246,6 (609 m)
223
Dellach
im Drautal
241,8 (608 m)
Berg
im Drautal
237,4
Spittal-Millstättersee
Riebenkofel
2386 m
Lumkofel
2287 m
Schatzbichl
2090 m
Spitzkofel
2223 m
Torkofel
2276 m
92
L e s a c h t a l
Reißkofel
2371 m
Kötschach-Mauthen
61,7 (710 m)
17 ‰
670
St. Daniel
57,3 (668 m)
Dellach
im Gailtal
55,1 (655 m)
Gailtalbahn
751
Gundersheim
51,9 (637 m)
Reisach
49,0 (626 m)
Arnoldstein
Mittagskofel
2251 m
Raudenspitze
2507 m
Plenge
2373 m
Säbelspitze
2159 m
O b e r e s G a i l t a l
Hint. Mooskofel
2506 m
A l p e n
Polinik
2332 m
Chladin
2269 m
M. Canale
2536 m
Hohe Warte
2780 m
Plöckenpaß
Hoher Trieb
2199 m
Val di S. Pietro
ITALIA
Piz di Mede
2094 m
M. Cimon
2422 m
Mte. Zermula
2143 m
T. Degano

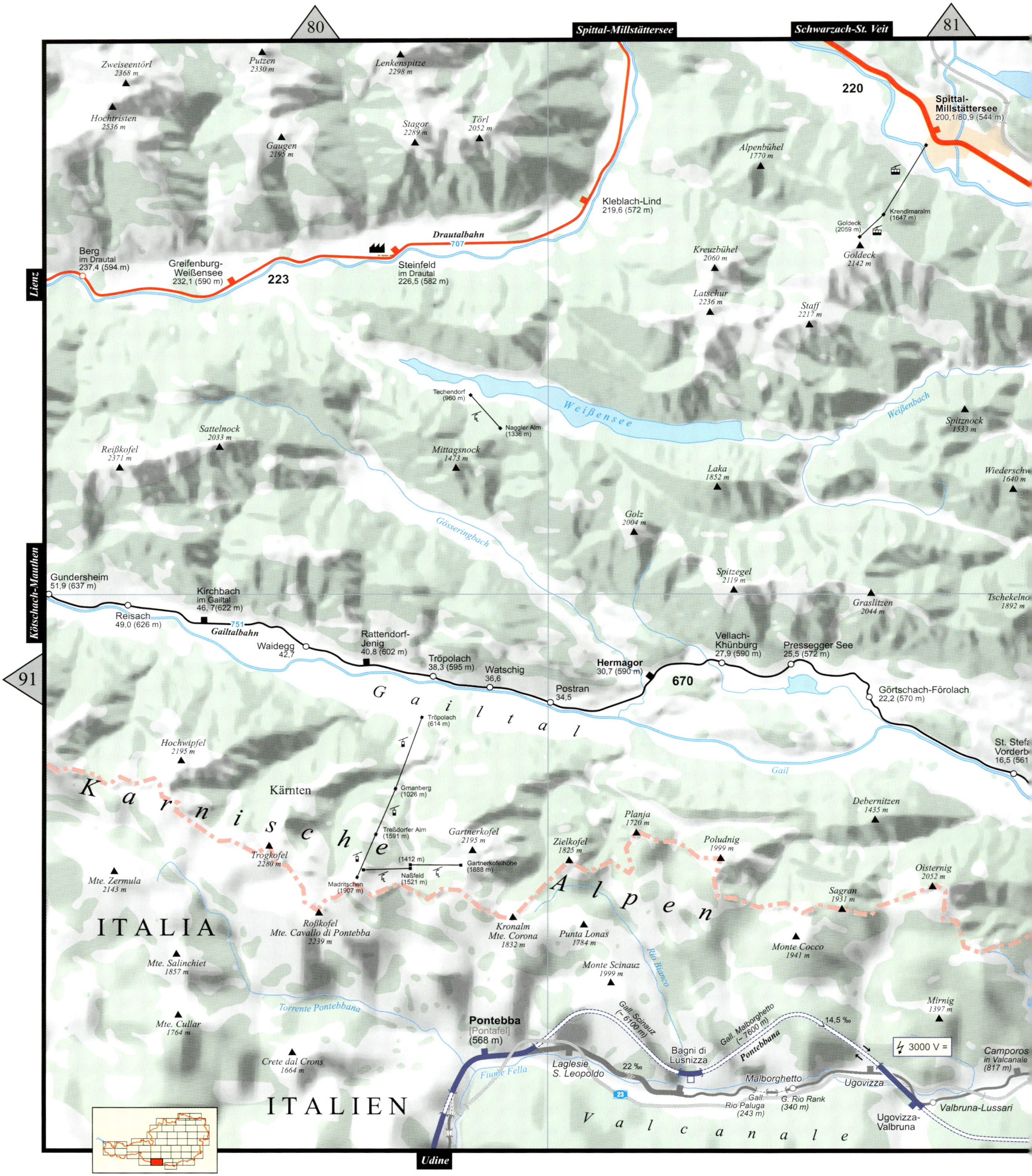

80
81
91
Spittal-Millstättersee
Schwarzach-St. Veit
Lienz
Kötschach-Mauthen
Udine
Zweiseentörl 2368 m
Putzen 2330 m
Lenkenspitze 2298 m
Hochtristen 2536 m
Stagor 2289 m
Törl 2052 m
Gaugen 2195 m
220
Spittal-Millstättersee 200,1/80,9 (544 m)
Alpenbühel 1770 m
Kleblach-Lind 219,6 (572 m)
Krendlmaralm (1647 m)
Goldeck (2059 m)
Goldeck 2142 m
Drautalbahn
707
Berg im Drautal 237,4 (594 m)
Greifenburg-Weißensee 232,1 (590 m)
223
Steinfeld im Drautal 226,5 (582 m)
Kreuzbühel 2060 m
Latschur 2236 m
Staff 2217 m
Techendorf (960 m)
Naggler Alm (1336 m)
Weißensee
Weißenbach
Spitznock 1533 m
Sattelnock 2033 m
Reißkofel 2371 m
Mittagsnock 1473 m
Laka 1852 m
Wiederschw 1640 m
Gösseringbach
Golz 2004 m
Spitzegel 2119 m
Graslitzen 2044 m
Tschekelno 1892 m
Gundersheim 51,9 (637 m)
Kirchbach im Gailtal 46, 7(622 m)
Reisach 49,0 (626 m)
751
Gailtalbahn
Waidegg 42,7
Rattendorf-Jenig 40,8 (602 m)
Tröpolach 38,3 (595 m)
Watschig 36,6
Postran 34,5
Hermagor 30,7 (590 m)
670
Vellach-Khünburg 27,9 (590 m)
Pressegger See 25,5 (572 m)
Görtschach-Förolach 22,2 (570 m)
St. Stefa Vorderb 16,5 (561
Gailtal
Gail
Tröpolach (614 m)
Hochwipfel 2195 m
Kärnten
Gmanberg (1026 m)
Karnische Alpen
Treßdorfer Alm (1591 m)
(1412 m)
Gartnerkofel 2195 m
Gartnerkofelhöhe (1888 m)
Naßfeld (1521 m)
Madritschen (1907 m)
Trogkofel 2280 m
Zielkofel 1825 m
Planja 1720 m
Poludnig 1999 m
Debernitzen 1435 m
Oisternig 2052 m
Mte. Zermula 2143 m
Sagran 1931 m
ITALIA
Roßkofel Mte. Cavallo di Pontebba 2239 m
Kronalm Mte. Corona 1832 m
Punta Lonas 1784 m
Monte Cocco 1941 m
Mte. Salinchiet 1857 m
Monte Scinauz 1999 m
Rio Bianco
Torrente Pontebbana
Mirnig 1397 m
Mte. Cullar 1764 m
Pontebba [Pontafel] (568 m)
Gall. Scinauz (~ 6100 m)
Gall. Malborghetto (~ 7600 m)
14,5 ‰
3000 V =
Camporos in Valcanale (817 m)
Crete dal Crons 1664 m
Fiume Fella
Laglesie S. Leopoldo
22 ‰
Bagni di Lusnizza
Pontebbana
Malborghetto
Ugovizza
23
Gall. Rio Paluga (243 m)
G. Rio Rank (340 m)
Ugovizza-Valbruna
Valbruna-Lussari
ITALIEN
Valcanale

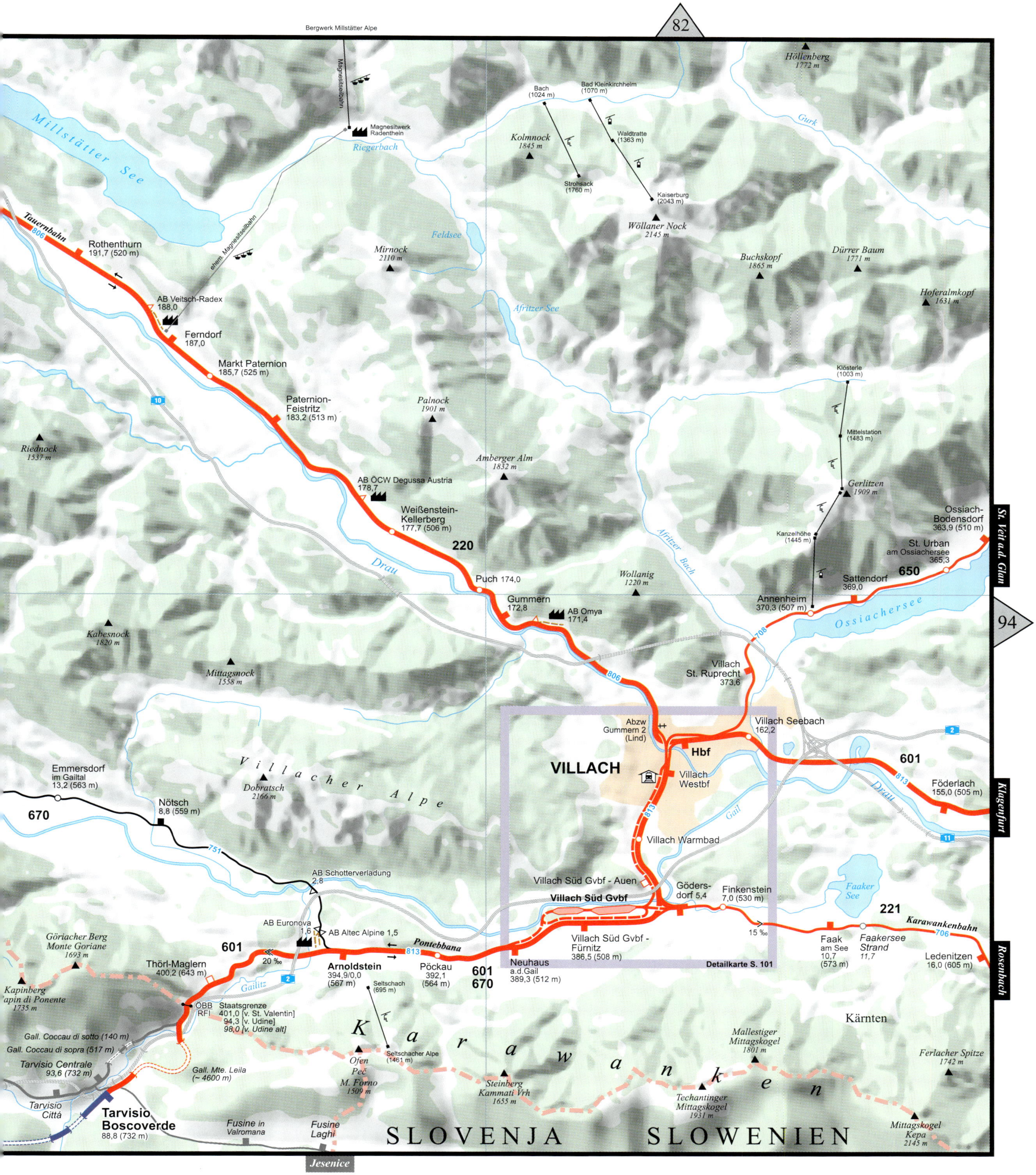
82
94
St. Veit a.d. Glan
Klagenfurt
Rosenbach
Jesenice
Bergwerk Millstätter Alpe
Magnesitseilbahn
Magnesitwerk Radenthein
Riegerbach
Millstätter See
Tauernbahn
806
Rothenthurn 191,7 (520 m)
ehem. Magnesitseilbahn
AB Veitsch-Radex 188,0
Ferndorf 187,0
Markt Paternion 185,7 (525 m)
Paternion-Feistritz 183,2 (513 m)
AB ÖCW Degussa Austria 178,7
Weißenstein-Kellerberg 177,7 (506 m)
220
Drau
Puch 174,0
Gummern 172,8
AB Omya 171,4
Feldsee
Mirnock 2110 m
Afritzer See
Palnock 1901 m
Amberger Alm 1832 m
Riednock 1537 m
Kabesnock 1820 m
Mittagsnock 1558 m
10
Bach (1024 m)
Bad Kleinkirchheim (1070 m)
Kolmnock 1845 m
Waldtratte (1363 m)
Strohsack (1760 m)
Kaiserburg (2043 m)
Wöllaner Nock 2145 m
Höllenberg 1772 m
Gurk
Buchskopf 1865 m
Dürrer Baum 1771 m
Hoferalmkopf 1631 m
Klösterle (1003 m)
Mittelstation (1483 m)
Gerlitzen 1909 m
Kanzelhöhe (1445 m)
Afritzer Bach
Wollanig 1220 m
Ossiach-Bodensdorf 363,9 (510 m)
St. Urban am Ossiachersee 365,3
650
Sattendorf 369,0
Annenheim 370,3 (507 m)
Ossiachersee
708
Villach St. Ruprecht 373,6
Abzw Gummern 2 (Lind)
Hbf
VILLACH
Villach Westbf
Villach Seebach 162,2
601
2
Föderlach 155,0 (505 m)
813
11
Villach Warmbad
Gail
Villach Süd Gvbf - Auen
Villach Süd Gvbf
Göders-dorf 5,4
Finkenstein 7,0 (530 m)
Faaker See
221
Karawankenbahn
706
15 ‰
Faak am See 10,7 (573 m)
Faakersee Strand 11,7
Ledenitzen 16,0 (605 m)
Villach Süd Gvbf - Fürnitz 386,5 (508 m)
Detailkarte S. 101
Neuhaus a.d.Gail 389,3 (512 m)
601
670
Pöckau 392,1 (564 m)
Arnoldstein 394,9/0,0 (567 m)
Pontebbana
813
AB Altec Alpine 1,5
AB Euronova 1,6
AB Schotterverladung 2,8
20 ‰
601
Emmersdorf im Gailtal 13,2 (563 m)
670
Nötsch 8,8 (559 m)
751
Villacher Alpe
Dobratsch 2166 m
Göriacher Berg Monte Goriane 1693 m
Thörl-Maglern 400,2 (643 m)
Gailitz
2
Kapinberg Capin di Ponente 1735 m
ÖBB RFI
Staatsgrenze 401,0 [v. St. Valentin] 94,3 [v. Udine] 98,0 [v. Udine alt]
Gall. Coccau di sotto (140 m)
Gall. Coccau di sopra (517 m)
Tarvisio Centrale 93,6 (732 m)
Gall. Mte. Leila (~ 4600 m)
Tarvisio Città
Tarvisio Boscoverde 88,8 (732 m)
Fusine in Valromana
Fusine Laghi
Seltschach (695 m)
Seltschacher Alpe (1461 m)
Ofen Peč M. Forno 1509 m
Karawanken
Steinberg Kammati Vrh 1655 m
Mallestiger Mittagskogel 1801 m
Techantinger Mittagskogel 1931 m
Kärnten
Ferlacher Spitze 1742 m
Mittagskogel Kepa 2145 m
SLOVENJA SLOWENIEN

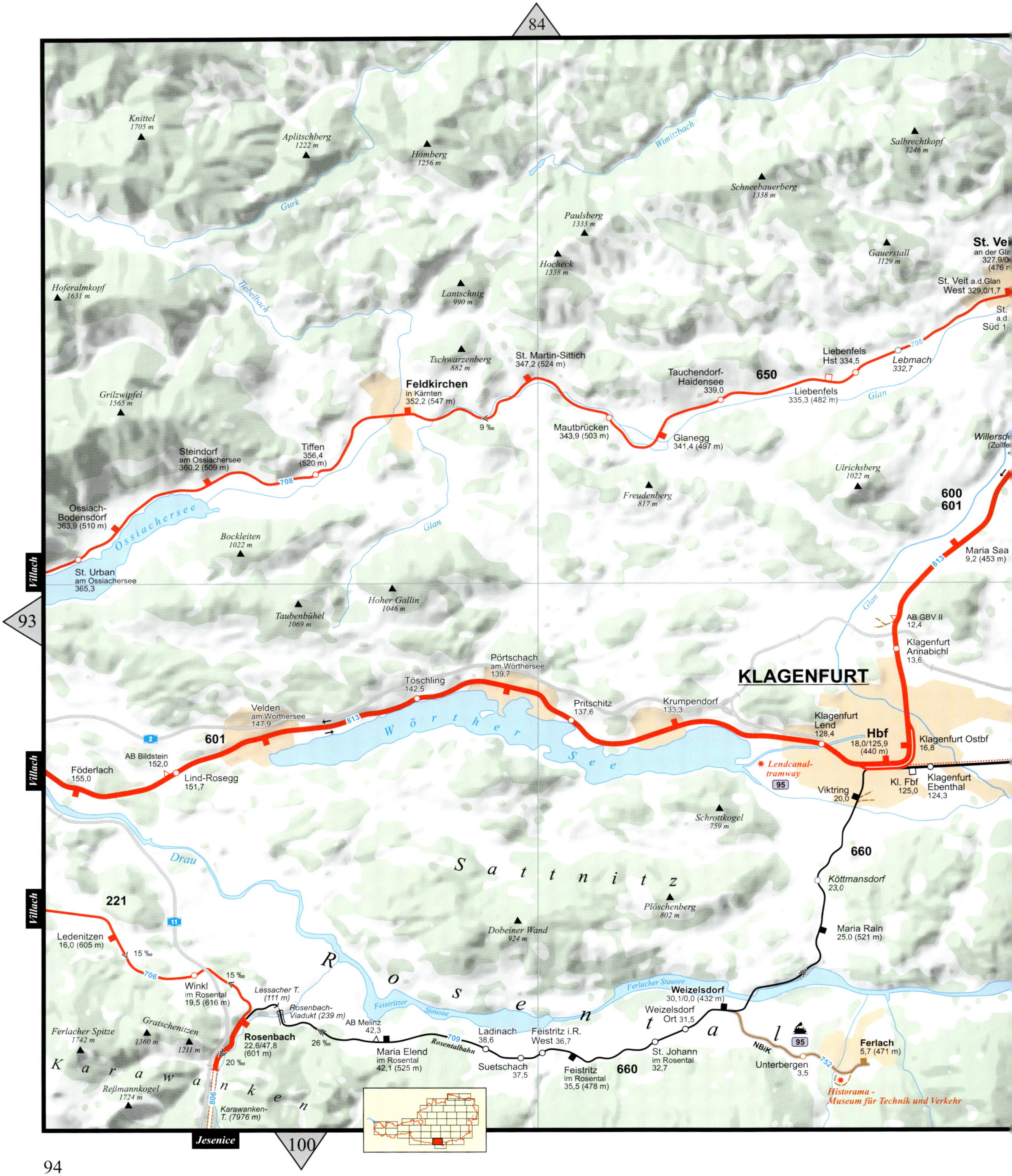
84
93
100
Villach
Villach
Villach
Jesenice
Knittel 1705 m
Aplitschberg 1222 m
Homberg 1256 m
Salbrechtkopf 1246 m
Schneebauerberg 1338 m
Paulsberg 1333 m
Hocheck 1338 m
Gauerstall 1129 m
Hoferalmkopf 1631 m
Lantschnig 990 m
Tschwarzenberg 882 m
Grilzwipfel 1565 m
Gurk
Wimitzbach
Tiebelbach
Glan
St. Veit an der Glan
St. Veit a.d.Glan West 329,0/1,7
Feldkirchen in Kärnten 352,2 (547 m)
St. Martin-Sittich 347,2 (524 m)
Tauchendorf-Haidensee 339,0
650
Liebenfels Hst 334,5
Lebmach 332,7
Liebenfels 335,3 (482 m)
Mautbrücken 343,9 (503 m)
Glanegg 341,4 (497 m)
9 ‰
Tiffen 356,4 (520 m)
Steindorf am Ossiachersee 360,2 (509 m)
708
Ossiach-Bodensdorf 363,9 (510 m)
Ossiachersee
St. Urban am Ossiachersee 365,3
Freudenberg 817 m
Ulrichsberg 1022 m
600
601
Maria Saal 9,2 (453 m)
813
Bockleiten 1022 m
Hoher Gallin 1046 m
Taubenbühel 1069 m
AB GBV II 12,4
Klagenfurt Annabichl 13,6
KLAGENFURT
Pörtschach am Wörthersee 139,7
Töschling 142,5
Velden am Wörthersee 147,9
Pritschitz 137,6
Krumpendorf 133,3
Klagenfurt Lend 128,4
Hbf 18,0/125,9 (440 m)
Klagenfurt Ostbf 16,8
Wörther See
601
AB Bildstein 152,0
Föderlach 155,0
Lind-Rosegg 151,7
Lendcanal-tramway
95
Viktring 20,0
Kl. Fbf 125,0
Klagenfurt Ebenthal 124,3
Schrottkogel 759 m
660
Köttmansdorf 23,0
Drau
Sattnitz
Plöschenberg 802 m
221
Ledenitzen 16,0 (605 m)
15 ‰
706
Dobeiner Wand 924 m
Maria Rain 25,0 (521 m)
Winkl im Rosental 19,5 (616 m)
15 ‰
Lessacher T. (111 m)
Rosenbach-Viadukt (239 m)
Rosental
Ferlacher Stausee
Weizelsdorf 30,1/0,0 (432 m)
Weizelsdorf Ort 31,5
Feistritzer Stausee
AB Melinz 42,3
26 ‰
Rosenbach 22,6/47,8 (601 m)
20 ‰
Ladinach 38,6
Feistritz i.R. West 36,7
709
Rosentalbahn
Maria Elend im Rosental 42,1 (525 m)
Suetschach 37,5
Feistritz im Rosental 35,5 (478 m)
660
St. Johann im Rosental 32,7
NBiK
95
Unterbergen 3,5
752
Ferlach 5,7 (471 m)
Historama - Museum für Technik und Verkehr
Ferlacher Spitze 1742 m
Gratschenitzen 1360 m
1211 m
Karawanken
Reßmannkogel 1724 m
806
Karawanken-T. (7976 m)
11
2

Österreichische Bundesbahnen

Strecke 710 Klagenfurt - Bleiburg
Abschnitt Althofen/Drau (km 110,7) - Klagenfurt
Ausbau für Koralmbahn Graz - Klagenfurt:
vorerst eingleisig auf zweigleisigem Unterbau.
Line Althofen/Drau (km 110,7) - Klagenfurt
extension for "Koralmbahn" Graz - Klagenfurt,
first of all one track on trackbed for two tracks.

Museumsbahnen · touristic lines

95 Nostalgiebahnen in Kärnten (NBiK)
Weizelsdorf - Ferlach: Dampfzüge / steam trains.
Ferlach: Historama -
  Museum für Technik und Verkehr.
Klagenfurt: "Lendcanaltramway", 1000 mm,
Länge/length ca. 1 km.

Standseilbahnen · funiculars

SHO Schrägbahn Burg Hochosterwitz
Khevenhüller-Metsch'sche Burgbetriebe
↔ 114 m, ↕ 96 m, ↗ 594 ‰.

Österreichische Bundesbahnen

Strecke 723 Bleiburg - Grenze (- Prevalje)
Betrieb durch Slowenische Eisenbahnen (SZ).
Operated by Slovenian Railways (SZ).

Koralmbahn Graz - Klagenfurt
geplant / projected

Privatbahnen · private railways

82 Graz-Köflacher Bahn
und Busbetrieb GmbH (GKB)
Graz - Köflach, Bärnbach - Oberdorf,
Lieboch - Deutschlandsberg - Wies-Eibiswald.

97 Lavamünder Bahn-Betriebs Ges. mbH (LBB)
St. Paul - Lavamünd von ÖBB gepachtet.
St. Paul - Lavamünd leased from ÖBB.
Nostalgiezüge (Dieseltraktion) gemeinsam mit
Nostalgiebahnen in Kärnten (NBiK, 95).
Scenic trains (diesel) common with "Nostalgie-
bahnen in Kärnten" (NBiK, 95).

Stillgelegte Bahnen · closed railways

ÖBB Vellachtalbahn
Völkermarkt-Kühnsdorf - Eisenkappel
760 mm

WbD Waldbahn Deutschlandsberg
Deutschlandsberg - Freiland: 9,9 km, 760 mm.
Kupper - Bärental: 8,5 km, 600 mm.
Kupper - Hofbauer: 9,4 km, 600 mm.

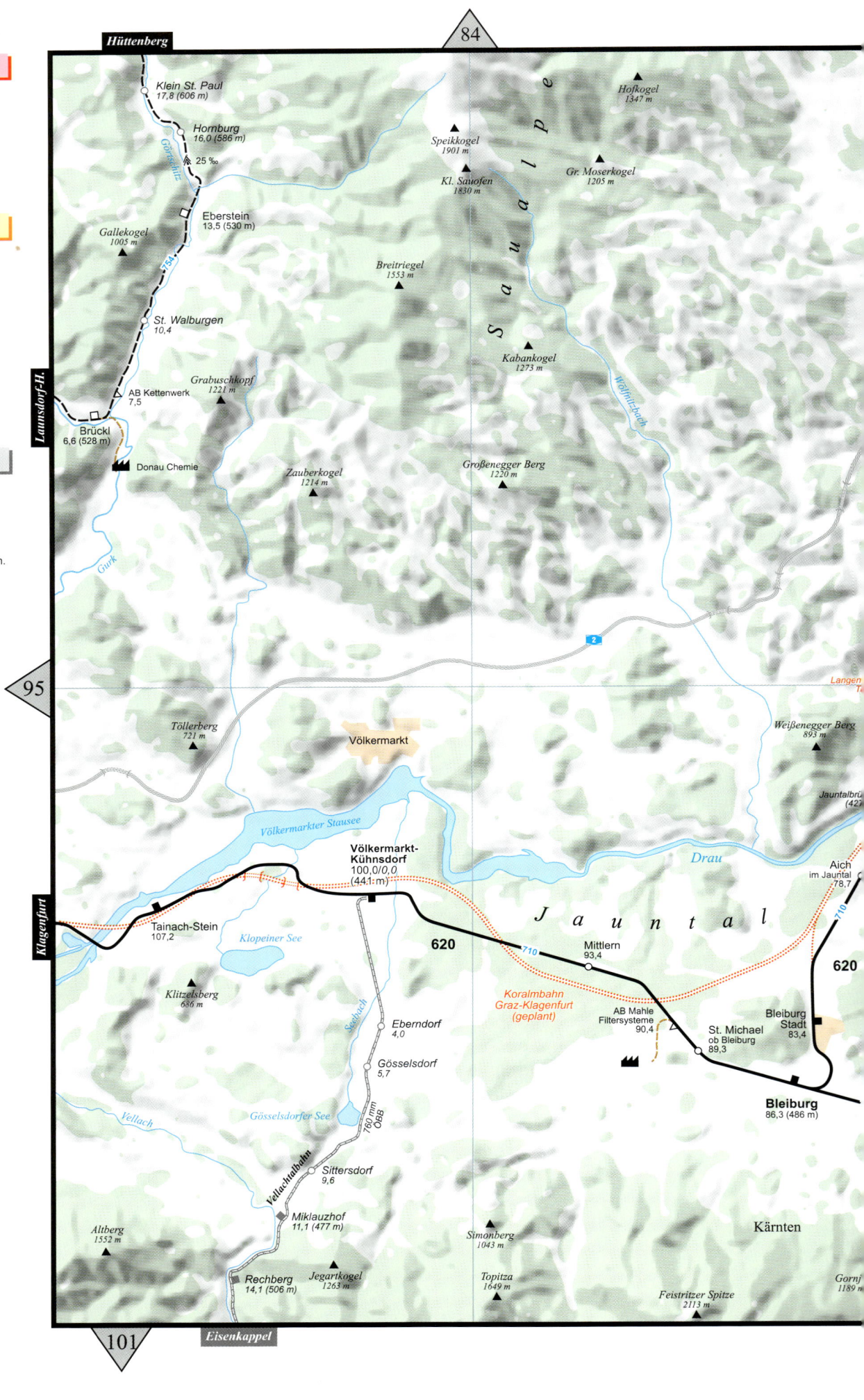

Zeltweg
85
Hofbauer
88
Wolfsberg
50,4 (459 m)
Priel
51,9
St. Stefan
im Lavanttal
54,8 (430 m)
AB Eberhard
56,9
620
St. Andrä im Lavanttal
59,8 (405 m)
Lavanttalbahn
757
Lavant
Mühldorf im Lavanttal
63,0
Bf. Lavanttal
St. Paul (377 m)
66,6 [n. Lavamünd]
67,3 [n. Bleiburg]
St. Paul
Bad 69,4
Johannesberg-T.
(480 m)
14 ‰
Granitztal
72,1 (436 m)
Langenberg-T.
(1443 m)
Kasparstein
841 m
St. Georgen
im Lavanttal
69,5
Altacherwirt
72,6
LBB
97
Ettendorf
75,4 (359 m)
Lavamünd Markt
78,4
Lavamünd
79,2 (350 m)
Kömmelgupf
1065 m
Rabenstein
82,6
Schoberkogel
1418 m
Ochsenkogel
1479 m
Handalm
1853 m
Moschkogel
1916 m
Hühnerstütze
1989 m
Gr. Speikkogel
2140 m
Koralpe
Lavanttal
Koralmbahn
Graz-Klagenfurt
(geplant)
Kleinalpl
1759 m
Kärnten
Steiermark
Dreieckkogel
1528 m
Goßeck
1312 m
Stausee
Soboth
Hirschkogel
1392 m
Hühnerkogel
1522 m
Kupper
ehem. Seilbahn
Freiland 9,9
Höllgraben
600 mm
WbD
Bärental
760 mm
Laßnitz
Deutschlandsberg
30,4/0,0
GKB
82
T. (306 m)
Graz
Schwarze Sulm
Koralm-Tunnel (ca. 32800 m) geplant
Wolscheneck
1699 m
Salzgerkogel
964 m
Hollenegg
35,9
550
Schwanberg
38,2 (368 m)
Wies-Eibiswald
Weiße Sulm
99
Haderneggkogel
1184 m
Feistritz
Klementkogel
1052 m
Bistrica
Drava [Drau]
Trbonje
[Trofin]
57,0
Sveti Danijel
58,6
Trbonjsko
jezero
55,2
Vuzenica
[Saldenhofen]
52,6
Sveti Vid
48,2
Vuhred
[Wuchern-
Mahrenberg]
44,6
Maribor
Unterdrauburg
Markt 86,5
Dravograd [Unterdrauburg]
63,9 [v. Maribor]
88,4 [v. Zeltweg]
Podklanec
65,4
Otiški vrh
[Ottischnigberg]
90,3
Šentjanz
[St. Johann]
91,6
Mislinja
[Mißling]
Sv. Jedert
[St. Gertraud]
94,3
Mesto Slovenj Gradec
[Windischgraz Stadt]
98,4
Staatsgrenze
82,2 [v. Maribor]
Holmec [Homberg]
79,4
Prevalje
[Prävali]
75,0
Ravne
na Koroškem
[Gutenstein]
71,9
Dobrije
69,5
Meža (Mieß)
Eis-Ruden
75,0 (455 m)
SLOVENJA
SLOWENIEN
Celje [Cilli]

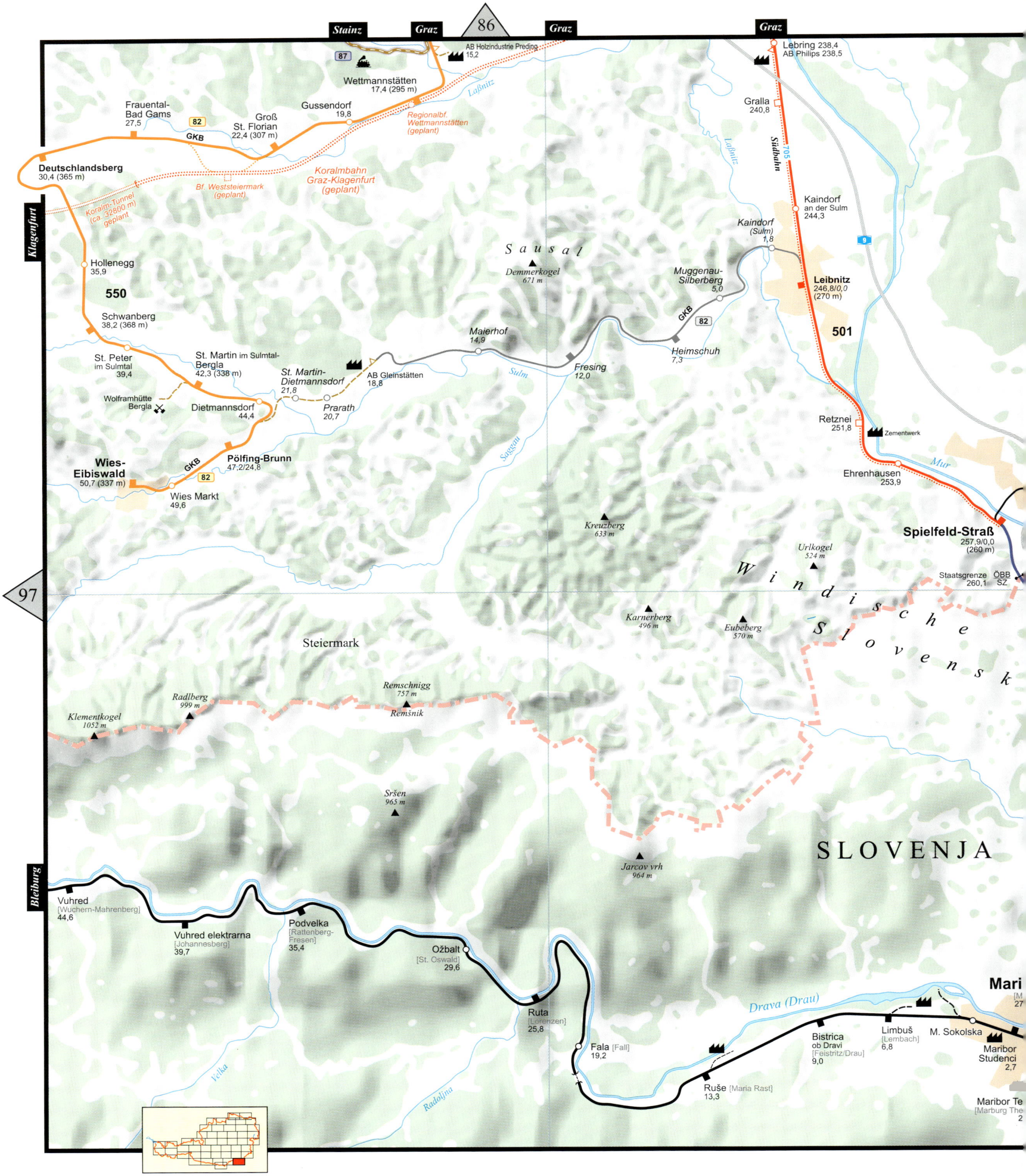

Stainz
Graz
86
Graz
Graz
87
AB Holzindustrie Preding 15,2
Wettmannstätten 17,4 (295 m)
Lebring 238,4
AB Philips 238,5
Laßnitz
Frauental-Bad Gams 27,5
82
GKB
Groß St. Florian 22,4 (307 m)
Gussendorf 19,8
Regionalbf. Wettmannstätten (geplant)
Gralla 240,8
Laßnitz
Südbahn
705
Deutschlandsberg 30,4 (365 m)
Bf. Weststeiermark (geplant)
Koralmbahn Graz-Klagenfurt (geplant)
Koralm-Tunnel (ca. 32800 m) geplant
Klagenfurt
Kaindorf an der Sulm 244,3
Kaindorf (Sulm) 1,8
9
Sausal
Demmerkogel 671 m
Hollenegg 35,9
550
Muggenau-Silberberg 5,0
Leibnitz 246,8/0,0 (270 m)
GKB
82
Schwanberg 38,2 (368 m)
Maierhof 14,9
501
Heimschuh 7,3
St. Peter im Sulmtal 39,4
St. Martin im Sulmtal-Bergla 42,3 (338 m)
St. Martin-Dietmannsdorf 21,8
AB Gleinstätten 18,8
Sulm
Fresing 12,0
Wolframhütte Bergla
Dietmannsdorf 44,4
Prarath 20,7
Retznei 251,8
Zementwerk
Saggau
Wies-Eibiswald 50,7 (337 m)
GKB
Pölfing-Brunn 47,2/24,8
82
Mur
Ehrenhausen 253,9
Wies Markt 49,6
Kreuzberg 633 m
Spielfeld-Straß 257,9/0,0 (260 m)
Urlkogel 524 m
Windische
Staatsgrenze 260,1
ÖBB SZ
97
Karnerberg 496 m
Eubeberg 570 m
Slovensk
Steiermark
Remschnigg 757 m
Remšnik
Radlberg 999 m
Klementkogel 1052 m
Sršen 965 m
SLOVENJA
Jarcov vrh 964 m
Bleiburg
Vuhred [Wuchern-Mahrenberg] 44,6
Vuhred elektrarna [Johannesberg] 39,7
Podvelka [Rattenberg-Fresen] 35,4
Ožbalt [St. Oswald] 29,6
Mari
Drava (Drau)
Ruta [Lorenzen] 25,8
Limbuš [Lembach] 6,8
M. Sokolska
Bistrica ob Dravi [Feistritz/Drau] 9,0
Maribor Studenci 2,7
Fala [Fall] 19,2
Velka
Ruše [Maria Rast] 13,3
Radoljna
Maribor Te
[Marburg The

Stradner Kogel
609 m

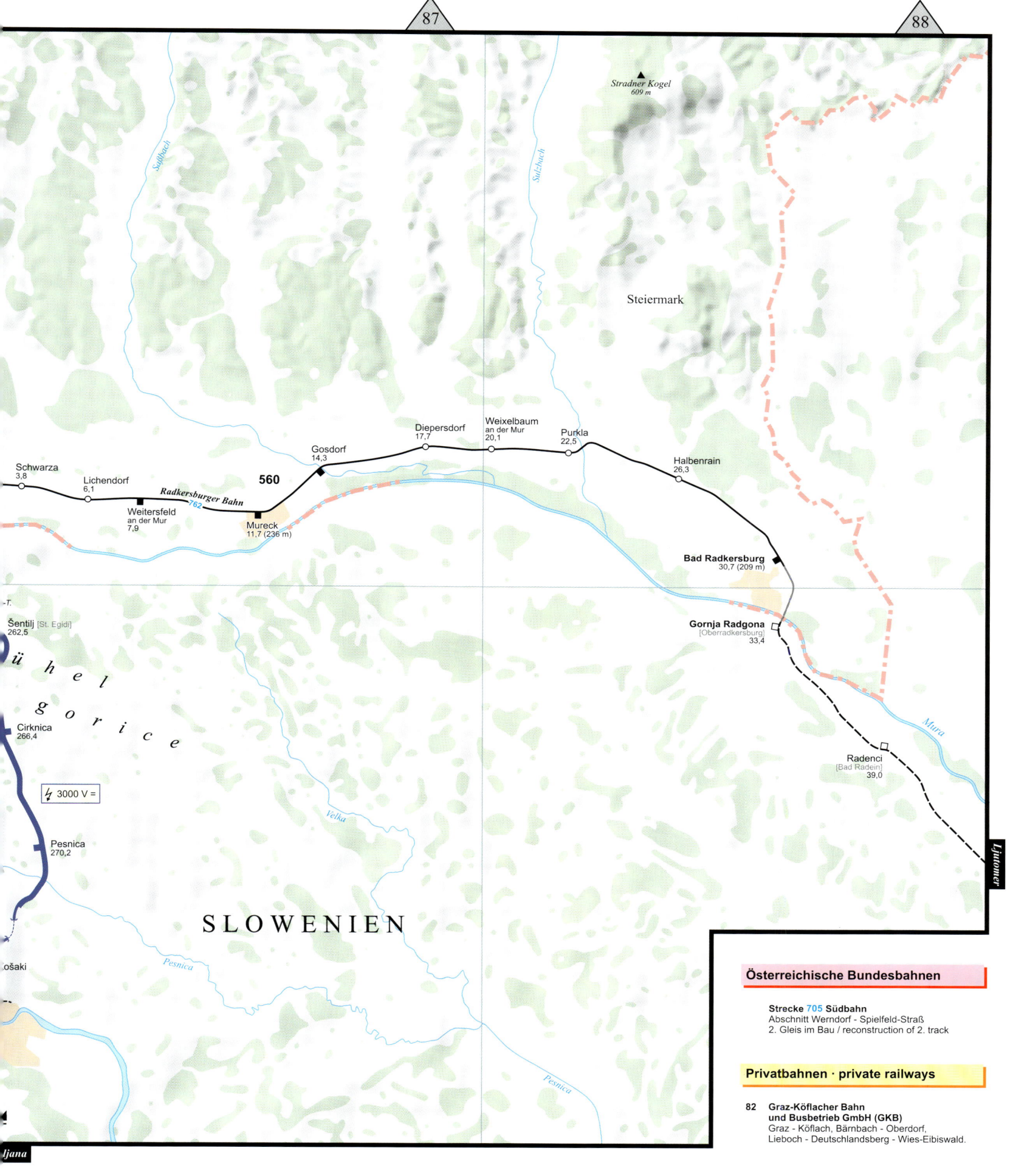

Steiermark

Diepersdorf
17,7

Weixelbaum
an der Mur
20,1

Purkla
22,5

Gosdorf
14,3

Halbenrain
26,3

Schwarza
3,8

Lichendorf
6,1

Radkersburger Bahn
560
762

Weitersfeld
an der Mur
7,9

Mureck
11,7 (236 m)

Bad Radkersburg
30,7 (209 m)

Šentilj [St. Egidi]
262,5

Gornja Radgona
[Oberradkersburg]
33,4

ü h e l
g o r i c e

Cirknica
266,4

⚡ 3000 V =

Radenci
[Bad Radein]
39,0

Velka

Pesnica
270,2

Mura

Ljutomer

SLOWENIEN

Pesnica

Pesnica

Österreichische Bundesbahnen

Strecke 705 Südbahn
Abschnitt Werndorf - Spielfeld-Straß
2. Gleis im Bau / reconstruction of 2. track

Privatbahnen · private railways

82 **Graz-Köflacher Bahn
und Busbetrieb GmbH (GKB)**
Graz - Köflach, Bärnbach - Oberdorf,
Lieboch - Deutschlandsberg - Wies-Eibiswald.

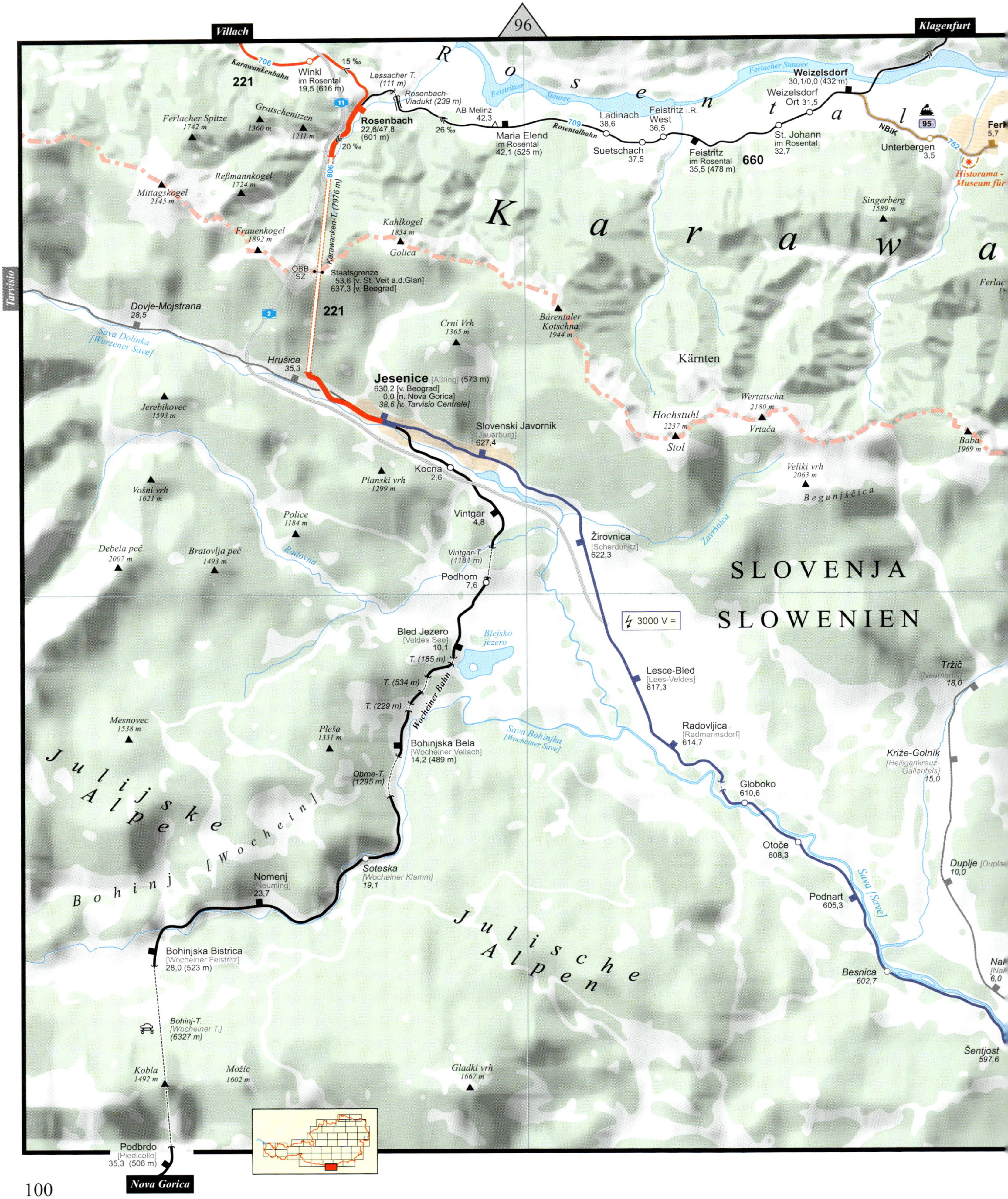
96
Villach
Klagenfurt
Tarvisio
Nova Gorica
706
Karawankenbahn
221
Winkl
im Rosental
19,5 (616 m)
15 ‰
Lessacher T.
(111 m)
Rosenbach-
Viadukt (239 m)
11
Rosenbach
22,6/47,8
(601 m)
20 ‰
26 ‰
AB Melinz
42,3
Maria Elend
im Rosental
42,1 (525 m)
709
Rosentalbahn
Ladinach
38,6
Suetschach
37,5
Feistritz i.R.
West
36,5
Feistritz
im Rosental
35,5 (478 m)
660
St. Johann
im Rosental
32,7
Weizelsdorf
Ort 31,5
Weizelsdorf
30,1/0,0 (432 m)
Ferlacher Stausee
Feistritzer Stausee
NBiK
95
752
Unterbergen
3,5
Historama -
Museum für
Rosental
Ferlacher Spitze
1742 m
Gratschenitzen
1360 m
1211 m
Reßmannkogel
1724 m
Mittagskogel
2145 m
Frauenkogel
1892 m
Kahlkogel
1834 m
Golica
806
Karawanken-T. (7976 m)
ÖBB
SZ
Staatsgrenze
53,6 [v. St. Veit a.d.Glan]
637,3 [v. Beograd]
Karawanken
Singerberg
1589 m
Bärentaler
Kotschna
1944 m
Kärnten
2
221
Dovje-Mojstrana
28,5
Sava Dolinka
[Wurzener Save]
Hrušica
35,3
Crni Vrh
1365 m
Jesenice [Aßling] (573 m)
630,2 [v. Beograd]
0,0 [n. Nova Gorica]
38,6 [v. Tarvisio Centrale]
Jerebikovec
1593 m
Slovenski Javornik
[Jauerburg]
627,4
Hochstuhl
2237 m
Stol
Wertatscha
2180 m
Vrtača
Baba
1969 m
Kocna
2,6
Planski vrh
1299 m
Vošni vrh
1621 m
Veliki vrh
2063 m
Begunjščica
Vintgar
4,8
Police
1184 m
Radovna
Žirovnica
[Scherdunitz]
622,3
Završnica
Debela peč
2007 m
Bratovlja peč
1493 m
Vintgar-T.
(1181 m)
Podhom
7,6
SLOVENJA
SLOWENIEN
3000 V =
Bled Jezero
[Veldes See]
10,1
Blejsko
jezero
T. (185 m)
T. (534 m)
T. (229 m)
Wocheiner Bahn
Lesce-Bled
[Lees-Veldes]
617,3
Tržič
[Neumarktl]
18,0
Mesnovec
1538 m
Pleša
1331 m
Bohinjska Bela
[Wocheiner Vellach]
14,2 (489 m)
Sava Bohinjka
[Wocheiner Save]
Radovljica
[Radmannsdorf]
614,7
Križe-Golník
[Heiligenkreuz-
Gallenfels]
15,0
Obrne-T.
(1295 m)
Globoko
610,6
Julijske Alpe
Bohinj [Wochein]
Otoče
608,3
Soteska
[Wocheiner Klamm]
19,1
Nomenj
[Neuming]
23,7
Duplje
10,0
Podnart
605,3
Sava [Save]
Julische Alpen
Bohinjska Bistrica
[Wocheiner Feistritz]
28,0 (523 m)
Besnica
602,7
Bohinj-T.
[Wocheiner T.]
(6327 m)
Šentjost
597,6
Kobla
1492 m
Možic
1602 m
Gladki vrh
1667 m
Podbrdo
[Piedicolle]
35,3 (506 m)

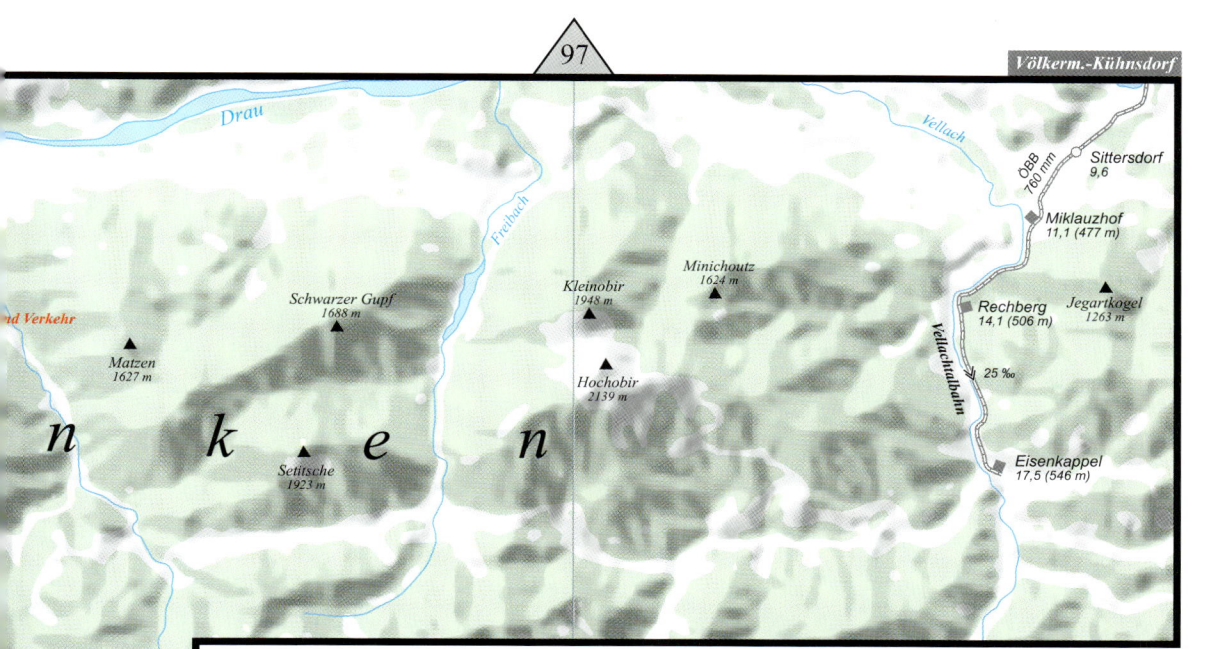

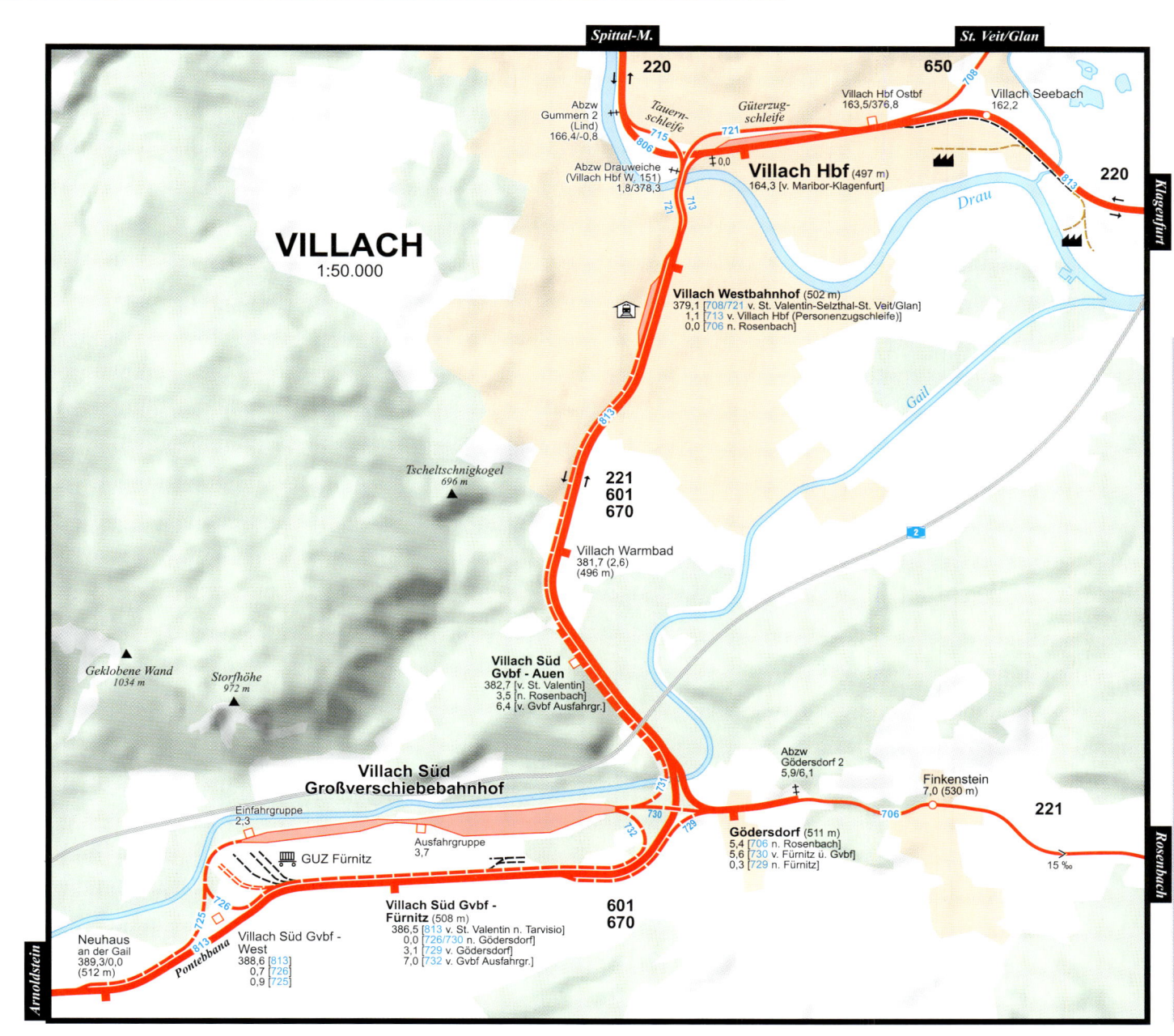

Museumsbahnen · touristic lines

95 **Nostalgiebahnen in Kärnten (NBiK)**
Weizelsdorf - Ferlach: Dampfzüge / steam trains.
Ferlach: Historama - Museum für Technik und Verkehr.

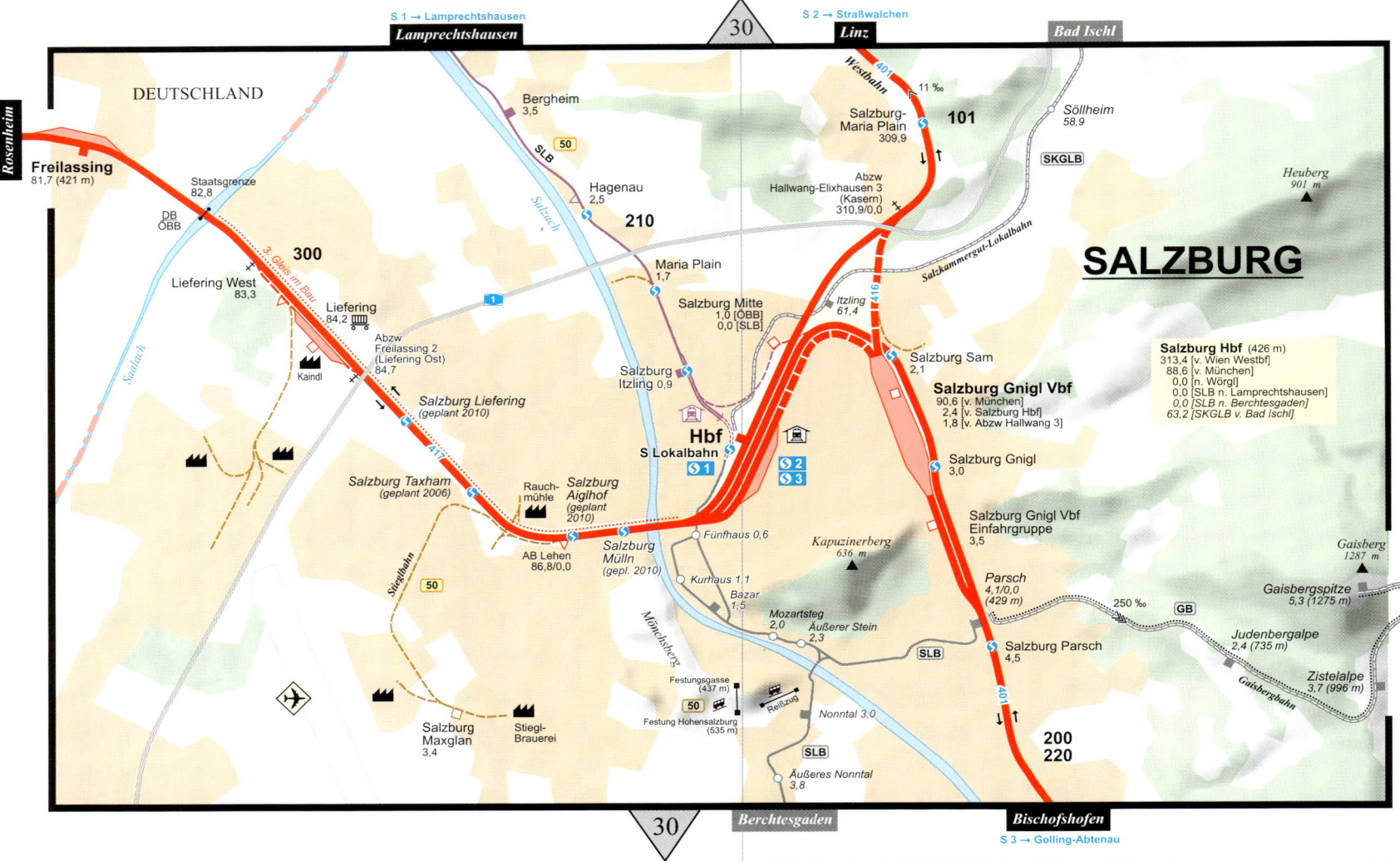

Privatbahnen · private railways

40 Stern & Hafferl Verkehrsgesellschaft mbH (StH). Betriebsführung für / operator of:
Linzer Lokalbahn AG (LILO)
Linz - Eferding - Waizenkirchen - Peuerbach, Niederspaching - Neumarkt-Kallham.
1435 mm, 750 V =.
Einführung der Personenzüge ab 18.11.2005 in den Linzer Hauptbahnhof.
From 18 november 2005 the local trains will begin and end in Linz Hbf.

41 Linz AG - Linz Service GmbH
Hafenbahn Linz. Betreiber / operator: ÖBB.

45 LogServ - Logistik Service GmbH (VOEST Alpine)
Betriebsführung für / operator of:
Werksbahnen / factory sidings VOEST Alpine und DSM Fine Chemicals Austria, Linz.

50 Salzburg AG - Salzburger Lokalbahn (SLB)
Salzburg - Lamprechtshausen, Bürmoos - Trimmelkam. 1435 mm, 750 V =.
Betriebsführung der Anschlußbahn Salzburg Lehen - Stiegl-Brauerei. Nostalgiezüge.
Operator for branch-line Salzburg Lehen - Stiegl-Brauerei. Nostalgic trains.

Museumsbahnen · touristic lines

48 Museumsbahn Ebelsberg - St. Florian
900 mm, 600 V =. Infrastruktur: Florianerbahn Forschungs- u. Entwicklungsges.mbH.
Betrieb / operator: Club Florianerbahn (CFB).

Straßenbahnen · tramways

41 Linz AG - Linz Linien GmbH
Straßenbahn / tramway: 900 mm, 600 V =.
Pöstlingbergbahn: 1000 mm, 600 V =.

Standseilbahnen · funiculars

50 Salzburger Festungsbahn
Betreiber / operator:
Salzburg AG - Salzburger Lokalbahn
1040 mm, ↔ 199 m, ↕ 102 m, ↗ 620 ‰.

Reißzug (Versorgungsbahn der Festung Hohensalzburg)
1435 mm, ↔ 190 m, ↕ 80 m, ↗ 670 ‰.
Kein öffentlicher Verkehr / no public service.

Stillgelegte Bahnen · closed lines

EEG k.k. priv. Erste Eisenbahn-Gesellschaft
Budweis - Linz - Gmunden
1106 mm, Pferdebetrieb / horse railway.

EStF Straßenbahn Ebelsberg - St. Florian
900 mm, 600 V =.
Betreiber / operator: Stern & Hafferl.

GB Gaisbergbahn
1000 mm, Zahnstange / rack rail Riggenbach.

SKGLB Salzkammergut-Lokalbahn
Bad Ischl - St. Lorenz - Salzburg,
St. Lorenz - Mondsee. 760 mm.

SLB Salzburger Lokalbahn
Salzburg - St. Leonhard - Staatsgrenze (- Berchtesgaden), Salzburg - Parsch.
1435 mm, 1000 mm =.

Linz Straßenbahnnetz

1 Universität - Urfahr - Hauptplatz - Hauptbahnhof - Bulgariplatz - Neue Welt - Kleinmünchen - Auwiesen
2 Universität - Urfahr - Hauptplatz - Hauptbahnhof - Bulgariplatz - Neue Welt - Kleinmünchen - Ebelsberg - solarCity
3 Bergbahnhof Urfahr - Hauptplatz - Hauptbahnhof

Salzburg 1:50.000

LINZ

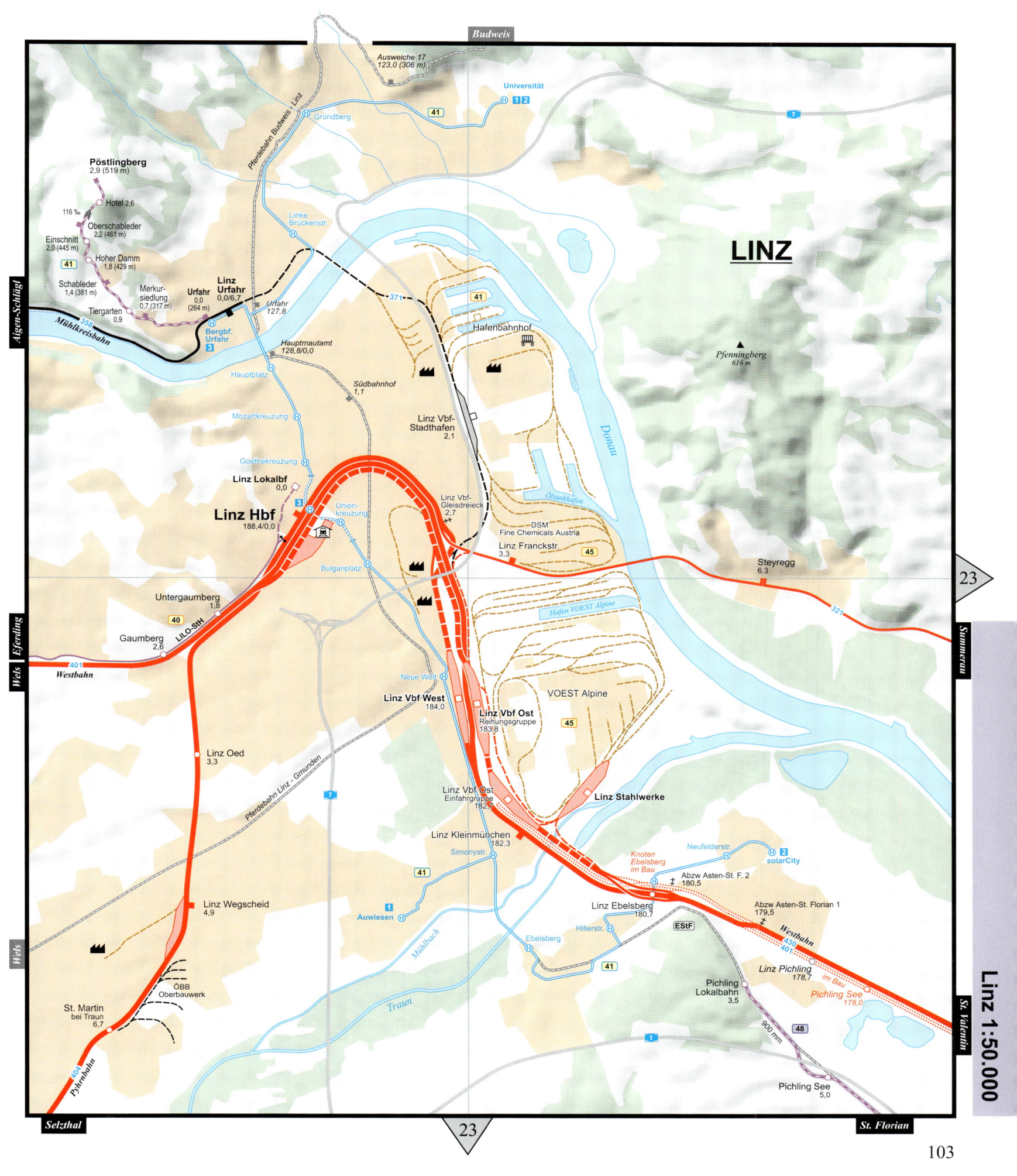

Linz 1:50.000

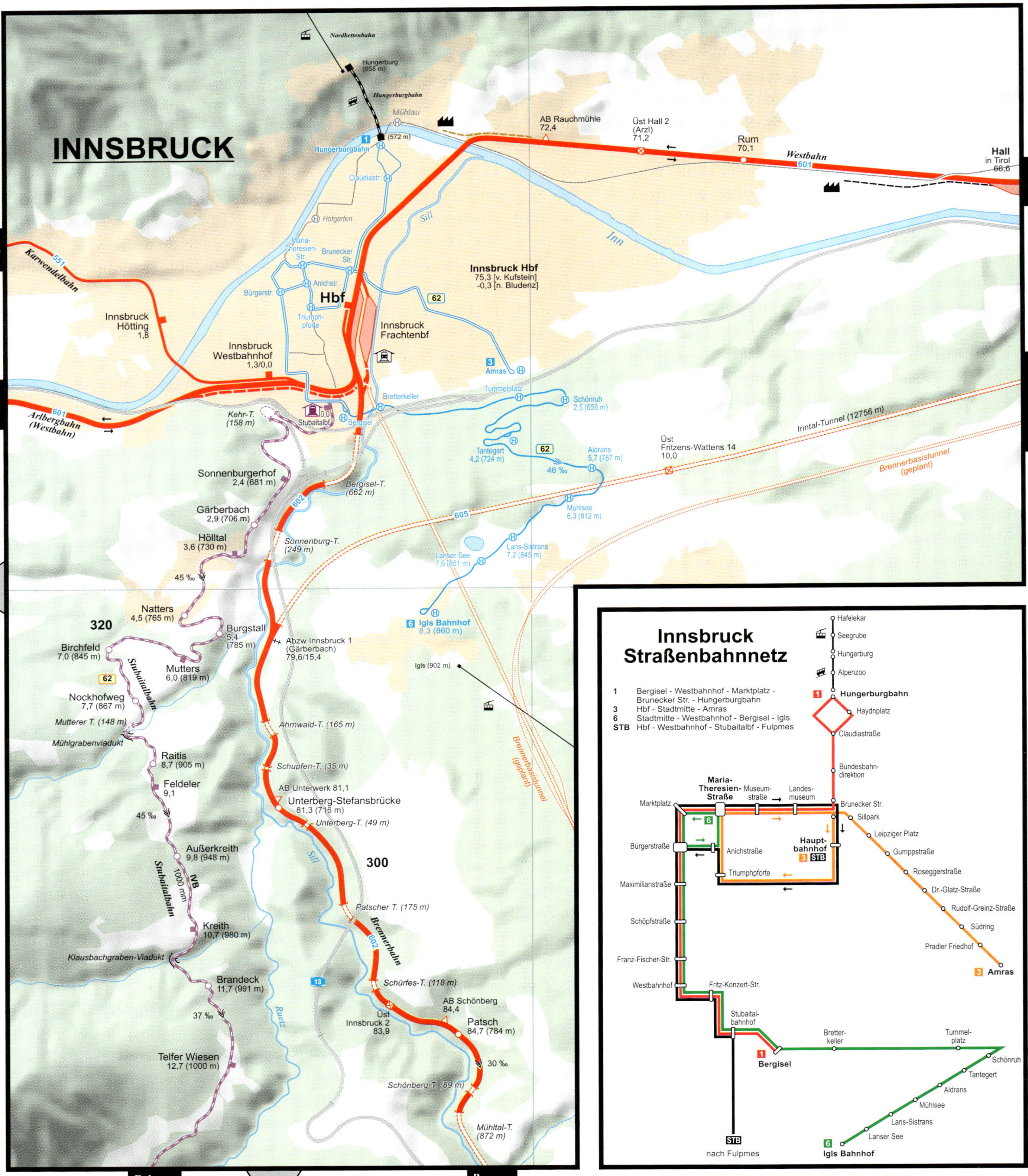

Innsbruck 1:50.000

GRAZ

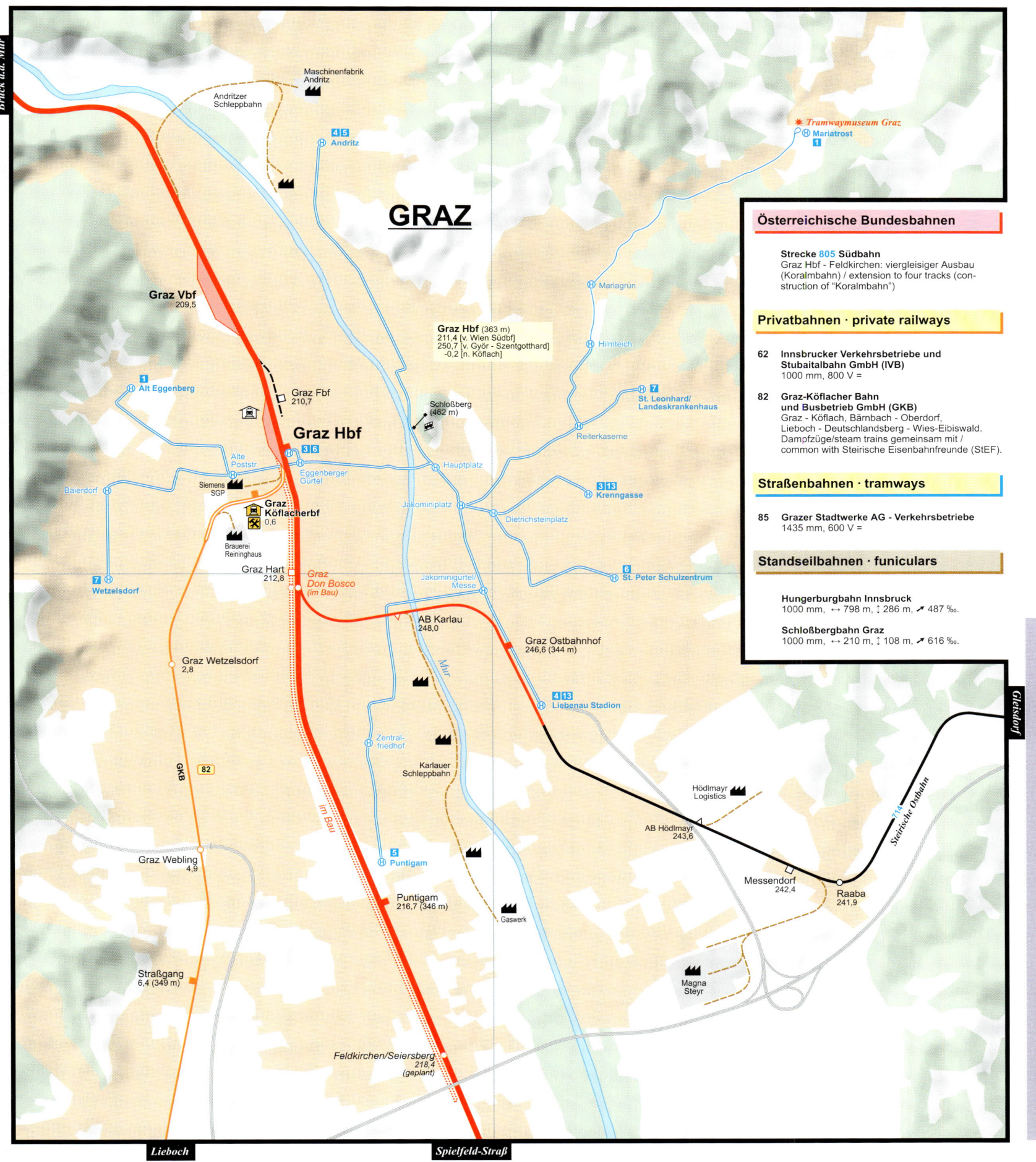

Österreichische Bundesbahnen

Strecke 805 Südbahn
Graz Hbf - Feldkirchen: viergleisiger Ausbau (Koralmbahn) / extension to four tracks (construction of "Koralmbahn")

Privatbahnen · private railways

62 Innsbrucker Verkehrsbetriebe und Stubaitalbahn GmbH (IVB)
1000 mm, 800 V =

82 Graz-Köflacher Bahn und Busbetrieb GmbH (GKB)
Graz - Köflach, Bärnbach - Oberdorf, Lieboch - Deutschlandsberg - Wies-Eibiswald. Dampfzüge/steam trains gemeinsam mit / common with Steirische Eisenbahnfreunde (StEF).

Straßenbahnen · tramways

85 Grazer Stadtwerke AG - Verkehrsbetriebe
1435 mm, 600 V =

Standseilbahnen · funiculars

Hungerburgbahn Innsbruck
1000 mm, ↔ 798 m, ↕ 286 m, ↗ 487 ‰.

Schloßbergbahn Graz
1000 mm, ↔ 210 m, ↕ 108 m, ↗ 616 ‰.

Graz Hbf (363 m)
211,4 [v. Wien Südbf]
250,7 [v. Györ - Szentgotthard]
-0,2 [n. Köflach]

Graz 1:50.000

Grazer Verkehrsbetriebe

Straßenbahnnetz

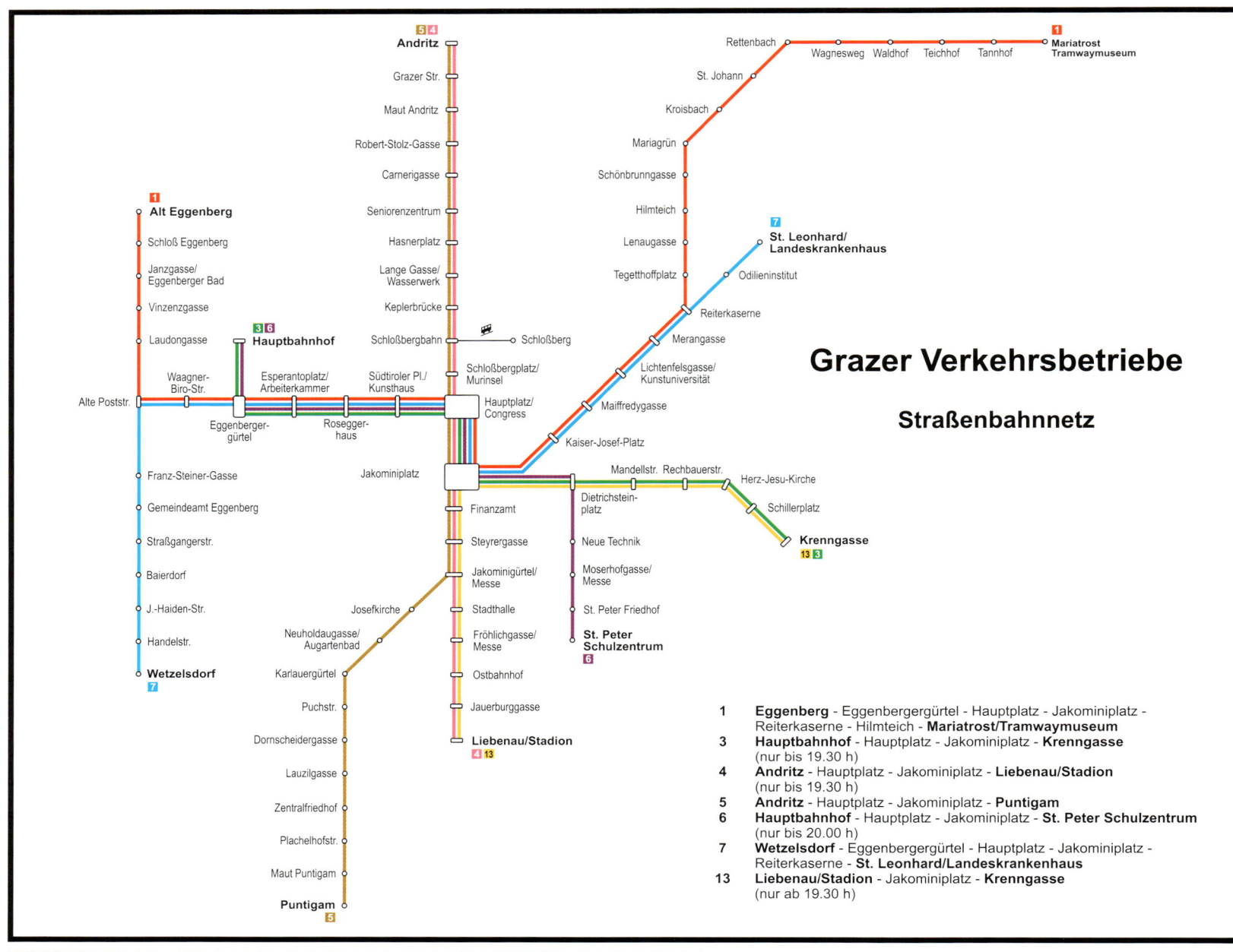

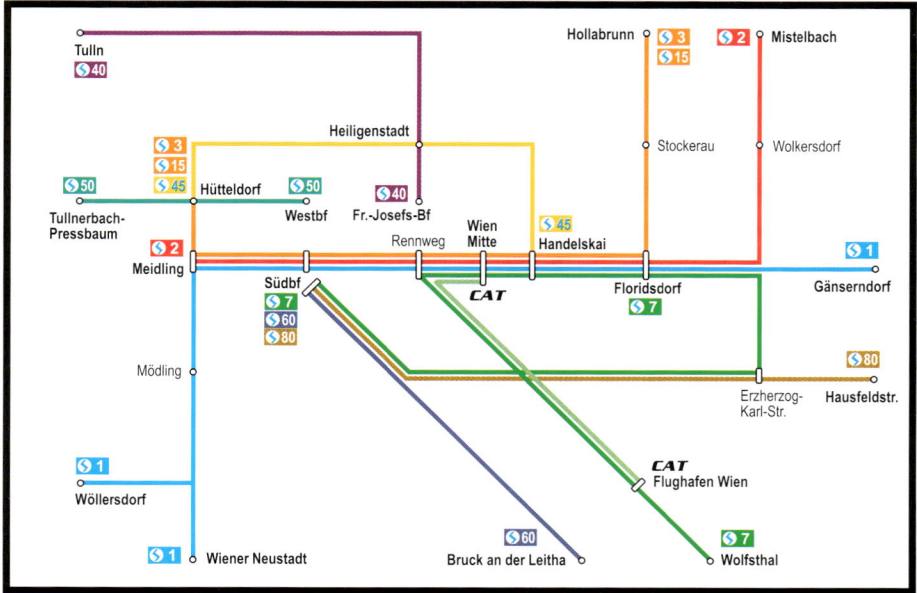

Linie	Strecke
1	**Eggenberg** - Eggenbergergürtel - Hauptplatz - Jakominiplatz - Reiterkaserne - Hilmteich - **Mariatrost/Tramwaymuseum**
3	**Hauptbahnhof** - Hauptplatz - Jakominiplatz - **Krenngasse** (nur bis 19.30 h)
4	**Andritz** - Hauptplatz - Jakominiplatz - **Liebenau/Stadion** (nur bis 19.30 h)
5	**Andritz** - Hauptplatz - Jakominiplatz - **Puntigam**
6	**Hauptbahnhof** - Hauptplatz - Jakominiplatz - **St. Peter Schulzentrum** (nur bis 20.00 h)
7	**Wetzelsdorf** - Eggenbergergürtel - Hauptplatz - Jakominiplatz - Reiterkaserne - **St. Leonhard/Landeskrankenhaus**
13	**Liebenau/Stadion** - Jakominiplatz - **Krenngasse** (nur ab 19.30 h)

Wiener Schnellbahn-Netz

Linie	Strecke
S 1	**Wiener Neustadt** (Wöllersdorf) - Meidling - Wien Nord - **Floridsdorf** Mödling - Meidling - Wien Nord - Floridsdorf - **Gänserndorf**
S 15	Hollabrunn - Stockerau - Floridsdorf - Wien Nord - Meidling - **Hütteldorf** (Gegenrichtung als S 3)
S 2	**Meidling** - Wien Nord - Floridsdorf - Wolkersdorf - **Mistelbach**
S 3	Stockerau - Floridsdorf - Wien Nord - **Meidling** Meidling - Wien Nord - Floridsdorf - Stockerau - **Hollabrunn** Hütteldorf - Meidling - Wien Nord - Floridsdorf - **Stockerau**
S 40	Franz-Josefs-Bahnhof - Tulln - **Tulln Stadt**
S 45	**Hütteldorf** - Ottakring - Heiligenstadt - **Handelskai**
S 50	Westbahnhof - Hütteldorf - **Tullnerbach-Pressbaum**
S 60	**Südbahnhof Ostseite** - Bruck a.d. Leitha (- Neusiedl am See)
S 7	**Floridsdorf** - Wien Nord - Rennweg - **Flughafen Wien** (nur †: Südbahnhof - Stadlau -) **Erzherzog-Karl-Str.** - Leopoldau - Floridsdorf - Wien Nord - Rennweg - Flughafen Wien - **Wolfsthal**
S 80	**Südbahnhof Ostseite** - Stadlau - **Hausfeldstraße**
CAT	**City-Airport-Train Wien Mitte - Flughafen** (ohne Halt)

Wiener Linien

U-Bahn- und Straßenbahnnetz

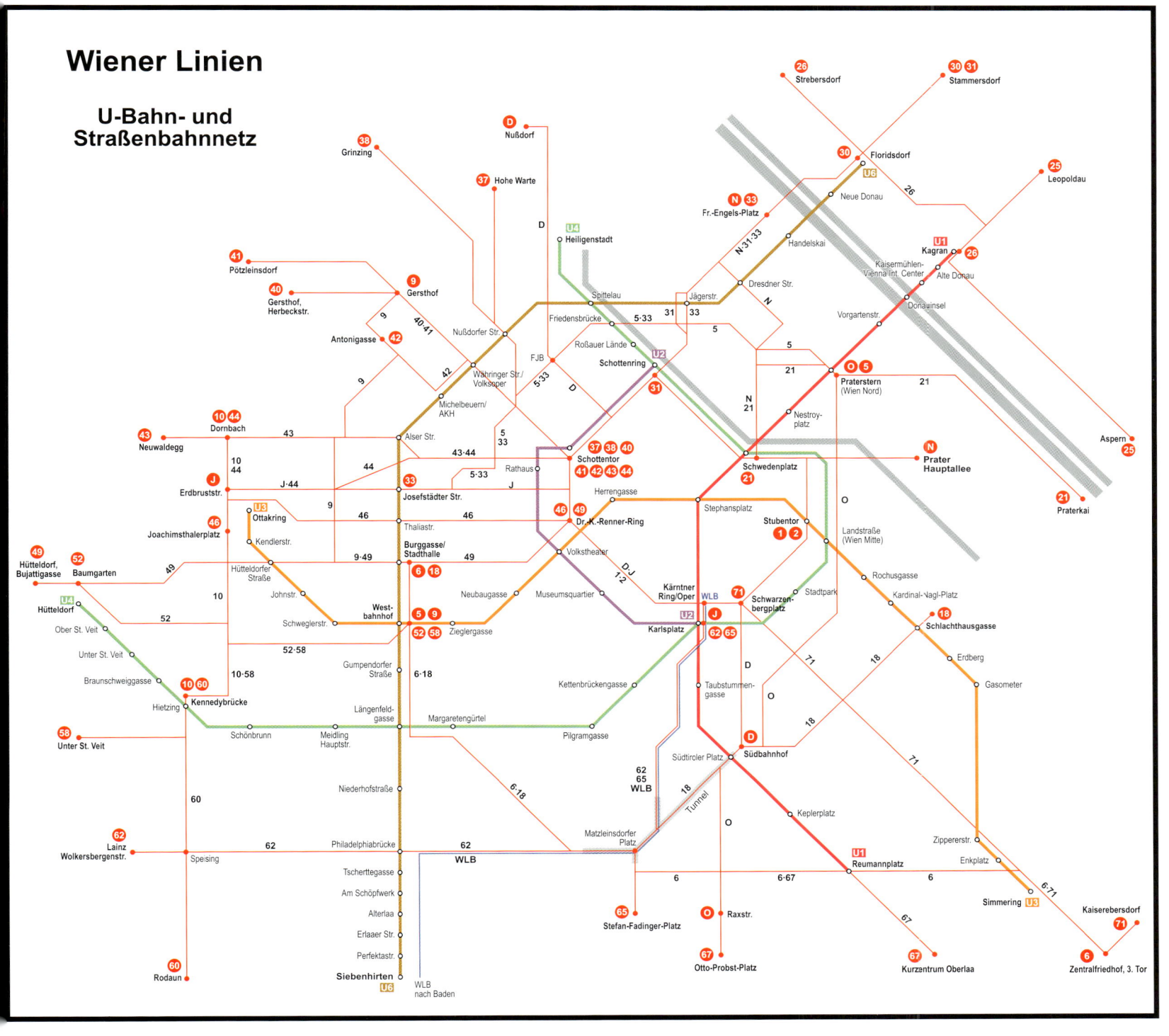

U1	**Kagran** - Praterstern - Stephansplatz - Karlsplatz - Südtiroler Platz - **Reumannplatz**
U2	**Karlsplatz** - Volkstheater - Schottentor - **Schottenring**
U3	**Ottakring** - Westbahnhof - Volkstheater - Stephansplatz - Landstraße - Erdberg - **Simmering**
U4	**Heiligenstadt** - Schwedenplatz - Landstraße - Karlsplatz - Längenfeldgasse - Hietzing - **Hütteldorf**
U6	**Floridsdorf** - Spittelau - Westbahnhof - Längenfeldgasse - Philadelphiabrücke - **Siebenhirten**
D	**Südbahnhof (S)** - Schwarzenbergpl. - Franz-Josefs-Bahnhof (S) - Heiligenstadt (U/S) - **Nußdorf**
J	**Karlsplatz, Bösendorfer Str. (U)** - Dr.-Karl-Renner-Ring - Josefstädter Str. (U) - **Erdbruststr.**
N	**Prater, Hauptallee** - Schwedenplatz - Dresdner Str. - **Friedrich-Engels-Platz**
O	**Raxstraße** - Südtiroler Platz (U/S) - Südbahnhof (S) - Rennweg - **Praterstern (U/S)**
1	**Stubentor (U)** - Oper - Schottentor - Schottenring (U) - Schwedenplatz (U) - **Stubentor (U)**
2	**Stubentor (U)** - Schwedenplatz (U) - Schottenring (U) - Schottentor - Oper - **Stubentor (U)**
5	**Praterstern (S/U)** - Taborstraße - Friedensbrücke (U) - Franz-Josefs-Bahnhof (S) - **Westbahnhof (S)**
6	**Burggasse/Stadthalle (U)** - Westbahnhof (U/S) - Matzleinsdorfer Platz (S) - Reumannplatz (U) - Simmering (U) - **Zentralfriedhof, 3. Tor**
9	**Gersthof (S)** - Währing - **Westbahnhof (S)**
10	**Dornbach, Güpferlingstr.** - Joachimsthalerplatz - **Hietzing Kennedybrücke (U)**
18	**Burggasse/Stadthalle (U)** - Westbf (U/S) - Matzleinsdorfer Pl. (S) - Südbf (S) - **Schlachthausgasse (U)**
21	**Schwedenplatz (U)** - Praterstern (U/S) - Messe - **Praterkai**
25	**Aspern, Oberdorfstr.** - Kagran (U) - **Leopoldau (S)**
26	**Strebersdorf, E.-Hawranek-Platz** - Floridsdorf (U/S) - **Kagran (U)**
30	**Floridsdorf (U/S)** - **Stammersdorf**
31	**Schottenring (U)** - Fr.-Engels-Platz - Floridsdorf (U/S) - **Stammersdorf**
33	**Fr.-Engels-Platz** - Jägerstr. (U) - Friedensbrücke (U) - Franz-Josefs-Bahnhof (S) - **Josefstädter Str. (U)**
37	**Schottentor (U)** - Nußdorfer Str. (U) - **Hohe Warte**
38	**Schottentor (U)** - Nußdorfer Str. (U) - **Grinzing**
40	**Schottentor (U)** - Währinger Str./Volksoper (U) - **Gersthof, Herbeckstraße**
41	**Schottentor (U)** - Währinger Str./Volksoper (U) - **Pötzleinsdorf**
42	**Schottentor (U)** - Währinger Str./Volksoper (U) - **Währing, Antonigasse**
43	**Schottentor (U)** - Alser Str. (U) - Dornbach - **Neuwaldegg**
44	**Schottentor (U)** - Alser Str. (U) - Dornbach, **Güpferlingstraße**
46	**Dr.-Karl-Renner-Ring** - Thaliastr. (U) - **Joachimsthaler Platz**
49	**Dr.-Karl-Renner-Ring** - Burggasse/Stadthalle (U) - Hütteldorfer Str. (U) - **Hütteldorf, Bujattigasse**
52	**Westbahnhof (U/S)** - Mariahilfer Str. - Linzer Str. - **Baumgarten**
58	**Westbahnhof (U/S)** - Mariahilfer Str. - Hietzing (U) - **Unter St. Veit**
60	**Hietzing, Kennedybrücke (U)** - Speising - **Rodaun**
62	**Karlsplatz, Bösendorfer Str.** - Matzleinsdorfer Pl. (S) - Meidling (S) - Philadelphiabrücke (U) - **Lainz**
65	**Karlsplatz, Bösendorfer Str.** - Wiedner Hauptstr. - Matzleinsdorfer Pl. (S) - **Stefan-Fadinger-Platz**
67	**Otto-Probst-Platz** - Reumannplatz (U) - **Kurzentrum Oberlaa**
71	**Schwarzenbergplatz** - Rennweg - Simmering (U) - Hauptfriedhof - **Kaiserebersdorf**

107

Straßenbahnen · tramways

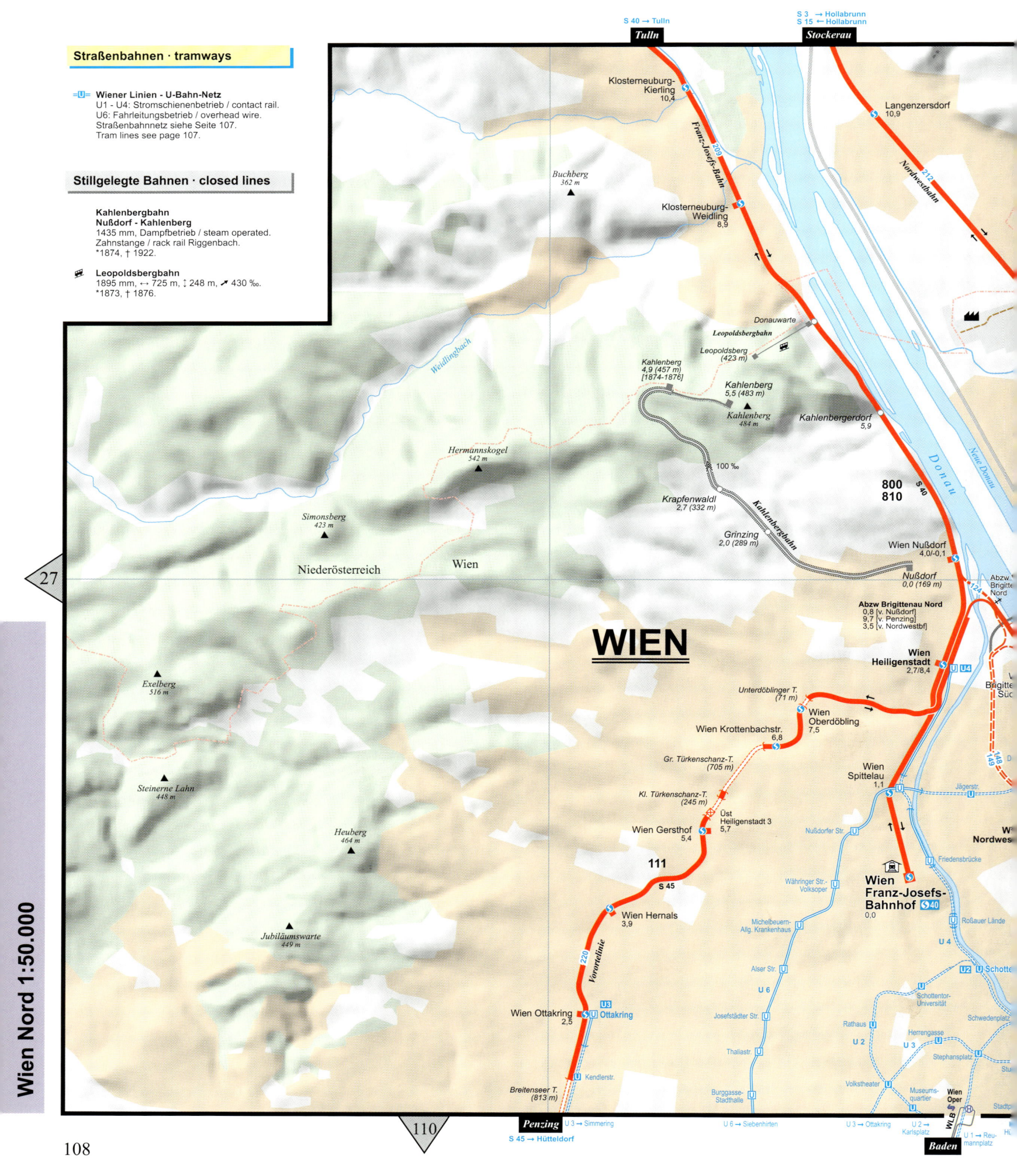

=U= **Wiener Linien - U-Bahn-Netz**
U1 - U4: Stromschienenbetrieb / contact rail.
U6: Fahrleitungsbetrieb / overhead wire.
Straßenbahnnetz siehe Seite 107.
Tram lines see page 107.

Stillgelegte Bahnen · closed lines

Kahlenbergbahn
Nußdorf - Kahlenberg
1435 mm, Dampfbetrieb / steam operated.
Zahnstange / rack rail Riggenbach.
*1874, † 1922.

Leopoldsbergbahn
1895 mm, ↔ 725 m, ↕ 248 m, ↗ 430 ‰.
*1873, † 1876.

Wien Nord 1:50.000

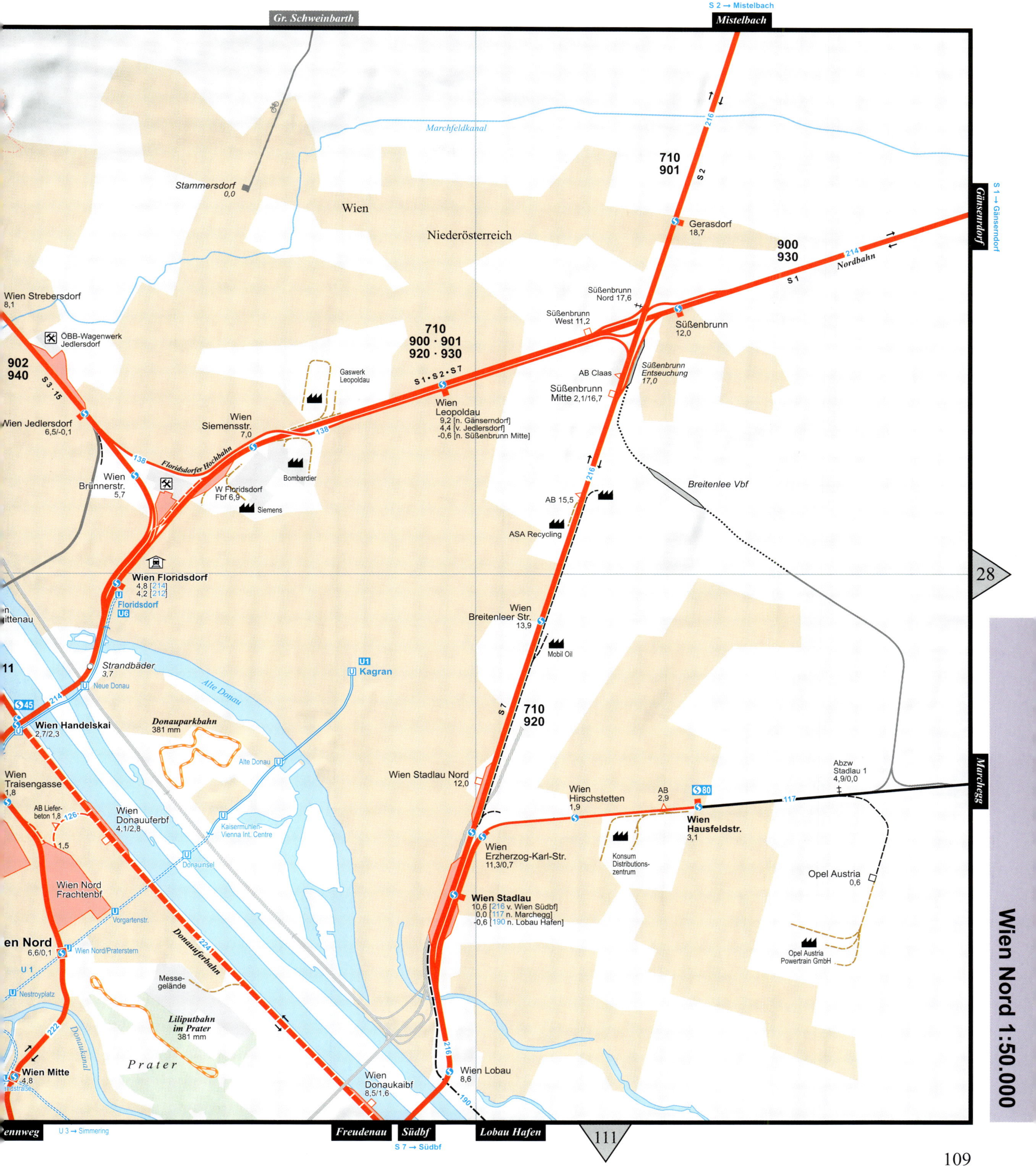

Gr. Schweinbarth
S 2 → Mistelbach
Mistelbach
Marchfeldkanal
Stammersdorf
0,0
Wien
Niederösterreich
710
901
Gerasdorf
18,7
Gänserndorf
S 1 → Gänserndorf
900
930
Nordbahn
Wien Strebersdorf
8,1
ÖBB-Wagenwerk Jedlersdorf
902
940
Süßenbrunn Nord 17,6
Süßenbrunn West 11,2
Süßenbrunn
12,0
710
900 · 901
920 · 930
Gaswerk Leopoldau
S 1 · S 2 · S 7
AB Claas
Süßenbrunn Entseuchung 17,0
Süßenbrunn Mitte 2,1/16,7
Wien Leopoldau
9,2 [n. Gänserndorf]
4,4 [v. Jedlersdorf]
-0,6 [n. Süßenbrunn Mitte]
Wien Jedlersdorf
6,5/-0,1
Wien Siemensstr.
7,0
Floridsdorfer Hochbahn
Bombardier
Wien Brünnerstr.
5,7
W Floridsdorf Fbf 6,9
Siemens
Breitenlee Vbf
AB 15,5
ASA Recycling
Wien Floridsdorf
4,8 [214]
4,2 [212]
Floridsdorf
U6
28
Wien Breitenleer Str.
13,9
Mobil Oil
Strandbäder
3,7
Neue Donau
Alte Donau
U1
Kagran
Wien Handelskai
2,7/2,3
Donauparkbahn
381 mm
710
920
Wien Traisengasse
1,8
AB Lieferbeton 1,8
1,5
Wien Donauuferbf
4,1/2,8
Kaisermühlen-Vienna Int. Centre
Donauinsel
Wien Stadlau Nord
12,0
Wien Hirschstetten
1,9
AB
2,9
S80
Wien Hausfeldstr.
3,1
Abzw Stadlau 1
4,9/0,0
Marchegg
Wien Erzherzog-Karl-Str.
11,3/0,7
Konsum Distributions-zentrum
Opel Austria
0,6
Wien Nord Frachtenbf
Vorgartenstr.
Wien Stadlau
10,6 [216 v. Wien Südbf]
0,0 [117 n. Marchegg]
-0,6 [190 n. Lobau Hafen]
Opel Austria Powertrain GmbH
Wien Nord
6,6/0,1
Wien Nord/Praterstern
Donauuferbahn
U 1
Nestroyplatz
Messe-gelände
Liliputbahn im Prater
381 mm
Donaukanal
Prater
Wien Mitte
4,8
Wien Donaukaibf
8,5/1,6
Wien Lobau
8,6
U 3 → Simmering
Freudenau
Südbf
S 7 → Südbf
Lobau Hafen
111
Wien Nord 1:50.000

WIEN

Wien Heiligenstadt — S 45 → Wien Handelskai

St. Pölten ← S 50 → Tullnerbach-Pr.

Wiener Neustadt ← S 1 → Wiener Neustadt / Baden / Wiener Neustadt

Wien Süd 1:50.000

110

Strecken / Knoten

- Knoten Auhof (im Bau)
- **100 / 110**
- **111**
- Wien Ottakring 2,5 — U3 Ottakring
- Vorortelinie 220
- Wien Hütteldorf 5,8/2,1 — S 3 / S 15 / S 45
- Hütteldorf U4
- Westbahn 201 / 221
- Lainzer Tunnel (ca. 12300 m) geplant, im Bau
- Abzw Hütteldorf 1 (St. Veit a.d.Wien) 1,9 [v. Penzing] −0,2 [n. Hütteldorf]
- Ober St. Veit
- Üst Penzing 1 — 4,0
- 122
- 121
- Unter St. Veit
- Braunschweiggasse
- Wien Breitensee 0,9
- Breitenseer T. (813 m)
- Kendlerstr.
- Hütteldorfer Str.
- Schweglerstr.
- Wien Penzing 2,6/0,0
- 201
- Hietzing U 4
- Wien (Fluss)
- Wien Westbf 0,0 — S 50
- Zieglergasse
- Johnstr.
- Neubaugasse
- Westbahnhof
- Wien Westbf Frachtenbf 1,0
- Kettenbrückengasse
- Paulanergasse
- Gumpendorfer Str.
- Pilgrambrücke
- Mayerhofgasse
- Taubstummengasse
- Joh.-Strauß-Gasse
- WLB
- Wien Süd ... 0 ...
- Wien Oper U — Karlsplatz U2 — Stadtp...
- Josefstädter Str.
- Rathaus U — Herrengasse U
- Thaliastr.
- Burggasse-Stadthalle — U 6
- Volkstheater — Museumsquartier
- U 3
- Stephansplatz U
- Schwedenplatz U
- Schottent...
- Wien Südtiroler Pl. 1,3
- Laurenzgasse
- Kliebergasse
- Steudel-T. (283 m)
- Längenfeldgasse
- Margaretengürtel
- Verbindungsbahn 222
- **700 / 900**
- Wien Speising 3,6
- Maxing 4,5
- T. Altmannsdorfer Str. (334 m)
- Flohberg-T. (405 m)
- Eichenstr.
- Wolfganggasse
- Wien Meidling — Philadelphiabrücke
- Wien Matzleinsdorfer Platz 9,4 [v. Penzing] 0,0 [n. Wien Nord]
- Wien Matzleinsdorf 2,4 [v. Wien Südbf] 0,0 [n. Wien Südbf Spitz]
- Schedifkaplatz — Schedifkapl. Üst 2,6
- 205
- 127
- **Wien Meidling** 3,4 [205 v. Wien Südbf] −0,1 [106 n. Inzersdorf] 7,7 [222 v. Penzing] 1,3 [127 v. Abzw Oswaldgasse]
- Wien Hetzendorf 5,2
- Oswaldgasse 6,9/0,0
- Altmannsdorf 7,5/1,3
- Tscherttegasse
- Schöpfwerk 3,6
- Am Schöpfwerk
- Abzw Posten 2 — 4,2
- Gutheil-Schoder-Gasse 4,3
- 224
- Südbahn 205
- Abzw Liesing Nord 7,8
- Alterlaa U
- Inzersdorf Personenbf 5,2
- Inzersdorf Lokalbf 5,9
- **Wien Inzersdorf (Inzersdorf Ort)** 10,0 [n. Albern Hafen] 0,8 [n. Blumental]
- Wien Atzgersdorf 8,2
- Wien Liesing Frachtenbf 8,6
- Erlaaer Str. U
- AB 6,3
- WLB 10
- Neu Erlaa 6,6
- Wien Blumental 1,4 [v. Inzersdorf] 6,8 [n. W. Neustadt]
- Perfektastr. U
- Wien Liesing 9,6/0,0
- Schönbrunner Allee 7,2
- Postzentrum
- Liesing (Fluss)
- Neumühle 4,1
- Rodaun 2,7
- Lafarge Perlmooser AG Zementwerk
- Waldmühle 5,5
- 160
- Siebenhirten U6 — 7,8
- WLB 2
- Perchtoldsdorf 1,6
- Perchtoldsdorf 11,0
- HAZET Bau
- Vösendorf-Siebenhirten 8,4
- 21
- **500 / 510**
- **515**
- Vösendorf-Shopping City Süd 10,0
- Hennersdorf 9,4
- Pottendorfer Linie 106
- **511 / 512**
- Brunn-Maria Enzersdorf 12,9
- 39

Wien Süd 1:50.000

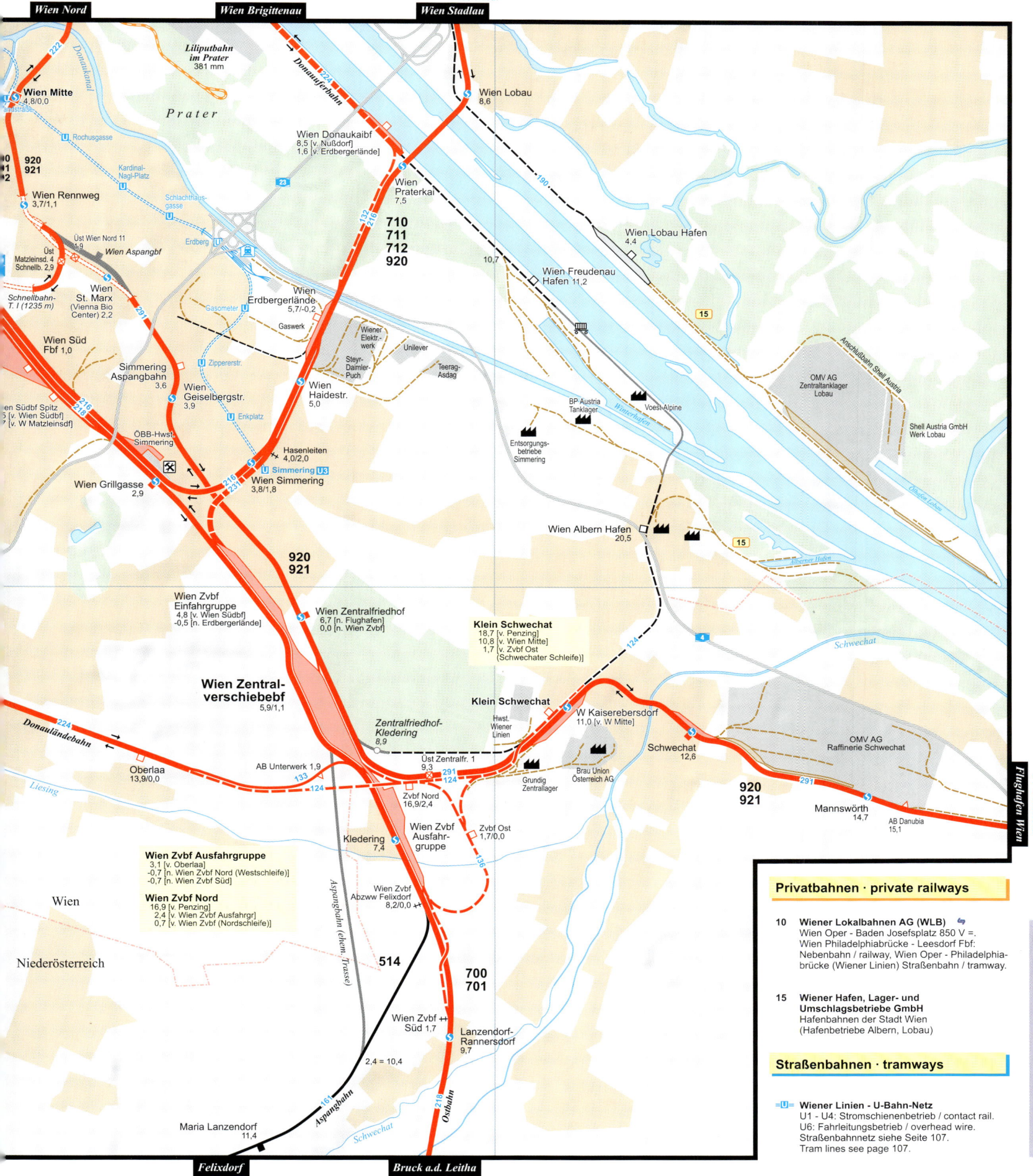

Orts- und Betriebsstellenverzeichnis

Zum leichteren Auffinden der einzelnen Bahnhöfe sind die Seiten im Kartenteil jeweils in vier Quadranten A, B, C und D aufgeteilt. Beispiel: Linz Hbf 22 B - der Bahnhof liegt auf Seite 22 im oberen rechten Feld. **Fett** gedruckte Seitenzahlen beziehen sich auf Detailkarten. Betriebsstellen an stillgelegten Strecken sind *kursiv* wiedergegeben.

Die Namen sind in alphabetischer Reihenfolge aufgeführt. Für einige Betriebsstellen verwenden die ÖBB mehrere Bezeichnungen. In solchen Fällen wird der zweite Name in Klammern genannt.

Hinter dem Stationsnamen ist bei den ÖBB und einigen Privatbahnen die zugehörige interne Kurzbezeichnung angeordnet.

Hinter den Seitenverweisen folgen bei Stationen der ÖBB Angaben zur Betriebsstelle:

Abzw	= Abzweigung
Awanst	= Ausweichanschlußstelle
Bf	= Bahnhof
Bft	= Bahnhofsteil
Hst	= Haltestelle
H-Lst	= Halte- und Ladestelle
Lst	= Ladestelle
Üst	= Überleitstelle

```
+-------+-------+
|       |       |
|   A   |   B   |
|       |       |
+-------+-------+
|       |       |
|   C   |   D   |
|       |       |
+-------+-------+
```

A

Aalfang		6 C	Hst
Abfaltersbach	Abf	90 B	Bf
Absberg	Ah H1	27 A	Hst
Abschlag Fassldorf	Sgp H1	14 A	Hst
Absdorf-Hippersdorf	Ah	27 A	Bf
Abzw Str 192	Fws Z1	28 D, 40 B	Abzww
Acharting		30 D	
Achau	Ach	39 B, 40 A	Bf
Achenlohe	Nst H3A	31 A	Hst
Achensee Schiffstation		61 A	
Achleiten		33 B	
Achleitnersiedlung	Puw H1A	23 A	Hst
Admont	Ad	48 D	Bf
Aflenz		5 0 D	
Aggsbach Markt	A	25 B	Bf
Agonitz		33 D, 34 C	
Aich		31 D	
Aich im Jauntal	Es H1	96 D	Hst
Aich-Assach	Grb H2	66 A	Hst
Aichkirchen		22 C	
Aigen 2	Aj U2	45 D	Üst
Aigen-Schlägl	Ai	11 B	Bf
Aigen-Voglhub		46 C	
Aisthofen	P K1	23 D, 24 C	H-Lst
Alberndorf an der Pulkau		17 A/B	
Albersdorf		87 B	
Albertsham		21 D	
Alkoven		22 B	
Alkoven Schule		22 B	
Allentsteig	All	6 D, 15 B	Bf
Allerding		10 C	
Allerheiligenhöfe	Ih H1	60 C	Hst
Allerheiligen-Mürzhofen	Ki H1	51 C, 70 B	Hst
Alling-Tobisegg	Lnn H1	86 D	Hst
Alt Lichtenwarth Lst	Poy L2	19 B	Lst
Alt Nagelberg	Alt	6 C	Bf
Alt Prerau (Wildendürnbach)		9 D	
Altach	Got H1	56 C	Hst
Altacherwirt	Spa H2L	97 C	Hst
Altenhof am Hausruck		21 D	
Altenhof	Plk H1	16 C	Hst
Altenmarkt		83 C	
Altenmarkt an der Triesting	Web H2	39 C	Hst
Altenmarkt im Pongau	Rad K1	65 A	H-Lst (Awanst)
Altenmarkt-Thenneberg	Am	38 B	Bf
Altenstadt	Fk H1N	74 C	Hst
Altmünster am Traunsee	Er	32 C	Bf
Altpinkafeld	Alp	72 B	Bf
Alt-Weitra	Gm K1	6 C, 14 A	H-Lst (Awanst)
Am Dürrweg		23 A	
Ameis		18 B	
Ampflwang		32 A	
Amstetten	Ams	24 D	Bf
Amstetten 2	Ams U2	24 D, 35 B	Üst
Amstetten 11	Ams Z1	24 D, 35 B	Abzww
Amstetten 14 (Aschbach)	Ams U14	35 B	Üst
Amt Mitterbach	Sae H1	37 D	Hst
Andelsbuch		56 C	
Andorf	Af	21 B	Bf
Anger		71 D	
Angern	Ag	29 A	Bf
Angertal	Al	64 C	Bf
Angertal 1	Al Z1	64 D, 80 A	Abzww
Anglerparadies Hessendorf	Wet H1	7 D	Hst
Anif		30 D	
Annaberg	Gng K1	36 D	H-Lst
Annabild		25 A	
Annenheim	Saf H1	93 D	Hst
Ansfelden	T K1	23 C	H-Lst (Awanst)
Anthering		30 D	
Antiesenhofen	Ant	21 A	Bf
Anzenstückl		34 D	
Arbing	Arb	24 C	Bf
Ardning	Ar	48 C	Bf
Arnoldstein	Dr	93 C	Bf
Arnsdorf		30 A	
Arzbach	Kap H2	51 B	Hst
Arzl Üst (Hall in Tirol 2)	H U2	60 A, **104 B**	Üst
Aschach a.d.Donau	Asd	22 B	Bf
Aschach (Steyrtal)		34 A	
Aschau (SKGLB)		46 A	
Aschau im Zillertal		61 A/C	Hst
Aschbach	Ab	35 B	Bf
Aschbach Hst	Ams H2	35 B	Hst
Aschbach Üst (Amstetten 14)	Ams U14	35 B	Üst
Aschet		22 D	
Aspang	Ap	52 D	Bf
Asparn an der Zaya	Asp	18 D	Bf
Asten-Fisching	Ens H1	23 D	Hst
Asten-St Florian	Ast	23 D	Bf
Asten-St. Florian 1	Ast Z1	23 C, **103 D**	Abzw
Asten-St. Florian 2	Ast Z2	23 C, **103 D**	Abzww
Attersee		31 D, 32 C	
Attnang-Puchheim	At	32 B	Bf
Atzenbrugg	Me H1	27 A	Hst
Atzing		21 C	
Au		33 A	
Auberg		11 D	
Auersthal	Bof K1	28 B	H-Lst (Awanst)
Aumühle		32 A	
Aurachkirchen	Ak	32 B	Bf
Aurolzmünster Haltestelle	Rd H2M	21 A	Hst
Aurolzmünster Lst	Rd L1	21 A	Lst
Au-Seewiesen		51 C	
Ausschlag-Zöbern	Auz	52 D	Bf
Außerkreith		**104 C**	
Authal	Mes H2	87 A	Hst

B

Bachl		71 D	
Bachmanning		22 C	
Bäckerlager		34 D	
Bad Aussee	Au	46 D	Bf
Bad Blumau	Seb H3	88 B	Hst
Bad Deutsch Altenburg	Bde	29 C	Bf
Bad Fischau	Fwa H1	39 C	Hst
Bad Fischau-Brunn	Fib	39 C	Bf
Bad Gastein	Bag	64 D, 80 A	Bf
Bad Gleichenberg	Gbg	88 C	Bf
Bad Goisern	Goi	46 B	Bf
Bad Hall	Bah	33 B	Bf
Bad Hofgastein	Hg	64 C	Bf
Bad Hofgastein 1	Hg Z1	64 C	Abzw
Bad Hofgastein Haltestelle	Hg H1	64 C	Hst
Bad Ischl	Il	46 B	Bf
Bad Ischl Frachtenbf	If	46 B	Bf
Bad Ischl Lokalbf		46 B	

Station	Abk.	Seite	Typ
Bad Krekelmoos	Bch H3	58 B	Hst
Bad Mitterndorf	Bam	47 C	Bf
Bad Mitterndorf-Heilbrunn	Bam H1	47 C	Hst
Bad Neusiedl am See	Bns	41 C	Bf
Bad Pirawarth	Py	19 C	Bf
Bad Radkersburg	Ra	99 B	Bf
Bad Ried	Rd H1M	21 C	Hst
Bad Sauerbrunn	Sau	53 D	Bf
Bad Schallerbach-Wallern	Wa	22 C	Bf
Bad Schallerbach-Wallern 1	Wa U1	22 C	Üst
Bad St. Leonhard	Bal	85 C	Bf
Bad Tatzmannsdorf		72 B	
Bad Vigaun	Hl H3	45 A	Hst
Bad Vöslau	Bvs	39 B	Bf
Bad Waltersdorf	Seb H1	72 C	Hst
Bad Wimsbach Styria-Siedlung		33 C	
Bad Wimsbach-Neydharting		33 A	
Baden Fbf / Pfaffstätten	Bf H1	**38 C**, 39 B	Bf
Baden	Bf H1	**38 C**, 39 B	Hst
Baden 1	Bf U1	39 B	Üst
Baden Josefsplatz		**38 C**	Tram-Hst
Baden Viadukt		**38 C**	Tram-Hst
Badl-Semriach		70 B	
Bärnbach	Bba	86 A	H-Lst
Bärndorf-Büschendorf		48 C	
Bärnkopf		25 A	
Baumgarten	Bgt	54 C	Bf
Baumgartenberg	Bb	24 C	Bf
Baumgarten-Waldbach		33 C	
Baumgartner	Bau	52 C	Bf
Baumgartwiese		70 B	
Baumkirchen Üst (Fritzens-Wattens 2)	Fw Z2	60 B	Abzw
Berg im Drautal	De H1	91 B, 92 A	Hst
Berg NÖ		29 C	
Bergern	Otg H1	21 D	Hst
Bergham		23 A	
Berghaus Hochschneeberg	Bhs	52 A	Bf
Bergheim		30 D, **102 A**	
Berglucke		25 A	
Berndorf Fabrik	Tf	39 C	Bf
Berndorf Stadt	Tf H1	39 C	Bf
Bernhardsthal	Beh	19 B	Hst
Bernhardsthal Frachtenbf	Bel	19 B	Bf
Bernschlag	Swu K1	6 D, 15 A	H-Lst
Bersbuch		56 D	
Beschling (Ludenz 1)	Lt U1	74 B	Üst
Bezau		56 D	
Bezegg		56 D	
Biberschlag		15 C	
Bichlbach-Berwang	Bch	58 D	Bf
Bichlbach Almkopfbahn	Bch H1H	58 D	Hst
Bierbaum	Bib	88 B	Bf
Billroth		31 D	
Bings	Bz H1	74 B	Hst
Birchfeld		**104 C**	
Birkfeld		71 B	
Bisamberg	J H2	28 C	Hst
Bischofshofen	Bo	64 B	Bf
Bischofshofen 2	Bo U2	64 B	Üst
Bischofstetten	Bi	26 C	Bf
Blamau	Gor K1	35 C	H-Lst
Blankenberg		33 A	
Blaustauden Lst	Las L1	18 A	Lst
Bleiburg	Ble	96 D	Bf
Bleiburg Stadt	Es K1	96 D	H-Lst
Blindenmarkt	Bli	24 D	Bf
Bludenz	B	74 B	Bf
Bludenz Moos	B H1M	74 B	Hst
Blumau (Steinfeld)		39 D	
Blumau an der Wild		7 C, 15 B	
Blumau-Neurißhof Lst	Bln	39 D	Bf
Bockfließ	Bof	28 B	Bf
Böckstein	Bs	80 A	Bf
Böckstein Haltestelle		80 A	
Boding	Frf H1	36 B	Hst
Böheimkirchen	Bh	26 B	Bf
Böhlerwerk an der Ybbs	Hk H3	35 B	Hst
Böhlerwerke		39 D	
Böhmzeil		6 C	
Bramberg	Bbg	62 B	Bf
Bramberg-Steinach	Bbg H1A	62 B	Hst
Brand Lst	Alt L1	6 A	Lst
Brand Süd		6 C	Hst
Brandeck		**104 C**	
Bratislava Petrzalka	Pta	29 D, 40 B	
Braunau am Inn	Bru	20 A	Bf
Braunau Aluminiumwerk	Alu	20 A	AB
Braz	Bz	74 B	Bf
Breclav	Bpa	19 D	Bf
Bregenz	Bg	56 A	Bf
Bregenz Hafen	Bg H1	56 A	Hst
Bregenz Vorkloster		56 A	
Breitenaich	Had H3	22 B	Hst
Breitenbrunn	Brn	41 B	Bf
Breiteneich bei Horn	Sh H1H	16 A	Hst
Breiteneich	Rup H3	25 C	Hst
Breitenlee Vbf.		9Sm	**109 B**	Bft
Breitenleer Straße	St H2S	28 C, **109 D**	Hst
Breitenschützing	Bre	33 C	Bf
Breitensee	Ok H1	6 C	
Breitensee	Ok H1	**110 B**	Hst
Breitensee N.Ö.	Sfl H1	29 C	Hst
Breitenstein	Bt	53 A, 53 D	Bf
Breitenwaida	Gr H1	17 C	Hst
Breitstetten	Brs	29 C	Bf
Breitwiesen	Had H1	22 D	Hst
Brennero / Brenner	Be	78 A/B	Bf
Brennersee Abzw (Steinach in Tirol 4)	Sti Z4	78 B	Abzw
Brennersee	Sti H2	78 B	Hst
Brixen im Thale	Kit H1	43 C	Hst
Brixlegg	Bri	42 C	Bf
Brixlegg 2	Bri U2	42 C, 61 B	Üst
Bruck bei Linz		23 C/D	
Bruck an der Leitha	Bl	41 A	Bf
Ost	Ur	41 A	Bf
West	Bls	41 A	Abzw
Bruck an der Leitha 1 (Parndorf Ort)	Apo	41 A	Abzww
Bruck an der Mur	Bm	70 A	Bf
Frachtenbf	Bk	70 A	Bf
Übelstein	Ue	70 A	Bf
Stadtwald	Stl	70 A	Bf
Bruck an der Mur 2L (Oberaich)	Bm U2L	70 A	Üst
Bruckberg Golfplatz	Gol	63 C	Bf
Bruckberg	Tih H2	63 B	Hst
Bruck-Fusch	Brf	63 B	Bf
Bruckhäusl	Brh	42 C	H-Lst (Awanst)
Brückl	Ebs K1	95 A, 96 A	Bf
Bruderndorf	Sgp H3	14 A	Hst
Brunn an der Pitten	Ela H1	53 A	Hst
Brunn an der Schneebergbahn	Fib H1	39 C	Hst
Brunnbach		34 D	
Brunneck		33 C, 47 A	
Brunnenfeld	B H2M	74 B	Hst
Brünner Straße	F H1S	28 C, **109 A**	Hst
Brunn-Maria Enzersdorf	Bu	39 B, **110 C**	Bf
Buch	Har H1	72 C	Hst
Buchberg	Gas H1	16 C	Hst
Büchl		71 C	
Buchs (SG)	Bc	74 C	
Bühel		61 C	Hst
Bullendorf Lst	Mis L2	19 C	Lst
Burgau		88 B	
Burgeck		61 A	
Burg-Eisenberg		73 C	
Burgfried (Hallein)	Hl H2	45 C	Hst
Burgfried (Steiermark)		88 C	
Burgstall		104 C	
Burk	Slf H2	62 B	Hst
Bürmoos		30 A	
Bürstenbach		23 B	

C

Station	Abk.	Seite	Typ
Cäciliabrücke		82 B	
Campus Krems-Kunstmeile Krems	Kr H1	26 A	Hst
Ceske Velenice	Cv	6 C	

D

Station	Abk.	Seite	Typ
Dalaas	Da	74 B	Bf
Dechantskirchen	Fd K1	72 A	H-Lst (Awanst)
Dellach im Drautal	De	91 B	Bf
Dellach im Gailtal	Dgt	91 D	Bf
Deutsch Wagram	Wg	28 C	Bf
Deutschfeistritz		70 C	
Deutschkreutz	Dk	54 D	Bf
Deutschlandsberg	Dlb	98 A	Bf
Dickenau	Tue H1	37 C	Hst
Diensthubersiedlung	Voi H3	33 B	Hst
Dieperdorf	Gof H1	99 A	Hst
Dietfurt (Mining 1)	Mig Z1	30 B	Abzw
Dietmanns	Gm H2	6 C	Hst
Dietmannsdorf	Bgl H1	98 C	Hst
Dietrichshofen	Ant H1	21 C	Hst
Dobermannsdorf	Dob	19 B	Bf
Dobersberg Lst	Wkn L1	6 B	Lst
Dölsach	Doe	91 A	Bf

113

Name	Abk.	Seite	Typ
Donnerskirchen	Pur H1	40 D	Hst
Doren-Sulzberg		56 B	
Dorf an der Enns	Ern H1	34 B	Hst
Dorf Paßthurn	Hba H1	62 B	Hst
Dorfgastein	Dg	64 C	Bf
Dornach	Gbk H1	24 D	Hst
Dörnbach-Hitzing		23 A	
Dornbirn	Do	56 A	Bf
Dornbirn-Schoren	Hos H2	56 A	Hst
Dorneralpe	Dn	31 D, 46 A	Bf
Drachenloch		45 A	
Drahtzug		83 D, 84 C	
Draschelbach		83 C	
Draßburg	Wul H1	54 A	Hst
Drauweiche		**101 D**	Abzww
Dreistetten	Pie H1	39 C	Hst
Drosendorf	Df	7 D	Bf
Drösing	Drg	19 D	Bf
Dürnbach	Lf H1	34 A	Hst
Dürnberg		25 A	
Dürnberg	Puw H1	23 A	Hst
Dürnkrut	Due	19 D	Bf
Dürnstein-Oberloiben	Du	26 A	Bf
Dürrwien	Pm H2	27 C	Hst

E

Name	Abk.	Seite	Typ
Eben (Achensee)		61 A	
Eben im Pongau	Ebn	65 A	Bf
Ebenfurth	Ef	39 D, 40 C	Bf
Ebensee	En	32 C	
Ebensee Landungsplatz	En H1	32 D	Hst
Eberndorf		96 C	
Eberschwang	Ew	21 D	Bf
Ebersdorf		19 A	
Eberstein	Ebs	95 B, 96 A	H-Lst
Ebreichsdorf	Ebr	39 B, 40 A	Bf
Eching		30 A	
Echsenbach		6 D, 15 A	
Ederbauer	Edb	31 A	Bf
Ederlehen	Yb H2	35 D	Hst
Edlitz an der Thaya		6 B	
Edlitz-Grimmenstein	Edl	53 C	Bf
Eferding	Efd	22 B	Bf
Eferding Hst		22 B	
Egg		56 B	
Eggenburg	Egg	16 B	Bf
Eggerding		21 D, 22 C	
Ehrendorf	Gm H1	6 C	Hst
Ehrenhausen	Rzn H1	98 B	H-Lst
Ehrwald-Zugspitzbahn	Eh	59 C	
Eibesbrunn		28 B	
Eichberg	Eib	53 A, 53 D	Bf
Eichberg bei Weitra	Gm H3	6 C, 14 A	Hst
Eichgraben-Altlengbach	Rw H1	27 C	Hst
Eichhorn	Eih	19 D	Hst
Eichhorntal Lst	Mz L1	51 D	Lst
Eigenheimsiedlung		38 C	Hst
Einach		82 B	
Einöd		70 A	
Eisenerz	Eis	49 C	Bf
Eisengattern		33 A	
Eisenkappel		101 B	
Eisenstadt	E	40 D	Bf
Eisenstadt Schule	Esu	40 D	Bf
Eis-Ruden	Es	97 C	Bf
Ellbögen Üst (Innsbruck 3)	I U3	60 C	Üst
Elsbethen	Aj H2	30 C	Hst
Emling		22 B	
Emmersdorf an der Donau	Emd	25 D	Bf
Emmersdorf	Noe H1	93 C	Hst
Engelhartstetten	Eng	29 C	Bf
Engelhof	Enh	33 C	Bf
Engelhof Lokalbahn		33 C	
Enns	Ens	23 D	Bf
Ennsdorf	Sv H1	23 D	Hst
Enzersberg		31 C	
Enzersdorf bei Staatz	Enz	18 B	Bf
Enzesfeld-Lindabrunn	Ez	39 C	Bf
Eppenstein	Wen K1	85 A	H-Lst (Awanst)
Erlach	Ela	53 C	Bf
Erlach im Zillertal		61 C	Hst
Erlauf	Erf	25 C	Bf
Erlaufklause	Gng H2	36 D	Hst
Erlaufsee		36 D	
Ernstbrunn	Erb	18 C	Bf
Ernsthofen	Ern	23 D	Bf
Erzberg		49 D	
Eschenau	Ld H1	64 A	Hst
Etsdorf-Straß	Edo	26 B	Bf
Ettendorf	Spa H3L	97 C	Hst
Eugendorf	See H1	30 C	Hst
Eugendorf-Kallham		30 D	

F

Name	Abk.	Seite	Typ
Faak am See	Fas	93 D	Bf
Faakersee Strand		93 D	Hst
Fahrafeld	Pt H1	39 A	Hst
Falkendorf		82 B	
Falkenohren		33 A	
Falkenstein		71 B	
Fasangarten		40 B	
Fehring	Feg	88 C	Bf
Feistwiese		49 C	
Feistritz im Rosental	Fei	94 D, 100 B	Bf
Feistritz im Rosental West	Fei H1	94 D, 100 B	Hst
Feistritz-Kirchberg		52 D	
Feldbach	Fb	88 C	Bf
Feldbach Landesbahn	Flb	88 C	
Feldegg		21 D	
Feldeler		104 C	
Feldham		33 A	
Feldkirch	Fk	56 C, 74 A	Bf
Feldkirch Amberg	Fk H1	56 C, 74 A	Hst
Feldkirchen in Kärnten	Fel	94 A	Bf
Feldkirchen Seiersberg (geplant)		86 B, **105 C**	
Felixdorf	Fld	39 D	Bf
Felixdorf 2 (Flugfeld)	Fld U2	39 D	Üst
Fels	Fs	26 B	Bf
Fentsch-St. Lorenzen	Fes	69 C	Bf
Ferlach Lst	Fer	94 D	Hst
Ferndorf	Ro H1	93 A	Hst
Fertöboz	Boz	54 D	Bf
Fertöszentmiklos	Em	55 C	Bf
Fertöszeplak-Fertöd	Pam K2	55 C	H-Lst
Fertöujlak	Pam K1	55 A	H-Lst
Feuerwerksanstalt	Fwa	39 C	Bf
Fichtlmühle		30 D	
Fieberbrunn	Fie	43 D, 44 C	Bf
Finkenstein	Vo H2	93 D, 101 D	Hst
Finklham	Had H2	22 C	Hst
Fischa		88 C	
Fischamend	Fam	28 D, 40 B	Bf
Fischamend StEG Lst	Fws L1	40 D	Lst
Fischbach		71 B	
Fladnitz-Neudorf		71 C, 87 A	
Flaurling	Zl K1	77 B	H-Lst (Awanst)
Flirsch	Fch	75 B	Bf
Flirsch 1	Fch Z1	75 B	Abzw
Flirsch 2	Fch U2	75 B, 109 A	Üst
Floridsdorf	F	28 C, **109 A**	Bf
Floridsdorf Frachtenbahnhof	O	28 C, **109 A**	Bf
Floridsdorf Siemensstraße	F H1	28 C, **109 A**	Hst
Flugfeld Üst (Felixdorf 2)	Fld U2	39 D	Üst
Flughafen Graz - Feldkirchen	Pu H1	86 D	Hst
Flughafen Wien-Schwechat	Fws	28 D, 40 B	Bf
Fluh		56 B	
Föderlach	Foe	94 C	Bf
Forst Hilti	Nd H1	74 C	Hst
Fraham		22 B	
Frankenau		73 B	
Frankenfels	Frf	36 B	Bf
Frankenmarkt	Fm	31 B	Bf
Frankenmarkt 2	Fm U2	31 B	Üst
Frantschach-St. Gertraud	Fra	85 B	Bf
Frastanz	Fa	74 A	Bf
Fratres		7 A	
Frättingsdorf		18 B	
Frauenberg a.d.Enns	Fu	48 B	Bf
Frauenkirchen	Frk	41 B	Bf
Frauenstein		33 A	
Frauental-Bad Gams	Frt	98 A	Bf
Freiland	Frd	37 B	Bf
Freilassing	Mfl	**102 A**	
Freilassing 2	Lio	**102 A**	Abzw
Freistadt	Fr	12 D	Bf
Fresing		98 B	
Friedauwerk	Gdn H2	69 C	Hst
Friedberg	Fd	72 B	Bf
Friesach	Fi	83 D, 84 C	Bf
Friesam		21 D	
Fritzens-Wattens	Fw	60 B	Bf
Fritzens-Wattens 2 (Baumkirchen)	Fw Z2	60 B	Abzw
Fritzens-Wattens 3 (Mils)	Fw U3	60 B	Üst
Fritzens-Wattens 14	Fw U14	104 B	Üst
Frohnleiten	Fro	70 D	Bf
Frojach-Katschtal		83 B	

Name	Abk.	Seite	Art
Frojach-Puxerboden		83 B	
Fügen-Hart		61 A	Bf
Fulpmes		60 C	
Fürnitz (Villach Süd Gvbf)	Fn	**101 D**	
Fürstenfeld	Fue	88 B	Bf
Furth	Mho H1	30 B	Hst
Furth-Göttweig	Fh H1	26 A	Hst
Fürth-Kaprun	Fuk	63 B	Bf
Furthof	Fur	37 D	Bf
Furth-Palt	Fh	26 A	Bf
Furth-Prolling		35 D	

G

Name	Abk.	Seite	Art
Gaflenz	Ob K1	35 C	H-Lst
Gagering		61 A	Hst
Gaisbach-Wartberg	Ga	23 B	Bf
Gaisbergspitze		**102 B**	
Gaisfeld	Kro H1	86 A	Hst
Gaishorn	Gai	48 D	Bf
Gaisruck	Su H2A	27 A	Hst
Gaissulz	Opz H2	35 D	Hst
Gaming		36 C	
Gänserndorf	Gae	29 A	Bf
Ganz	Swu H1Z	6 D, 15 A	Hst
Gärberbach Abzw (Innsbruck 1)	I Z1	60 C, **104 C**	Abzw
Gärberbach [Stubaitalbahn]		**104 A**	Hst
Garmisch-Partenkirchen	Gp	59 B	
Garnei	Hl H1	45 A	Hst
Garsten	Gst	34 D	Bf
Gars-Thunau	Gas	16 A	Bf
Gaspoltshofen		21 D, 22 C	
Gattendorf	Gtt	41 B	Bf
Gaumberg		**103 C**	
Gaweinstal	Gaw	19 C	H-Lst (Awanst)
Gaweinstal Brünnerstraße	Gwb	19 C	Bf
Gedersdorf	Hfa K1	26 B	H-Lst (Awanst)
Geinberg	Gur H1	20 B	Hst
Geiselsdorf	Har H2	72 C	Hst
Gemeinlebarn	Mos H2	26 B	Hst
Gerasdorf	Gef	28 B, **109 B**	Bf
Gerasdorf 2	Gef Z2	28 B	Abzw
Gerasdorf (Steinfeld)		52 B	
Geras-Kottaun	Lau H1	7 D	Hst
Gerichtsberg	Ger	38 B	Bf
Gerling im Pinzgau	Z H1	63 B	Hst
Gerling OÖ	Rog H2	22 B	Hst
Gerotten	Hom H2	15 A	Hst
Gersthof	Ht H3	**108 D**	
Gesäuse Eingang	Ge	48 B	Bf
Gestüthof		83 A	
Getzersdorf	Tra H1	26 B	Hst
Getzing		22 C	
Gießenbach	Set K1	59 D	H-Lst
Gilgenberg		7 A	
Gisingen	Fk H2N	74 C	Hst
Gladen	Gdn	69 B	Hst
Glandorf	Vps H1	95 A	Hst
Glanegg	Gla	94 B	Bf
Glaslbremse		49 D	
Glaubendorf-Wetzdorf	Wk H1	17 C	Hst
Gleinstätten	Bgl A1	98 A	AB
Gleisdorf	Gld	87 B	Bf
Gleisdorf West		87 B	
Gleisende km 29,074 (Mannersdorf)	Goe L1	40 C	Lst
Gleißenfeld	Ses H1	53 A	Hst
Glinzendorf	Raf H1	28 D	Hst
Glockengießerei		23 B	
Gloggnitz	Glo	53 A, 53 D	Bf
Gmünd N.Ö.	Gm	6 C	Bf
Gmunden	Gz	32 B	Bf
Gmunden Seebf	Gms	32, 33 C	Bf
Gmunden Traundorf	Enh H2	32, 33 C	Bf
Gnas		88 C	
Gniebing	Stu H2	88 C	Hst
Gobelsburg	Lis H1	16 C	Hst
Göblasbruck	Trn H2	38 C	Hst
Gödersdorf	Vo H1	93 D, **101 D**	Hst
Goisern Jodschwefelbad	Gj	46 B	Bf
Göllersdorf	Gr	17 D	Bf
Golling-Abtenau	Gg	45 C	Bf
Golling-Abtenau 2	Gg U2	45 C	Üst
Golling-Abtenau 4	Gg U4	45 C	Üst
Gols		41 C	Bf
Göpfritz	Gf	7 C, 15 B	Bf
Gopperding	Tp H2	10 C	Hst
Gopprechts		6 A	
Görtschach-Förolach	Gtf	92 D	Bf
Gosdorf	Gof	99 A	Bf
Gösing	Gng	36 D	Bf
Gösselsdorf		96 C	
Gösting		19 D	
Göstling a. d. Ybbs	Gos	35 D	Bf
Götzendorf	Goe	40 B	Bf
Götzendorf 2 (Sarasdorf)	Goe U2	40 B	Üst
Götzis	Got	56 C	Bf
Grabenegg-Rainberg	Rup H1	25 C/D	Hst
Grafenberg		16 B	
Grafendorf	Gd	72 A	Bf
Grafenschlag	Grf	15 C	Bf
Grafenstein	Gra	95 C	Bf
Grafensulz		18 D	
Gralla		98 C	Bf
Gramatneusiedl	Gn	40 A	Bf
Granitztal	Spa H2	97 C	Hst
Gratwein-Gratkorn	Gw	86 C	Bf
Graz Hbf	G	86 B, **105 A**	Bf
Graz Fbf	Gmi	86 B, **105 A**	Bf
Graz Hart Lst	G L1	86 B, **105 A**	Lst
Graz Köflacherbf	Gkf	86 B, **105 A**	Bf
Graz Ostbf	Gob	86 B, **105 D**	Bf
Graz Süd/Werndorf, Terminal		86 D	
Graz Vbf	Gi	86 B, **105 A**	Bf
Graz Webling	Gkf H2	86 B, **105 C**	Hst
Graz Wetzelsdorf	Gkf H1	86 B, **105 C**	Hst
Greifenburg-Weißensee	Gre	92 A	Bf
Greifenstein-Altenberg	Kz H2	27 C	Hst
Grein Stadt	Ges	24 D	Bf
Grein-Bad Kreuzen	Gbk	24 D	Bf
Greinsfurth	Ams H1U	35 C	Hst
Gresten-Gleisgr.101	Grn	36 A	Bf
Gries	Sti K1	78 A	H-Lst (Awanst)
Gries im Pinzgau	Ta H1	63 B	Hst
Griesbach		21 B	
Griesfeld		39 B	Hst
Grieskirchen-Gallspach	Gk	22 C	Bf
Grieskirchen-Gallspach 2	Gk U2	22 A	Üst
Grieswirt	Fie H1	43 D	Hst
Grimsing	A H1	25 D	Hst
Gröbming	Grb	66 B	Bf
Grödig		45 A	
Groß Ebersdorf		28 A	
Groß Engersdorf	Ged	28 B	Bf
Groß Gerungs	Grg	14 D	Bf
Groß Globnitz	Hom H1A	15 A	Hst
Groß Haslau	Hom H1	15 A	Hst
Groß Inzersdorf-Gaiselberg		19 C	
Groß Schweinbarth	Grs	28 B	Bf
Groß Siegharts Lst	Gf L1	7 C	Lst
Groß Sierning (Knoten Rohr)	Sie	26 C	Hst
Groß St. Florian	Gfl	98 A	Bf
Groß Weikersdorf	Wk	17 C	Bf
Große Klause		34 D, 48 B	
Großendorf	Gdf	33 C	Bf
Großhollenstein	Grh	35 D	Bf
Großkrut-Althöflein Lst	Poy L1	19 A	Lst
Großpetersdorf		73 C	
Großraming	Grm	35 C	Bf
Großraming Kraftwerk	Rei H1	34 D	Hst
Großreifling	Grr	49 A	Bf
Großwiesendorf-Tiefenthal	Ah H2	17 C, 27 A	Hst
Grünau im Almtal	Gue	33 C	Bf
Grünbach am Schneeberg	Gru	39 C, 52 B	Bf
Grünbach Kohlenwerk	Gru H2	38 D, 52 B	Hst
Grünbach Schule	Gru H1	38 D, 52 B	Hst
Grünburg		34 A	
Gschnarret		22 B	
Gschwandt		46 A	
Gschwandt Rabersberg		33 C	
Gschwandt Schule		33 A	
Gstadt	Gsy	35 D	Bf
Gstatterboden im Nationalpark	Gb	48 D	Bf
Gstocket		22 B	
Guggenbach Hst		70 C	
Guggenbach Lst		70 C	
Guggenbach Pulverwerksiedlung		70 C	
Guggenbach Warthkogelsiedlung		70 C	
Gummern	Gu	93 D	Bf
Gummern 2 (Lind)	Gu Z2	93 D, **101 D**	Abzw
Gumpoldskirchen	Md H2	38 C, 39 B	Hst
Gundersdorf		83 D	
Gundersheim	Guh	91 D, 92 C	Bf
Gunskirchen	Gun	22 D	Bf
Guntersdorf	Gud	17 A	Bf
Guntramsdorf Lokalbahn		38 C	Bf
Guntramsdorf Südbahn	Md H1	38 C, 39 B	Hst
Guntramsdorf-Kaiserau	Guk	39 B, 40 A	Bf
Guntramsdorf-Kaiserau Hst	Guk H1	39 B, 40 A	Hst

Name	Abk.	Seite	Typ
Gurhof	Yb H1	35 D	Hst
Gurk		83 C	
Gurnmühle		25 A	
Gurten	Gur	21 A	Bf
Gussendorf	Pwd H1	98 A	Hst
Güssing		89 A	
Gußwerk		50 A	Bf
Gutenhof-Velm		40 A	
Gutenstein	Gt	38 D	Bf

H

Name	Abk.	Seite	Typ
Haaberg		53 D	
Haag	Ha	23 D, 35 A	Bf
Haag 2	Ha U2	23 D	Üst
Haag am Hausruck		21 D	Bf
Habachtal	Bbg H2	62 A	Hst
Hacklwirt		83 D, 84 C	
Hadersdorf am Kamp	Hfa	16 C, 26 B	Bf
Hadersdorf-Weidlingau	Hf H1	27 D	Hst
Hadres-Markersdorf		17 B	
Hafning	Gdn H1	69 B	Hst
Hagenau		30 D, **102 A**	
Hagenau im Innkreis	Mig H1	20 B	Hst
Hagenbrunn		28 A	
Hagendorf		82 B	
Haid		31 B, 32 A	
Haidermoos		33 A	
Haiding	Had	22 D	Bf
Haiding 2	Had U2	22 C/D	Üst
Haiming	Siz H1	77 A	Hst
Hainburg an der Donau			
Ungartor	Hai H2	29 D	Hst
Frachtenbf	Hai	29 D	Bf
Personenbf	Hai H1	29 D	Hst
Hainfeld	Hn	38 A	Bf
Halbenrain	Hal	99 B	Bf
Hall in Tirol	H	60 B, **104 B**	Bf
Hall in Tirol 2 (Arzl)	H U2	60 A, **104 B**	Üst
Hallein	Hl	45 C	Bf
Hallein 2	Hl U2	45 A	Üst
Hallstatt	Oa H1	46 D	Hst
Hallwang-Elixhausen	Hw	30 C	Bf
Hallwang-Elixhausen 2	Hw U2	30 C	Üst
Hallwang-Elixhausen 3 (Kasern)	Hw Z3	30 D, **102 B**	Abzw
Hammerl		83 B, 84 A	
Handelskai	Nw H2	28 C, **109 C**	Hst
Hangender Stein		45 A	
Hannersdorf		73 C	
Hansenhütte		50 C, 70 A	
Hanslgraben		35 C	
Hard-Fussach	Us K1	56 A	H-Lst (Awanst, AB)
Haringsee	Brs K2	29 C	H-Lst
Harka	Hka	54 D	Bf
Harruck	Lag H1	14 C	Hst
Hart im Innkreis	Mn H1	21 A	Hst
Hartberg	Har	72 C	Bf
Hartl-Altaist		23 B	
Hart-Puch		71 D	
Hart-Wörth	Wm H2	26 C	Hst
Haselbrücke		48 B	
Haselstauden	Do H1	56 C	Hst
Haslach	Hah	11 D	Bf
Haslau		29 C, 40 B	Hst
Hatlerdorf	Hos H1	56 C	Hst
Hatting	Zl H2	77 B	Hst
Hattmannsdorf		23 B	
Hatzendorf	Sou H2	88 C	Hst
Haugsdorf	Haf	17 A	Bf
Haunoldmühle		34 A	
Haus	Hau	66 A	Bf
Hausbrunn Lst	Poy L3	19 B	Lst
Hauskirchen		19 A	
Hausleiten	Su K1	27 B	H-Lst (Awanst, AB)
Hauslitzsattel	Haz	52 B	Bf
Hausruck	Hs	21 D	Bf
Hautzendorf	Snb H1	18 D	Hst
Hehenberg		33 B	Hst
Heidenreichstein		6 A	Bf
Heilbad Burgwies	Slf H1	62 B	Hst
Heiligenkreuz Businesspark	Hbp	89 A	AB
Heiligenleithen		33 A	
Heiligenstadt	Ht	28 C, **108 D**	Bf
Heiligenstadt 3	Ht U3	108 D	Üst
Heimschuh		98 B	
Heinrichsberg	Kil H1	25 C	Hst
Heiterwang-Plansee	Bch H2H	58 B	Hst
Heldenberg	Wk H1A	17 C	Hst
Hellbrunn		30 D	

Name	Abk.	Seite	Typ
Helmahof	Wg H1	28 B	Hst
Hengsdorf (geplant)		86 D	
Hengstberg		25 A	
Hengsthütte	Haz H1	52 A	Hst
Hennersdorf	Hnd	39 B, **110 D**	Bf
Herbersdorf		86 C	
Hermagor	Her	92 D	Bf
Hernals	Hns	**108 D**	
Herzogenburg	Ho	26 B	Bf
Herzogenburg Stadt	Tra H2	26 B	Hst
Herzogenburg Wielandsthal	Stf H1	26 B	Hst
Herzograd	Sv H1E	23 D	
Herzogsdorf		11 D, 22 B	
Hessendorf	Wet H2	7 D	Hst
Hetzmannsdorf-Wullersdorf	Hm	17 A	Bf
Hieflau		49 C	Bf
Hieflau Abzweigweiche	Hi W1	49 C	Abzw
Hieflau Vbf	Hr	49 C	Bf
Hilm-Kematen	Hk	35 B	Bf
Himberg	Him	40 A	Bf
Himberg StLB		70 C	
Hinterberg		51 C	
Hinterbrühl		39 B	
Hintergasse	Hin	74 A	Bf
Hintering		82 A	
Hinterstoder	Hst	33 D	Bf
Hipping		31 B, 32 A	
Hirschbach	Vit H1	6 C	Hst
Hirschbachbrücke	Kap H1	51 B	Hst
Hirschenau-Nöchling	Wj H1	24 D	Hst
Hirschwang		53 C	
Hirt Lst	Fi L2	83 D, 84 C	Lst
Hirtenberg	Ez H1	39 C	Hst
Höbersbrunn-Atzelsdorf		19 C	
Höbersdorf	Si H1	17 D	Hst
Hochfilzen	Hch	44 C	Bf
Hochscharten		22 A	
Hochzirl	Hol	59 D	Bf
Hofern	R H1	8 C	Hst
Höflein a.d.Donau	Kz H1	27 B, 28 A	Hst
Hofstatt	Hu H3	27 C	Hst
Hofstätten		88 C	
Hofstetten-Grünau	Hog	37 A	Bf
Hohenau	Nh	19 B	Bf
Hohenberg	Hob	37 D	Bf
Hohenbrugg an der Raab	Feg H1	88 D	Hst
Hoheneich		6 C	
Hohenems	Hos	56 C	Bf
Hohenholz		83 D, 84 C	
Hohenlehen	Grh H3	35 D	Hst
Hohenruppersdorf	Hrd	19 C	H-Lst
Hollabrunn	Oh	17 C	Bf
Hollenegg	Dlb H1	98 A	Hst
Hollersbach	Hba	62 B	Bf
Hollersbach Lst	Hba L1	62 B	Lst
Hölltal		104 A	
Holzapfel		36 C	
Holzleithen	Hon	21 D	Bf
Hönigsberg	Mz H1	51 B	Hst
Hopfgarten	Hp	43 C	Bf
Hopfgarten Berglift	Kit H3	43 C	Bf
Hopfgarten 1	Hp U1	42 D	Üst
Hörbach		22 C	
Hörersdorf	Mb H2	18 B	Hst
Hörhag		36 A	
Hörmanns	Hom	15 A	Bf
Horn	Hna	16 A	Bf
Hornburg	Ksp H1	95 B, 96 A	Hst
Horni Dvoriste	Hdv	12 D	Bf
Hörsching	Hoe	23 C	Bf
Hötzelsdorf-Geras	Hgr	7 D, 16 A	Bf
Hubertendorf	Y H2	25 C	Hst
Hühnerkogel		36 D	
Hüttau Hst	Hue H1	65 D	Hst
Hüttau Terminal	Hue	65 A	Bf
Hütteldorf 1 (St. Veit an der Wien)	Hf Z1	**110 A**	Abzw
Hutten	Hu	27 C	Bf
Hütten	Saa H3	44 C	Hst
Hüttenberg	Hb	84 D	H-Lst
Hüttenstein		31 D	

I

Name	Abk.	Seite	Typ
Iglmühle	Nef H2	11 D	Hst
Imsterberg	Im H1	76 B	Hst
Imst-Pitztal	Im	76 B	Bf
In der Bruck	Idb	37 D	Bf
Innerfahrafeld	Fur H1	37 D	Hst
Innsbruck Hbf	I	60 A, **104 A**	Bf

Name	Abk.	Seite	Typ
Innsbruck Hötting	Ih	60 A, **104 A**	Bf
Innsbruck Stubaitalbf		**104 A**	
Innsbruck Westbf	Wt	60 A, **104 A**	Bf
Innsbruck 1 (Gärberbach)	I Z1	60 C, **104 C**	Abzw
Innsbruck 2	I U2	60 C, **104 C**	Üst
Innsbruck 3 (Ellbögen)	I U3	60 C, **104 C**	Üst
Inzersdorf Ort	Iz	**110 D**	Bf
Inzing	Zl H1	77 B	Hst
Irlach (SKGLB)		31 C	
Irlach (SLB)		30 A	
Irnfritz	Irn	7 C, 16 A	Bf
Irschen	Od H1	91 B	Hst
Itzling		22 A	

J

Name	Abk.	Seite	Typ
Jassingau		49 C	
Jedenspeigen	Due H1	19 D, **109 A**	Hst
Jedlersdorf	J	28 C, **109 A**	Bf
Jedlersdorf-Strebersdorf	Sdf	28 C, **109 A**	Hst
Jenbach	Jb	61 A	Bf
Jenbach 2 (Stans)	Jb U2	61 A	Üst
Jennersdorf	Jd	88 D	Bf
Jesdorf-Bergfried	Ps H3	63 A	Hst
Jesenice	Js	100 A	Bf
Jetzing (Linz 2)	Lz U2	23 A	Üst
Johnsbach im Nationalpark	Gb H1	48 D	Hst
Jois	Ns H1	41 A/C	Hst
Judenau-Sieghartskirchen	Tus K1	27 A	H-Lst (Awanst, AB)
Judenbergalpe		**102 B**	
Judenburg	Jg	68 D	Bf
Judendorf-Straßengel	Gw H1	86 B	Hst

K

Name	Abk.	Seite	Typ
Kadolz-Mailberg	Kam	17 B	Bf
Kahlenbergerdorf	Nf H1	**108 B**	Hst
Kaindorf a. d.Sulm	Grl H1	98 D	Hst
Kaindorf im Murtal		82 B	
Kainisch	Kai	47 C	Bf
Kainreith-Walkenstein		7 D, 16 A	
Kalköfen-Daxberg	Had H4	22 B	Hst
Kalsdorf	Kal	86 D	Bf
Kalsdorf Süd		86 D	Abzw
Kalsdorf Terminal	Kat	86 D	Bf
Kaltenbach		46 B	
Kaltenbach-Stumm		61 A	Bf
Kaltenbrunn		15 C	
Kaltenbrunnen	Amo H2	74 D	Hst
Kaltenleutgeben		27 C	
Kalwang	Kag	69 A	Bf
Kamegg	Rb H2	16 A	Hst
Kammerhof	Klg H2	37 C	Hst
Kammerhub		33 B, 34 A	
Kammern	Sei H1	69 C	Hst
Kammer-Schörfling	Kms	32 A	Bf
Kapellen	Kap	51 D	Bf
Kapellerfeld	Gef H1	28 C	Hst
Kapfenberg	Ka	70 B	Bf
Kapfenberg Fachhochschule	Mas H1	70 B	Hst
Kapfenberg Landesbahn		70 A	
Kapfing		61 A	Hst
Kaponig		80 D	
Kappel am Krappfeld	Tr H1	84 C, 95 A	Hst
Karl z'Neuhub		33 A	
Karling	Efd H4	22 B	Hst
Karnabrunn		18 C	
Kasern (Hallwang-Elixhausen 3)	Hw Z3	30 C, **102 B**	Abzw
Kasten	Luz H1	36 C	Hst
Kastenreith / Abzw Weyer 1	Wey Z1	35 C	Abzw
Kathal	Wen K2	85 A	H-Lst (Awanst)
Katsdorf	Lu H1	23 B	Hst
Katzelsdorf	Nb H1	39 D, 53 D	Hst
Katzendorf		88 C	
Kaumberg	Kb	38 C	Bf
Kaumberg Markt	Kb H1	38 B	Hst
Kefermarkt	Kf	12 D	Bf
Kematen an der Krems	Kek	23 C	Bf
Kematen in Tirol	Vl K1	77 B	H-Lst (Awanst)
Kendlbruck		82 A	
Kennelbach		56 C	
Kernhof		37 C	
Kerschbaum		12 B	
Kienberg-Gaming	Kie	36 C	Bf
Kilb	Kil	25 D	Bf
Kimpling	Neu H1	21 D	Hst
Kindberg	Ki	51 C	Bf
Kirchbach im Gailtal	Kig	92 C	Bf
Kirchberg am Wagram	Kch	27 A	Bf
Kirchberg an der Pielach	Kip	37 A	Bf
Kirchberg in Tirol	Kit	43 C	Bf
Kirchberg-Thürnau		23 A	
Kirchbichl	Kir	42 D	Bf
Kirchdorf a. d. Krems	Kik	33 D	Bf
Kirchham		33 A	
Kirchham Ort		33 A	
Kirchstetten	Krt	26 B	Bf
Kirnberg		22 B	
Kittsee	Ktt	41 C	Bf
Kitzbühel	Kzb	43 D	Bf
Kitzbühel Hahnenkamm	Kzb H1	43 D	Hst
Kitzlochklamm		64 A	
Kitzsteinhornstraße	Tih H1	63 D	Hst
Klagenfurt Hbf	Kt	94 D	Bf
Klagenfurt Annabichl	Mal H1	94 D	Hst
Klagenfurt Ebenthal	Gra H1	94 D	Hst
Klagenfurt Lend	Kt H1	94 D	Hst
Klagenfurt Ostbf	Kto	94 D	Hst
Klamm-Schottwien	Ks	53 A, 53 D	Bf
Klangen	Klg	37 A/B	
Klaus	Kus	33 D	Bf
Klaus in Vorarlberg	Rk K1	56 C	H-Lst (Awanst)
Klausen		39 B	
Kleblach-Lind	Kel	92 B	Bf
Klein Eberharts		6 D	
Klein Glödnitz		83 C	
Klein Hadersdorf-Maria Bründl		19 A	
Klein Harras	Py H1H	19 C	Hst
Klein Meiseldorf-Maria Dreieichen	Egg H1	16 B	Hst
Klein Neusiedl	Fws L2	40 B	Lst
Klein Pertholz		25 A	
Klein Pöchlarn	Kle	25 C	Bf
Klein Schönau	Kln	15 C	Bf
Klein Schwechat	Kls	111 D	Bf
Klein St. Paul	Ksp	84 C	Hst
Klein Weißenbach		15 C	
Klein Wien	Fh H2	26 A	Hst
Klein Wolkersdorf	Kw	53 C	Bf
Kleingmain		30 D	
Kleinhollenstein	Grh H2	35 D	Hst
Kleinreifling	Kg	35 C	Bf
Kleinzell	Nen H1	11 D	Hst
Klostermarienberg		73 B	
Klosterneuburg-Kierling	Ken H1	28 C, **108 B**	Hst
Klosterneuburg-Weidling	Ken	28 C, **108 B**	Bf
Knittelfeld	Kd	69 B	Bf
Knoten Rohr	Roh	25 D, 26 C	Bf
Knoten Rohr-Groß Sierning	Sie	26 C	Hst
Knoten Wagram	Wat	26 D	Bf
Köflach	Kfl	86 A	Bf
Kogelsbach	Gos H1	35 D	Hst
Kogl		31 B, 32 A	
Koglhof		71 D	
Kohleben	Mz H1K	51 D	Hst
Kohlgrube		21 D	
Kolbnitz	Kl	81 C	Bf
Kollendorf		33 C	
Kollnbrunn	Py H2	19 C	Hst
Königsberg	Gor H2	35 D	Hst
Königsbrunn-Enzersfeld		28 A	
Königsbrunn-Unterstockstall	Ah H1K	27 A	Hst
Kopfstetten-Eckartsau	Brs K3	29 C	H-Lst
Köppling	Smk H1	86 C	Hst
Korneuburg	Ko	28 A	Bf
Kößlwang		33 A	
Kothmühle	Ssm H1	33 D	Hst
Kötschach-Mauthen	Kom	91 D	Bf
Kottingbrunn	Bvs H1	39 D	Hst
Kottingneusiedl	Enz H1	18 B	Hst
Köttmannsdorf		94 D	
Kottschallings	Wn H1	6 D	Hst
Kraiwiesen		30 D	
Kranebitten	Ih H2	60 A	Hst
Krappfeld		95 A	
Kraubath	Kra	69 D	Bf
Kraubath 1	Kra U1	69 D	Üst
Kraubath b. Stainz		86 D	
Krautgarten		49 C	
Kreilhof	Gsy H1	35 D	Hst
Kreilsiedlung	Wap H1A	62 D	Hst
Kreisbach	Trn H3	38 A	Hst
Kreischberg Talstation		82 B	
Kreith		**104 C**	
Krems an der Donau	Kr	26 A	Bf
Krems an der Donau Vorbahnhof	Kr F1	26 A	Bf
Krems in Steiermark	Kro K1	86 A	Hst
Kremsmünster	Kre	33 B	Bf
Kremsmünster Stift		33 B	

117

Name	Abk.	Seite	Art
Krenstetten-Biberbach	Ams H3	35 A	Hst
Kreuzthonen		36 D	
Krieglach	Ke	51 D	Bf
Krift	Kft	33 B	Bf
Krimml	Krl	62 C	Bf
Kritzendorf	Kz	28 A	Bf
Kroisbach-Zöbing	Gld H1	87 B	Hst
Kröllendorf	Ul H1	35 B	Hst
Kronburg (Schönwies 1)	Ss Z1	76 A	Abzw
Krottenbachstraße	Ht H2	**108 D**	Hst
Krottendorf-Ligist	Kro	86 A	Bf
Krummnußbaum	Poe H1	25 C	Hst
Krumpendorf	Krd	94 B	Bf
Krumpental		49 D	
Küb	Pr H1	53 A, 53 D	Hst
Kuchl Hst	Hl H2	45 A	Hst
Kuchl Lst	Hl L1	45 A	Lst
Kufstein	K	43 A	Bf
Kufstein 2	K U2	42 D	Üst
Kummerbrücke	Hi H1	48 B	Hst
Kumpfmühl	Neu H2	21 B	Hst
Küpfern	Kun	35 C	Bf

L

Name	Abk.	Seite	Art
Laa a.d.Thaya	Laa	18 B	Bf
Laa a.d.Thaya Stadt	Las	18 A/B	Bf
Laakirchen	Lak	33 A	Bf
Lacken	Rog H1	22 B	Hst
Lackenbach Lst	Dk L3	54 C	Lst
Lackenhofer Höhe		36 D	
Ladendorf	N K1	18 D	H-Lst (Awanst)
Ladinach	Fei H3	94 D, 100 B	Hst
Lähn	Ler H1	58 D	Hst
Lahnsiedlung	Wap H2	62 C	Hst
Lahnstein	Law H1	32 D, 46 B	Hst
Lahöfen	Had H5	22 B	Hst
Lahrndorf	Lf	34 B	Bf
Laizing		33 A	
Lambach	La	22 C, 33 A	Bf
Lambach Markt	La H1	22 C, 33 A	Hst
Lambach 1 (Neukirchen Abzw)	Nkl	22 C, 33 A	Abzw
Lamprechtshausen		30 A	
Landeck	Le	76 A	Bf
Landeck-Perfuchs	Le H1	76 A	Hst
Landl	Ll	49 A	Bf
Langau	Lau	7 D	Bf
Langau (Ybbs)		36 C	
Langegg		6 C	Hst
Langen am Arlberg	Lan	75 A	Bf
Langen am Arlberg 1	Lan Z1	75 A	Abzw
Langen-Buch		56 B	
Langenegg-Krumbach		56 B	
Langenlebarn	Aw H3	27 C	Hst
Langenlois	Lis	16 C	Bf
Langenwang	Mz K1	51 D	H-Lst (Awanst)
Langenzersdorf	J H1	28 A, **108 B**	Hst
Langfeld	Wra H1	14 A	Hst
Langkampfen	K H2	42 D	Hst
Langschlag	Lag	14 A	Bf
Langwies	Law	46 B	Bf
Lannach	Lnn	86 D	Bf
Lanzendorf-Rannersdorf	Zs	40 A, **111 C**	Hst
Lasberg-St.Oswald	Kf H1	12 D	Hst
Laßnitzhöhe	Lah	87 A	Bf
Laßnitzthal	Lah H1	87 A	Hst
Laubenbachmühle	Lae	36 B/D	Bf
Lauffen	Gj H1	46 B	Hst
Launsdorf-Hochosterwitz	Lad	95 A	Bf
Lavamünd	Lam	97 C	H-Lst
Lavamünd Markt	Spa H4L	97 C	Hst
Laxenburg		39 B	
Laxenburg-Biedermannsdorf	Lx	39 B, 40 A	Bf
Lebmach		94 B	
Lebring	Wi H1	87 C, 98 B	Hst
Ledenitzen	Lez	93 D, 94 C	Bf
Leesdorf		38 C	Tram-Hst
Leesdorf Frachtenbf		38 C	
Lehen-Altensam	At H1	32 B	Hst
Lehen-Ebersdorf	Wig H1	25 D	Hst
Lehenleiten	Man H1	25 D	Hst
Lehenrotte	Lre	37 B	Bf
Leibnitz	Lei	98 B	Bf
Leitersdorf	Seb H2	88 A	Hst
Leithen	Hol H1	59 D	Hst
Leitnerbräukeller		31 C	
Lembergweg	Enh H1A	33 C	Hst
Lend	Ld	64 A	Bf
Lendorf Abzw (Pusarnitz 1)	Uz Z1	81 C	Abzw
Lendorf Hst	Ssn H1	81 C	Hst
Lengau	Nst H1A	31 A	Hst
Lengdorf	Nsi H1	63 A	Hst
Lenzing	Lng	32 A	Bf
Lenzing Ort	Lng H1	32 A	Hst
Leoben Hbf	Leb	69 B	Bf
Leoben Donawitz	Dv	69 B	Bf
Leoben Göss	Leg	69 B	Bf
Leoben Hinterberg	Leh	69 B	Bf
Leoben 1	Leb U1	69 B	Üst
Leoben 2	Leb Z2	69 B	Abzw
Leobendorf-Burg Kreuzenstein	Ko H1	28 A	Hst
Leobersdorf	Lb	39 D	Bf
Leogang	Saa H2	44 C	Hst
Leogang-Steinberge	Saa H1	44 D	Hst
Leonding	Lz H1	23 A	Hst
Leonding Lokalbahn		23 A	
Leonstein		33 D, 34 C	
Leopoldau	Lp	28 A, **109 A**	Bf
Leopoldschlag		12 B	
Leopoldsdorf	Sbl H1E	28 D	Hst
Lermoos	Ler	59 C	Bf
Lest		12 D	
Lest-Neumarkt	Kf H2	12 D	Hst
Letten		34 A	
Leumühle	Efd H2	22 B	Hst
Lichendorf	Sd H2	99 A	Hst
Liebenfels	Lif	94 B	Bf
Liebenfels Hst	Vs H2	94 B	Hst
Lieboch	Lbo	86 D	Bf
Lieboch Schadendorf	Lbo H1	86 D	Hst
Liefering	Lfg	**102 A**	Bf
Liefering West	Liw	**102 A**	Abzw, Awanst
Lienz	Lie	91 A	Bf
Liesing	Lg	28 C, **110 C**	Bf
Liesing Nord	Az	28 C, **110 C**	Abzw
Liezen	Ln	47 D, 48 C	Bf
Lilienfeld	Lil	37 B	Bf
Lilienfeld Krankenhaus	Shr H1	37 B	Hst
Limberg-Maissau	Lim	16 B	Bf
Lindau Hbf	L	56 A	
Lind (Gummern 2)	Gu Z2	93 D, **101 D**	Abzw
Lind-Rosegg	Vel H1	94 C	Hst
Lind-Scheifling		83 B	
Lingenau-Hittisau		56 B	
Lintsching		82 A	
Linz Hbf	Lz	23 A, **103 A**	Bf
Ebelsberg	Ast H2	23 C, **103 D**	Hst
Franckstraße	Lfs	23 A, **103 B**	Bf
Kleinmünchen	Kue	23 C, **103 D**	Bf
Lokalbahnhof		**103 A**	
Oberschableder		**103 A**	
Oed	Lz H1W	23 A, **103 C**	Hst
Pichling	Ast H1	23 C, **103 D**	Hst
Pöstlingberg		**103 A**	
Schableder		**103 A**	
Stahlwerke	Ms	**103 D**	Bf
Urfahr	Uf	23 A, **103 A**	Bf
Vbf Gleisdreieck	Gl	23 A, **103 A**	Abzw
Vbf-Ost Reihungsgruppe	Lo	**103 D**	Bf
Vbf-Stadthafen	Lha	**103 A/B**	
Vbf-West	Lr	**103 C**	Bf
Wegscheid	Wd	23 A, **103 C**	Bf
Linz 2 (Jetzing)	Lz U2	23 A	Üst
Linzerhaus		48 A	
Litschau	Lit	6 A	Bf
Lobau	El H2	**110 A**	Hst
Lochau-Hörbranz	Lc	56 A	Bf
Lödersdorf	Fb H1	88 C	Hst
Loich	Loi	37 A	Hst
Loidesthal-Blumenthal		19 C	
Loifarn	Lof	64 A	Bf
Loifarn 1	Lof Z1	64 A	Abzw
Loimersdorf	Brs K4	29 C	H-Lst
Loipersbach-Schattendorf	Ls	54 A	Bf
Loja Lst	Mba L1	25 C	Lst
Loosdorf	Los	25 C	Bf
Lorüns Hst	Lor H1	74 B	Hst
Lorüns Zementwerk	Lor	74 B	AB
Losenstein	Lon	34 D	Bf
Ludesch	Lt	74 A	Bf
Ludesch 1 (Beschling)	Lt U1	74 A	Üst
Ludweishofen		7 D, 16 A	
Lueg		46 A	
Lugendorf		15 C	
Luimes		60 C	
Lungitz	Lu	23 B	Bf
Lunz am See	Luz	36 C	Bf
Lustenau	Us	56 A	Bf

Name	Abk.	Seite	Art
Lustenau Markt	Mt H1	56 A	Hst
Lutzmannsburg		73 B	
Lutzmannsdorf		82 B	

M

Name	Abk.	Seite	Art
Madling		82 A	
Maidorf	Mai	33 B	Bf
Maieralm		34 D	
Maierdorf		88 C	
Maierhof		98 A	
Mainburg	Hog H1	37 A	Hst
Maishofen-Saalbach	Z K1	63 B	H-Lst (Awanst)
Mallnitz-Hintertal	Mth	80 B	Bft
Mallnitz-Obervellach	Ma	80 B	Bf
Mallnitz 2	Ma U2	80 D	Üst
Mandling	Mdg	65 B	Bf
Mank	Man	25 D	Bf
Mannersdorf (Burgenland)		73 B	
Mannersdorf (Gleisende km 29,074)	Goe L1	40 B	Lst
Mannswörth	Kls H2	28 D, **111 D**	Hst
Manzing-Prambach		22 A	
Marbach		82 B	
Marbach (Erlauf)		36 A	
Marbach-Maria Taferl	Mba	25 C	Bf
Marchegg	Mac	29 C	Bf
Marchtrenk	Mak	22 D	Bf
Marchtrenk 1 (Wels Vbf Abzw)	Mak Z1	22 D	Abzw
Marein-St.Lorenzen	Mas	70 B	Bf
Margarethen am Moos		40 B	
Margarethenhütte		50 B	
Maria Anzbach	Hu H2	27 C	Hst
Maria Elend im Rosental	Fei H4	94 C, 100 A	Hst
Maria Ellend	Mae	28 D, 40 B	Bf
Maria Enzersdorf Südstadt		39 B	
Maria Lanzendorf	Mar	39 B, 40 A	Bf
Maria Plain		30 D, **102 A**	
Maria Rain	Mrn	94 B	Bf
Maria Saal	Mal	94 B	Bf
Mariahof-St. Lambrecht	Mah	83 B, 84 A	Bf
Mariapfarr		82 A	
Mariazell	Maz	36 B, 50 A	Bf
Maribor	Mbo	99 C	Bf
Mariefred Betriebs-Hst	Sgp H2	14 A	Hst
Markersdorf a.d.Pielach	Pd H1	26 C	Hst
Markt Paternion	Ro H1	93 A	Hst
Markt Sachsenburg	Kel H1	81 C	Hst
Markt St. Aegyd am Neuwalde	Msn	37 D	Bf
Markt St. Florian		23 C	
Markt St. Martin Lst	Dk L4	54 C	Lst
Marktl	Lil H1	37 B	Hst
Martinsberg-Gutenbrunn	Mg	25 A	Bf
Martinswand	Maw	60 A	Bf
Marz-Rohrbach	Mr H1	54 A	Hst
Matrei	Mei	60 C	Bf
Mattersburg	Mr	53 D	Bf
Mattersburg Nord	Sau H2	53 B	Bf
Mattighofen	Mho	30 B	Bf
Matzen	Gae H2A	28 B	Hst
Matzendorf		39 D	
Matzleinsdorf 4SB	Mat U4S	**111 A**	Üst
Mauerkirchen	Mau	30 B	Bf
Mauer-Öhling	Ams H1	35 B	Hst
Maurach		61 A	
Mautbrücken	Gla H1	94 B	Hst
Mautern	Mu	69 A	Bf
Mauterndorf		65 D, 82 A	
Mauthausen	Mh	23 D	Bf
Mauthausen 1	Mh Z1	23 D	Abzw
Mautstatt		70 B	
Maxing	Abz	110 A	Bf
Mayrhofen		61 C	Bf
Mehmbach		21 C	
Meidling im Tal	Pau H1	26 A	Hst
Melk	Ml	25 D	Bf
Melkergründe		38 C	Hst
Mellach		83 D	
Merkengersch		6 B	
Messendorf	Mes	86 B, **105 D**	Bf
Metnitztal		83 D, 84 C	
Micheldorf	Mid	33 D	Bf
Micheldorf-Hirt	Fi H1	83 D, 84 C	Hst
Michelhausen	Me	27 A	Bf
Miesenbach-Waidmannsfeld	Oed H1	39 C	Hst
Miklauzhof		96 C, 101 B	
Mils (Fritzens-Wattens 3)	Fw U3	60 D	Üst
Mining	Mig	20 B	Bf
Mining 1 (Dietfurt)	Mig Z1	20 A, 30 B	Abzw
Mirenau	Opz H1	35 D	Hst

Name	Abk.	Seite	Art
Missingdorf		16 B	
Mistelbach	Mb	19 C	Bf
Mistelbach Lokalbahn	Mis	19 C	Bf
Mittenwald	Mw	59 D	
Mitterbach	Mit	36 D	Bf
Mitterberghütten	Bo H1	64 B	Hst
Mitterdorf-Veitsch	Mv	51 D	Bf
Mitterndorf-Moosbrunn	Mim	40 A	Bf
Mittersill	Mil	62 B	Bf
Mitterweißenbach	Mib	46 B	Bf
Mittewald a.d.Drau	Abf K1	90 B	H-Lst
Mittlere Au		33 A	
Mittlern	Ble H2	96 D	Hst
Mixnitz-Bärenschützklamm	Mx	70 B	Bf
Mödling	Md	39 B	Bf
Mödling 2 (Thallern)	Md U2	38 C, 39 B	Üst
Mogersdorf	Mog	88 D	Hst
Mold		16 A	
Möllbrücke-Sachsenburg	Ssn	81 C	Bf
Möllersdorf		38 C	Hst
Möllersdorf Aspangbahn	Guk H2	39 B, 40 A	Hst
Mollmannsdorf		28 A	
Molln		33 D, 34 C	
Mollram		52 B	
Mönchhof	Go H1	41 C	Hst
Mönchhof-Halbturn	Mhf	41 C	Bf
Mondsee		31 C	
Mönichkirchen		52 D	
Moos		33 B	
Moosbach	Tue H2	37 C	Hst
Moosbierbaum-Heiligeneich	Mos	27 A	Bf
Morzg		30 D	
Mösel	Hb K1	84 D	H-Lst
Mötz	Sts H1	77 A	Hst
Muckendorf-Wipfing	Aw H2	27 C	Hst
Muggenau-Silberberg		98 B	
Mühlbach im Pinzgau	Mp	62 B	Bf
Mühldorf im Lavanttal	An H1	97 A	Hst
Mühldorf-Möllbrücke	Mf	81 C	
Mühledt		11 B	
Mühlheim	Ath H1	20 B	Hst
Mühling	Wie H1	25 C, 36 A	Hst
Mühling-Plaika	Wie H2	36 B	Hst
Müllendorf	Mld	40 C	Bf
Müllendorf Industriezentrum	Nfl A 1	40 C	AB
Münchendorf	Mue	39 B, 40 A	Bf
Munderfing	Mun	20 D, 30 B	Bf
Munderfing Dampfsäge	Nst H4A	20 D, 30 B	Hst
Münichtal		49 D	
Münster-Wiesing	Bri H1	42 C, 61 B	Hst
Muntigl		30 D	
Murau-Stolzalpe		83 A	
Murau St. Egidi		83 A	
Murau St. Leonhard		83 A	
Murau West		83 A	
Mureck	Mug	99 A	Bf
Mürzzuschlag	Mz	51 D, 53 C	Bf
Mürzzuschlag 2	Mz U2	51 D	Üst
Musau	Rt H2	58 B	Hst
Mutters		104 C	

N

Name	Abk.	Seite	Art
Naglern-Simonsfeld		18 C	
Natters		**104 C**	
Neckenmarkt-Horitschon		54 C	Bf
Nendeln	Nd	74 C	Bf
Nenzing	Lt K1	74 A	H-Lst (Awanst)
Nettingsdorf	Net	23 C	Bf
Neu Guntramsdorf		39 B	Hst
Neu Nagelberg	Nn	6 C	Bf
Neubau-Kreuzstetten	N	18 D	Bf
Neuberg	Nrg	51 B	Bf
Neuberg Ort	Nbo	51 B	Bf
Neubruck	Neb	36 B	Bf
Neudau		88 B	
Neudorf		86 D	
Neudorf Hst	Par H1	41 A	Hst
Neudorf Lst	Par L1	41 A	Lst
Neudörfl	Nel	39 D, 53 D	Bf
Neufeld an der Leitha	Nfl	40 C	Bf
Neufelden	Nef	11 D	Bf
Neuhaus		49 C	
Neuhaus an der Gail	Vw H1	93 D, **101 D**	Hst
Neuhaus-Niederwaldkirchen	Nen	11 D	Bf
Neuhofen an der Krems	Nkr	23 D	Bf
Neuhub		33 A	
Neukematen		33 B	
Neukirchen am Großvenediger	Ner	62 A/C	Bf

119

Name	Abk.	Seite	Art
Neukirchen Vorstadt	Bbg H3	62 A/C	Hst
Neukirchen bei Lambach Abzw (Lambach 1)	Nkl	22 C, 33 A	Abzw
Neukirchen bei Lambach Hst	La H2	22 C, 33 A	Hst
Neukirchen-Gampern	Tm H1	32 A	
Neulengbach	Nl	27 C	Bf
Neulengbach Stadt	Hu H4	27 C	Hst
Neumarkt a.d.Ybbs-Karlsbach	Y H1	25 C	Hst
Neumarkt in Steiermark	Nes	83 B, 84 A	Bf
Neumarkt in Steiermark 1 (Wildbad Einöd)	Nes U1	83 B, 84 A	Üst
Neumarkt-Kallham	Neu	21 B, 22 A	Bf
Neumarkt-Kallham 1	Neu U1	21 B	Üst
Neumarkt-Köstendorf	Nst K1	31 A	H-Lst, Awanst
Neunkirchen N.Ö.	Nek	53 A	Bf
Neunkirchen Lokalbf		52 B	
Neuratting	Rd H3	21 C	Hst
Neusiedl am See	Ns	41 C	Bf
Neusiedl-St. Ulrich	Mis L4	19 B	Lst
Neustift	Sbs H1	36 B	Hst
Neutal		54 C	
Neuzeug		34 A	
Nickelsdorf	Nif	41 D	Bf
Nieder Fladnitz	Nie	8 C	Bf
Niederabsdorf	Na	19 D	Bf
Niederkreuzstetten	Snb H2	18 D	Hst
Niederleis		18 D	
Niedernfritz-St. Martin	Ebn H1	65 A	Hst
Niedernsill	Nsi	63 A	Bf
Niederöblarn	Mag H1	47 C	Hst
Niederspaching		22 A	
Niederwölz-Oberwölz		83 B	
Niklasdorf	Ni	70 A	Bf
Nikolsdorf	Doe H1	91 A	Hst
Nockhofweg		104 C	
Nöstlbach-St. Marien	Net H1	23 C	Hst
Nötsch	Noe	93 C	Bf
Nußbach	Wak H1	33 B	Hst
Nußdorf	Nf	28 C, **108 B**	Bf
Nüziders	B H1	74 A	Hst

O

Name	Abk.	Seite	Art
Obdach	Obd	85 A	Bf
Ober Grafendorf	Ogr	26 C	Bf
Ober Höflein	Wet H1A	7 D	Hst
Ober Micheldorf		33 D	
Ober Nondorf		15 C	
Ober Olberndorf	Su H1	27 B	Hst
Ober Piesting	Op	39 C	Bf
Ober Radlberg	Ho H1	26 D	Hst
Ober Waltersdorf	Ti H2	39 B, 40 A	H-Lst
Oberaich	Bm H1	70 A	Hst
Oberaich Üst (Bruck an der Mur 2L)	Bm U2L	70 A	Üst
Oberalm		45 A	
Oberaschach		22 A	
Oberbrunn	Ew H1	21 C	Hst
Oberdöbling	Ht H1	**108 D**	Hst
Oberdorf in Steiermark		86 B	Lst
Oberdrauburg	Od	91 B	Bf
Obere Moosau		33 C, 47 A	
Obereggendorf	Ed	39 D	Bf
Obereggendorf 1	Ed Z1	39 D	Abzw
Obereinöd	Gor H1	35 D	Hst
Oberfalkenstein	Ma H1	80 D	Hst
Oberfeistritz		71 D	
Oberhart	Sth H1	22 D	Hst
Oberhofen	Zl H3	77 B	Hst
Oberhofen-Zell am Moos	Edb H1	31 A	Hst
Oberlaa	Ola	**111 C**	Bf
Oberland	Ob	35 D	Bf
Oberlangenegg		56 B	
Oberloisdorf Lst	Dk L7	73 B	Lst
Obernberg-Altheim	Ath	20 B	Bf
Oberndorf		23 B	
Oberndorf bei Raabs		7 C	
Oberndorf bei Salzburg		30 A	
Oberndorf Stadt		30 A	
Oberpullendorf Lst	Dk L6	54 C	Lst
Oberschützen		72 B	
Oberschwand		12 D	
Obersdorf	Odf	28 B	Bf
Obersdorf Hst	Gef H3	28 B	Hst
Obersee	Oa H2	46 D	
Oberthalheim-Timelkam	Vk H1	32 A	Hst
Obertrattnach-Markt Hofkirchen	Gk H1	22 C	Hst
Obertraun-Dachsteinhöhlen	Oa	46 D	Bf
Obertraun-Koppenbrüllerhöhle	Au H1	46 D	Hst
Oberwallern		34 A	
Oberwart	Obw	72 D	Bf
Oberwart Einkaufszentrum	Obw H1	72 D	Hst
Oberweiden	On	29 A	Bf
Oberweis		33 A	
Obritz		17 B	
Oeblarn	Oeb	47 C, 66 B	Bf
Oed	Oed	39 C	Bf
Oedt		88 C	
Oedt Siedlung		88 C	
Oepping	Oep	11 B	Bf
Oftering	Hoe H1	22 D	Hst
Oggau		40 D	
Oichtensiedlung		30 A	
Oisberg		35 D	
Oisnitz-St. Josef	Lnn K1	86 D	H-Lst
Ollersbach	Nl H1	26 D	Hst
Opel Austria	Opa	**109 D**	Bf
Opponitz	Opz	35 D	Bf
Orth an der Donau Lst	Oth	29 C	Lst
Ortmann	Ort	38 D	Bf
Oslip		40 D	
Ossiach-Bodensdorf	Oi	94 A, 93 B	Bf
Ottakring	Ok	**108 D, 110 B**	Bf
Ottenschlag	Ot	15 C	Bf
Ottensheim	Ott	23 A	Bf
Ottnang-Wolfsegg	Otg	21 D, 32 B	Bf
Ötztal	Oz	76 B	Bf

P

Name	Abk.	Seite	Art
Paasdorf Hst	N H1	18 D	Hst
Paasdorf Lokalbahn		19 C	
Pabing am Haunsberg		30 A	
Pachfurth		41 A	
Palmsdorf		31 B, 32 A	
Palterndorf		19 B	
Pama Hst	Gtt H1	41 B	Hst
Pama Lst	Gtt L1	41 B	Lst
Pamhagen	Pam	55 C	Bf
Parndorf	Par	41 A	Bf
Parndorf Ort Abzw (Bruck an der Leitha 1)	Apo	41 A	Abzww
Parndorf Ort Hst	Apo H1	41 A	Hst
Passau Hbf	Pa	10 A	
Pasching	Lz H2	23 A	Hst
Passering	Tr H2	95 A	
Paternion-Feistritz	Pf	93 A	Bf
Patsch	I H2	60 C, **104 C**	Hst
Paudorf	Pau	26 A	Bf
Payerbach		**53 D**	
Payerbach-Reichenau	Pr	53 A, **53 D**	Bf
Peesen		71 C	
Peggau-Deutschfeistritz	Pg	70 D	Bf
Peigarten		17 A	
Pellendorf		40 A	
Penk	Pk	80 D	Bf
Penzing	Pz	**110 A/B**	Bf
Penzing 1	Pz U1	**110 A**	Üst
Perchtoldsdorf Haltestelle	Lg H1	39 B, **110 C**	Hst
Perg	P	24 C	Bf
Perg Schulzentrum	Arb H1	24 C	Hst
Pergern		34 B	
Pernegg	Pn	70 B	Bf
Pernersdorf-Pfaffendorf		17 A	
Pernhofen-Wulzeshofen	Pew	18 A	Bf
Pernitz Muggendorf	Pem	38 D	Bf
Pernitz Raimundviertel	Pem H1	38 D	Hst
Pernitz Wipfelhofstraße	Ort H1	38 D	Hst
Persenbeug	Peg	25 C	Bf
Perwarth		36 A	
Petersbaumgarten	Sgk H1	53 C	Hst
Peterskirchen	Pra H2	21 D	Hst
Petrifeld		39 D	
Petronell-Carnuntum	Pet	29 C, 41 A	Bf
Pettenbach	Peb	33 A	Bf
Pettneu	Fch H2	75 B	Hst
Petzenkirchen	Erf H1	25 C	Hst
Peuerbach		22 A	
Peutenburg	Neb H1	36 A	Hst
Pfaffenschlag		36 C	
Pfaffenschlag-Aigen		7 C	
Pfaffenschwendt	Hch H1	43 D, 44 C	Hst
Pfaffstätten Hst / Baden Fbf	Bf	**38 C**, 39 B	Bf
Pfaffstätten Rennplatz		**38 C**	Hst
Pfandl		46 A/C	
Pfarrwerfen	Rf H1	45 D	Hst
Pfenningbach	Gru H3	38 D, 52 B	Hst
Pflach	Rt H1	58 B	Hst
Pians	Pi	76 A	Bf

Name	Abk.	Seite	Art
Pichl	Pic	65 B	Bf
Pichling Lokalbahn		23 C	
Pichling See		23 C	
Pichlwang		32 A	
Piesendorf	Ps	63 A	Bf
Piesendorf Bad	Ps H1	63 A	Hst
Pießling-Vorderstoder	Piv	48 A	Bf
Piesting	Pie	39 C	Bf
Piesting Harzwerke	Woe H2	39 C	Hst
Pill Üst (Schwaz 2)	Sw U2	60 B	Üst
Pillichsdorf	Odf H1	28 B	Hst
Pill-Vomperbach	Sw K1	60 B	H-Lst (Awanst)
Pinggau Freizeitzentrum	Fd H1	72 B	Hst
Pinggau Markt	Tau H1	72 B	Hst
Pinkafeld	Pkf	72 B	Bf
Pinkafeld Schule	Pks	72 B	Bf
Pinsdorf	Gz H1	32 B	Hst
Pirawarth	Py H1	19 C	Hst
Pirtendorf	Ut H1	62 B	Hst
Pitten	Ptt	53 A	Bf
Pixendorf	Tus H1	27 A	Hst
Plank am Kamp	Plk	16 C	Bf
Pleißing-Waschbach	Nie K1	8 C	H-Lst
Plomberg		31 D	
Pöchlarn	Poe	25 C	Bf
Pöchlarn 2	Poe U2	25 C	Üst
Pöchlarn 12	Poe U12	25 C	Üst
Pöckau	Vw H2	93 C	Hst
Pöckstein-Zwischenwässern		83 D, 84 C	
Pöham	Ph	64 B	Bf
Pölfing-Brunn	Pfb	98 A	H-Lst
Pölling		95 A	
Polling (Zirl 2)	Zl U2	77 B	Üst
Pöls	Pls	68 D	Bf
Pöndorf	Fm H1	31 D	Hst
Pörtschach am Wörthersee	Pow	94 C	Bf
Pöstlingberg		**103 A**	
Postran	Her H1	92 B	Hst
Pottenbrunn (Knoten Wagram)	Wat	26 D	Bf
Pottendorf-Landegg	Wp H1	39 D, 40 C	Hst
Pottenstein an der Triesting	Pt	39 A	Bf
Pötting		22 A	
Pottschach	Tn H1	53 A	Hst
Poysdorf Lst	Poy	19 A	Bf
Präbichl		49 D	
Prädiberg		88 C	
Prambachkirchen-Bad Weinberg		22 A	
Prambeckenhof		22 A	
Pram-Haag	Pra	21 D	Bf
Prarath		98 A	
Praterkai	El H1	**110 A**	Hst
Prattsdorf-Dachsberg		22 A	
Preblau-Sauerbrunn	Bal H2	85 C	Hst
Preding		71 C	
Preding-Wieselsdorf	Pwd	86 D	Bf
Predlitz-Ladin		82 A	
Predlitz-Pichl		82 A	
Predlitz-Turrach		82 A	
Preg	Kra H1	69 D	Hst
Pregarten	Pre	23 B	Bf
Premstätten-Tobelbad	Pms	86 D	Bf
Prenning		70 D	
Prenning Viertler		70 D	
Preßbaum	Pm H1	27 D	Hst
Pressegger See	Gtf H1	92 D	Hst
Prevalje	Prv	97 C	
Priel	Wog H1	97 A	Hst
Prinzendorf-Rannersdorf Lst	Mis L3	19 A	Lst
Prinzersdorf	Pd	26 C	Bf
Prinzersdorf 2	Pd U2	26 C	Üst
Pritschitz	Krd H1	94 D	Hst
Prosegger		83 C	
Prottes	Gae K1A	29 A	H-Lst (Awanst, AB)
Pruggern	Grb H1	66 A	Hst
Puch	Pf H2	93 A	Hst
Puchberg am Schneeberg	Pub	38 D, 52 B	Bf
Puchenau	Uf H1	23 A	Hst
Puchenau West	Puw	23 A	Bf
Puchenstuben	Lae K2	36 D	H-Lst
Puchkirchen		32 A	
Puch-Oberalm	Aj H3	45 A	Hst
Pulgarn	Sy H1	23 B	Hst
Pulkau Lst	Zd L2	16 B	Lst
Puntigam	Pu	86 B, **105 C**	Bf
Pupping	Efd H3	22 A	Hst
Purbach am Neusiedlersee	Pur	40 D	Bf
Pürbach-Schrems	Pue	6 C	Bf
Pürgg	Rg H1K	47 D	Hst
Purgstall	Pus	36 A	Bf
Purkersdorf Sanatorium	Hf H3	27 D	Hst
Purkersdorf-Gablitz	Up H1	27 D	Hst
Purkla	Gof H3	99 B	Hst
Pürnstein	Nef H1	11 B	Hst
Pusarnitz	Uz	81 C	Bf
Pusarnitz 1 (Lendorf)	Uz Z1	81 C	Abzw
Pyret	Wer H1	10 C	Hst

R

Name	Abk.	Seite	Art
Raaba	Mes H1A	86 B, **105 D**	Hst
Raabs Lst	Gf L2	7 C	Lst
Raasdorf	Raf	28 D	Bf
Rabenbach		34 D	
Rabensburg	Nh H1	19 B	Hst
Rabenstein (Drau)		97 C	
Rabenstein N.Ö.	Rab	37 A	Bf
Raderwirt		85 C	
Radlmühle		7 A	
Radmer	Eis A1A	49 C	AB
Radmer an der Stube		49 C	
Radstadt	Rad	65 A	Bf
Rafing		16 B	
Raggendorf	Gae H3A	28 B	Hst
Raggendorf Markt	Bof H2	28 B	Hst
Raiding-Lackendorf	Dk L2	54 C	Lst
Rainfeld-Klein Zell	Hn H2	38 A	Hst
Raitis		**104 C**	
Ramingstein		82 A	
Ramingstein-Thomatal		82 A	
Ramsberg-Hippach		61 A	Bf
Randegg-Franzenreith	Ran	36 A	Hst
Rankweil	Rk	56 C	Bf
Rasing-St. Sebastian		50 A	
Ratten		71 B	
Rattenberg-Kramsach	W H1	42 C	Hst
Rattendorf-Jenig	Rdj	92 C	Bf
Rattersdorf-Liebing		73 B	
Ravelsbach	Zf K1	16 D	H-Lst (Awanst, AB)
Rechberg		96 C, 101 B	
Rechnitz		73 C	
Redl-Zipf	Rz	32 C	Bf
Regelsbrunn	Reg	29 C, 41 A	Bf
Reichenau		**53 D**	
Reichenau Kurhaus		**53 D**	
Reichenfels-St. Peter	Rp	85 A	Bf
Reichraming	Rei	34 D	Bf
Reisach	Kig H1	91 D, 92 C	Hst
Reisenberg-Marienthal	Gn H1	40 A	Hst
Reisenhof-Lehen	Rup H2	25 C	Hst
Reith	Re	59 D	Bf
Rekawinkel	Rw	27 C	Bf
Rettenbach	Mil H1	62 B	Hst
Retz	R	8 C, 17 A	Bf
Retznei	Rzn	98 B	Bf
Reuthe		56 D	
Reutte in Tirol	Rt	58 B	Bf
Reutte in Tirol Schulzentrum	Bch H4	58 B	Hst
Ried im Innkreis	Rd	21 C	Bf
Ried im Zillertal		61 A	Hst
Riedau	Ri	21 B	Bf
Riedau 2	Ri U2	21 B	Üst
Ried-Diepersdorf		33 B	
Rieden		56 A	
Riedenburg	Lna H1	56 A	Hst
Riedersbach		30 A	
Riedlingsdorf	Alp H1	72 B	Hst
Ried-Zirking		23 B	
Rietz	Ts H1	77 A	Hst
Ringelsdorf	Rin	19 D	Bf
Rohr 3	Roh U3	25 D	Üst
Rohr 6	Roh U6	25 D	Üst
Rohr Haltestelle	Stu H1	87 D	Hst
Rohrau Lst	Bls L1	41 A	Lst
Rohrbach an der Gölsen	Hn H1	38 A	Hst
Rohrbach-Berg	Rob	11 B	Bf
Rohrbach-Vorau	Rv	72 B	Bf
Rohr-Bad Hall	Rr	33 B, 34 A	Bf
Rohrendorf	Hfa H1	26 B	Hst
Roitham Lst	Stp L1	33 A	Lst
Rollfähre Melk		25 D	
Roppen	Rop	76 B	Bf
Röschitz Lst	Zd L1	16 B	Lst
Rosenau	Hk H1	35 B	Hst
Rosenbach	Rn	94 C, 100 A	Bf
Rosenburg	Rb	16 A	Bf
Rosenegg		34 B	
Rosental-Großvenediger	Ner H2	62 C	Hst
Rossegg		71 D	

121

Station	Abk.	Seite	Typ
Roßleithen	Piv K1	48 A	H-Lst
Rotenturm an der Pinka		73 C	
Rotheau-Eschenau	Trn H1	38 A	Hst
Rothengrub	Wil H1A	39 C, 52 B	Hst
Rothenseehof		9 C	
Rothenthurn	Ro	93 A	Bf
Rotholz		61 A	Hst
Rottenegg	Rog	22 B	Bf
Rottenmann	Rm	48 C	Bf
Rückersdorf-Harmannsdorf	Rue	28 A	Bf
Rufling		23 A	
Rufling West		23 A	
Rum	H H1	60 A, **104 B**	Hst
Ruprechtshofen	Rup	25 D	Bf
Rutzing	Rut	23 C	Bf

S

Station	Abk.	Seite	Typ
Saalfelden	Saa	44 D, 63 B	Bf
Saalfelden 2	Saa U2	44 C	Üst
Saffen	Pus H2	36 A	Hst
Saimannslehen	Grh H1	35 D	Hst
Salzburg Hbf	Sb	30 D, **102 A/B**	Bf
Salzburg Aigen	Aj	30 C	Bf
Salzburg Aiglhof (geplant)		**102 A**	
Salzburg Äußerer Stein		**102 B**	
Salzburg Bazar		**102 A**	
Salzburg Fünfhaus		**102 A**	
Salzburg Gnigl			
Hst	Sr H1	30 C, **102 B**	Hst
Vbf	Sr	30 C, **102 B**	Bf
Vbf-Einfahrgruppe	Sre	30 C, **102 B**	Bf
Salzburg Itzling		30 D, **102 A**	Bf
Salzburg Kurhaus		**102 A**	
Salzburg Liefering (geplant)		**102 A**	
Salzburg Lokalbahn		30 D, **102 A**	
Salzburg-Maria Plain	Hw H1	30 C, **102 B**	Hst
Salzburg Mitte	Sbm	30 C, **102 B**	Bf
Salzburg Mozartsteg		**102 B**	
Salzburg Mülln (geplant)		**102 A**	
Salzburg Nonntal		30 D, **102 B**	
Salzburg Parsch	Sr H2	30 C, **102 B**	Hst
Salzburg Sam	Sbm H1	30 C, **102 B**	Hst
Salzburg Süd	Aj H1	30 C	Hst
San Candido / Innichen	Sc	90 D	Bf
Sand	Gst H1	34 B	Hst
Sarasdorf Hst	Goe H1	40 B	Hst
Sarasdorf Üst (Götzendorf 2)	Goe U2	40 B	Üst
Sarmingstein	San	24 C	Bf
Sarning		34 B	
Satov	S	8 D	Bf
Sattendorf	Saf	93 D	Bf
Sattledt	Sad	33 C	Bf
Saurau		83 A	
Saurüsselboden		36 C	
Säusenstein	Poe H2	25 C	Hst
Sautern-Schiltern	Ptt H1	53 A	Hst
Saxen	Ax	24 D	Bf
Schaan-Vaduz	Nd K1	74 C	H-Lst (Awanst)
Schaanwald	Fk H4N	74 C	Hst
Schachendorf		73 C	
Schafbergalpe	Sa	31 D, 46 A	Bf
Schafbergspitze	Sbg	31 D, 46 A	Bf
Schäffernsteg	Sfs	72 B	Bf
Schafferwerke		70 B	
Schaftenau	K H1	42 D	Hst
Schallau		34 D	
Schandorf		73 C	
Schanz		59 A	
Schanz Hst		59 C	
Schärding	Sch	10 C	Bf
Scharfling		31 D	
Scharnitz	Snz	59 D	Bf
Scharnstein-Mühldorf	Ssm	33 C	Bf
Schauboden	Wie H3	36 A	Hst
Schauersberg	Scb	22 B	Bf
Scheibbs	Sbs	36 A/B	Bf
Scheiblingkirchen-Warth	Sgk	53 A	Bf
Scheifling	Sf	68 C, 83 B	Bf
Schiffmühle		23 A	
Schiflugschanze Kulm	Ku H1	47 C	Hst
Schildberg	Bh H1	26 D	Hst
Schlachthof		30 D	
Schladming	Sdg	65 D, 66 A	Bf
Schlägl	Oep H1	11 B	Hst
Schleinbach	Snb	18 D, 28 B	Bf
Schletz		18 D	
Schlierbach	Srb	33 B	Bf
Schlins	Lt H2	74 A	Hst
Schlitters		61 A	Bf
Schlöglmühl	Glo H1	53 A, 53 D	Hst
Schloß Eggenberg		33 A	
Schloß Haus	Ga H1	23 B	Hst
Schlüßlberg	Wa H1	22 C	Hst
Schmidham		31 B, 32 A	
Schnann	Fch H1	75 B	Hst
Schneebergdörfl	Pub H1	52 B	Hst
Schneegattern		31 A	
Schober		59 A	
Schöllbüchl	Wra H2	14 A	Hst
Schön	Mid K1	33 D	H-Lst
Schönau a.d.Enns	Chs	48 B	Bf
Schönberg am Kamp	Sbk	16 C	Bf
Schönbichl	Vi H1	58 A	Hst
Schönborn-Mallebern	Si H2	17 D	Hst
Schönfeld-Kirchberg		7 C	
Schönfeld-Lassee	Sfl	29 C	Bf
Schönwies		76 A	Hst
Schönwies 1 (Kronburg)	Ss Z1	76 A	Abzw
Schrambach	Shr	37 B	Bf
Schruns	Sns	74 D	Bf
Schurrer-Prambach		22 A	
Schütt	Yb H3	35 D	Hst
Schützen am Gebirge	Sag	40 D	Bf
Schützen Haltestelle	Pur H2	40 D	Hst
Schwadorf	D	26 C	Bf
Schwadorf an der Fischa Lst	Fws L3	40 B	Lst
Schwallenbach	Sz H1	25 B	Hst
Schwanberg	Swg	98 A	H-Lst
Schwanenstadt	Sas	32 B	Bf
Schwarza	Sd H1	99 A	Hst
Schwarzach in Vorarlberg	Do H2	56 A	Hst
Schwarzach-St.Veit	Swa	64 C	Bf
Schwarzenau	Swu	6 D, 15 A	Bf
Schwarzenbach an der Pielach	Swp	36 B	Bf
Schwarzenberg		56 D	
Schwarzindien		31 C	
Schwarzsee	Kzb H2	43 D	Hst
Schwaz	Sw	60 B	Bf
Schwaz 2 (Pill)	Sw U2	60 B	Üst
Schwaz 3 (Terfens-Weer)	Sw U3	60 B	Üst
Schwechat (Groß Schwechat)	Gs	**111 D**	Bf
Schwerbach	Kip H1	37 A	Hst
Schwertberg	Swb	23 B	Bf
Sebersdorf	Seb	72 C	Bf
Seebach bei Villach	Foe H1	93 D, **101 D**	Hst
Seebach-Turnau		51 C	
Seebenstein	Ses	53 A	Bf
Seeburg	Grh H4	35 D	Hst
Seefeld in Tirol	Set	59 D	Bf
Seefeld PlayCastle	Set H1	59 D	Hst
Seekirchen am Wallersee	See	30 C	Bf
Seiz	Sei	69 B	Bf
Selker	Pre H1	23 B	Hst
Selzthal	Sl	48 C	Bf
Selzthal Nord	Sln	48 C	Abzw
Selzthal Süd	Sls	48 C	Abzw
Semmering	Sem	53 C, **53 D**	Bf
Seniorenheim	Gef H2	31 B, 32 A	
Seyring	Gef H2	28 B	Hst
Siebenbrunn-Leopoldsdorf	Sbl	29 C	Bf
Siebenhirten	Mb H1	18 B	Hst
Siebenmühlen-Rosenau	Lng H2	32 A	Hst
Sieghartsles		7 C	
Sierndorf	Si	27 C	Bf
Sierndorf a.d.March	Due H2	19 D	Hst
Sierning		34 A	
Sierninghofen		34 A	
Siggerwiesen		30 D	
Sigmundsberg		50 A	
Sigmundsherberg	Sh	16 B	Bf
Silberwald	Str H1	28 B	Hst
Sillian	Sil	90 A	Bf
Silz	Siz	77 A	Bf
Simbach (Inn)	Sm	20 A	
Sinnersdorf	Sin	72 B	Bf
Sipbach		33 B	
Sittersdorf		96 C, 101 B	
Sitzenberg-Reidling	Mos K1	26 B	H-Lst (Awanst, AB)
Söchau		88 D	
Söding-Mooskirchen	Smk	86 C	Bf
Sollenau Aspangbahn		39 D	
Sollenau	Lb H1	39 D	Hst
Söllheim		30 D, **102 B**	
Sölling	Pus H1	36 A	Hst
Sommerhubermühle		34 A	
Sonnenburgerhof		104 A	
Sonntagberg	Hk H2	35 A/B	Hst

122

Name	Abk.	Seite	Typ
Sopron	Sop	54 B	Bf
Sopron Rendezö	Sor	54 B	Bf
Sopron Terminal	Sot	54 B	Bf
Speising	Hf H1A	**110 A**	Hst
Sperneck		22 B	
Spielberg	Kd H1	69 C	Hst
Spielfeld-Straß	Sd	98 B	Bf
Spillern	Ko H2	27 C	Lst
Spital am Pyhrn	Spi	48 A	Bf
Spital am Semmering	Sps	53 C	Bf
Spittal-Millstättersee	Stt	92 B	Bf
Spitz an der Donau	Sz	25 B, 26 A	Bf
Spratzern	Spr	26 C	Bf
Spratzern Haltestelle	Spr H1	26 C	Hst
St. Aegyd am Neuwalde	Ey	37 D	Bf
St. Aegyd Eisenwerk	Sae	37 D	Bf
St. Andrä am Zicksee	Saz	55 A	Bf
St. Andrä Andlwirt		82 A	
St. Andrä im Lavanttal	An	97 A	Bf
St. Andrä Wolting		82 A	
St. Andrä-Wördern	Aw	27 B	Bf
St. Andrä-Wördern 2	Aw U2	27 B	Üst
St. Anton am Arlberg	Ao	75 A	Bf
St. Anton am Arlberg 2	Ao U2	75 A	Üst
St. Anton im Montafon	Amo	74 B	Bf
St. Daniel	Dgt H1	91 D	Hst
St. Egyden	Eg	53 C	Bf
St. Egyden Lokalbf		52 B	
St. Erhard		70 B	
St. Erhard Magnesitwerk		70 B	
St. Georgen a.d.Gusen	Sge	23 B	Bf
Haltestelle	Sge H1	23 B	Hst
St. Georgen a.d.Mattig	Mau H1	30 B	Hst
St. Georgen am Längsee	Lad H1	95 A	Hst
St. Georgen am Reith	Gor	35 D	Bf
St. Georgen am Steinfeld	Wm H1	26 C	Hst
St. Georgen bei Salzburg		30 A	
St. Georgen im Attergau		31 B, 32 A	
St. Georgen im Lavanttal	Spa H1L	97 A	Hst
St. Georgen ob Judenburg	Tel H1	68 C	Hst
St. Gilgen		31 C, 46 A	
St. Jodok	Sti H1	78 A	Hst
St. Johann i.d.Haide	Jh	72 D	H-Lst (Awanst)
St. Johann im Pongau	Jp	64 B	Bf
St. Johann im Rosental	Wef H2	94 D, 100 B	Hst
St. Johann in Tirol	Jti	43 D	Bf
St. Johann-Weistrach	Sp H1	35 A	Hst
St. Kathrein		71 B	
St. Leonhard am Forst	Leo	25 D	Bf
St. Leonhard Gartenau		45 A	
St. Lorenz		31 C	
St. Lorenzen ob Murau		82 B	
St. Margarethen-Rammersdorf	Ogr H1	26 C	Hst
St. Margarethen-Rust		40 D	
St. Margrethen (CH)	Mt	56 A	Bf
St. Martin am Grimming	Mag	47 C	Bf
St. Martin bei Traun	Wd H1	23 A, **103 C**	H-Lst (Awanst)
St. Martin bei Weitra	Wra K1	14 A	H-Lst (Awanst)
St. Martin im Innkreis	Mn	21 A	Bf
St. Martin im Sulmtal-Bergla	Bgl	98 A	Bf
St. Martin-Sittich	Sms	94 A	Bf
St. Michael	M	69 B	Bf
St. Michael Ost	Mot	69 B	Bf
St. Michael West	Mwt	69 B	Bf
St. Michael ob Bleiburg	Ble H1	96 B	Hst
St. Nikola-Struden	Nk	24 D	Bf
St. Pankraz		47 B	
St. Pantaleon	Mh H1	23 D	Hst
St. Pantaleon-Reith		30 A	
St. Paul	Spa	97 A	Bf
St. Paul Bad	Spa H1	97 A	Hst
St. Peter im Sulmtal	Swg H1	98 A	Hst
St. Peter-Freienstein	Fe	69 B	Bf
St. Peter-Freienstein Ort	Fe H1	69 B	Hst
St. Peter-Seitenstetten	Sp	35 A	Bf
St. Peter-Seitenstetten 2	Sp Z2	35 A	Abzw
St. Pölten Hbf	Pb	26 C	Bf
Alpenbf	Pl	26 C	Bf
Alpenbf Schmalspur	Apl	26 C	Bf
Frachtenbf	Pw	26 C	Bf
Porschestraße	Spr H2	26 C	Hst
Traisenpark	Vn H1	26 D	Hst
St. Pölten 1	Pb Z1	26 C	Abzw
St. Ruprecht a.d. Raab		87 A	
St. Ruprecht bei Villach	Ru	93 D	Bf
St. Ruprecht ob Murau		82 B	
St. Stefan im Lavanttal	Ssl	97 A	Bf
St. Stefan-Vorderberg	Ssv	92 D	Bf
St. Urban am Ossiachersee	Oi H1	94 A, 93 B	Hst
St. Valentin	Sv	23 D	Bf
St. Valentin 11	Sv Z91	23 D	Abzw
St. Veit a.d. Gölsen	Vg	37 B, 38 A	Bf
St. Veit an der Glan	Vps	94 B	Bf
St. Veit an der Glan Süd	Stv	95 A	Abzw
St. Veit an der Glan West	Vs	94 B	Bf
St. Veit an der Triesting	Ez H2	39 C	Hst
St. Veit an der Wien (Hütteldorf 1)	Hf Z1	110 A	Abzw
St. Walburgen	Ebs H1	95 B, 96 A	Hst
St. Wolfgang Lokalbahn		46 A	
St. Wolfgang Schafbergbf	Sws	46 A	Bf
Staatsgrenze			
nächst Baumgarten	Bgt G	54 A	Grenze
nächst Bernhardsthal Fbf	Bel G	19 B	Grenze
nächst Bleiburg	Ble G	97 C	Grenze
nächst Braunau a. Inn	Bru G	20 A	Grenze
nächst Deutschkreutz	Hka G	54 A	Grenze
nächst Ehrwald-Zugspitzbahn	Gro G	59 A	Grenze
nächst Feldkirch	Fk G	74 C	Grenze
nächst Gmünd N.Ö.	Gm G	6 C	Grenze
nächst Jennersdorf	Jd G	88 D	Grenze
nächst Kittsee	Ktt G	41 B	Grenze
nächst Kufstein	K G	43 A	Grenze
nächst Liefering	Sb G	**102 A**	Grenze
nächst Lochau-Hörbranz	Lc G	56 A	Grenze
nächst Loipersbach-Schattendorf	Ls G	54 A	Grenze
nächst Lustenau	Mt G	56 A	Grenze
nächst Marchegg	Mac G	29 D	Grenze
nächst Nendeln	Nd G	74 C	Grenze
nächst Nickelsdorf	Nif G	41 D	Grenze
nächst Pamhagen	Pam G	55 A	Grenze
nächst Retz	R G	8 D	Grenze
nächst Rosenbach	Rn G	100 A	Grenze
nächst Scharnitz	Snz G	59 A	Grenze
nächst Sillian	Sc G	90 A	Grenze
nächst Spielfeld-Straß	Sd G	98 B	Grenze
nächst Steinach i.Tirol	Sti G	78 A/B	Grenze
nächst Summerau	Smr G	12 A	Grenze
nächst Thörl-Maglern	Th G	93 C	Grenze
nächst Vils	Vi G	58 A	Grenze
nächst Wernstein	Wer G	10 A	Grenze
Staatz	Enz K1	18 C	H-Lst
Stadl an der Mur		82 B	
Stadlau	St	28 C, **109 C**	Bf
Stadlau 1	St Z1	28 D, **109 D**	Abzw
Stadlau Erzherzog-Karl-Straße	St H1H	28 C, **109 C/D**	Hst
Stadlau Hausfeldstraße	Hfs	28 D, **109 D**	Hst
Stadlau Hirschstetten-Aspern	Stc	28 C, **109 D**	Hst
Stadl-Paura	Stp	33 A	Bf
Stadt Haag	Ha H1	23 A	Hst
Stadt Rottenmann	Rm H1	48 C	Hst
Stadt Waidhofen an der Ybbs	Wh H1	35 B	Hst
Stainach-Irdning	Rg	47 B	Bf
Stainz		86 C	
Stallegg	Rb H1	16 A	Hst
Stammersdorf		28 A	
Stams	Sts	77 A	Bf
Stans bei Schwaz	Jb H1	61 A	Hst
Stans Üst (Jenbach 2)	Jb U2	61 A	Üst
Statzendorf	Stf	26 B	Bf
Steeg-Gosau	Stg	46 B/D	Bf
Stefansdorf		22 A	
Stein a.d.Enns	Oeb K1	66 B	H-Lst (Awanst)
Steinabrückl Lst	Sta	39 C/D	Lst
Steinach in Tirol	Sti	60 C, 78 A	Bf
Steinach in Tirol 1	Sti U1	78 A	Üst
Steinach in Tirol 2	Sti U2	78 A	Üst
Steinach in Tirol 4 (Brennersee)	Sti Z4	78 A	Abzw
Steinakirchen am Forst	Sk	36 A	Bf
Steinbachbrücke	Sbb	33 C	Bf
Steinbach-Groß Pertholz	Sgp	14 A	Bf
Steinbachl		33 C, 47 A	
Steindorf		82 A	
Steindorf am Ossiachersee	Sos	94 A	Bf
Steindorf bei Straßwalchen	Nst	31 A	Bf
Steindorf bei Straßwalchen 2	Nst U2	30 B	Üst
Steindorf-Friedburg	Nsf	31 A	Bf
Steinersdorf		34 A	
Steinfeld		33 A	
Steinfeld im Drautal	Std	92 A	Bf
Steinhaus bei Wels	Sth	22 D	Bf
Steinhaus	Sem H1	53 C	Hst
Steinklamm	Rab H1	37 A	Hst
Steinkogl	Law H2	32 C, 46 B	Hst
Stein-Mautern	Smt	26 A	Bf
Steinmühl	Yb K1	35 D	H-Lst
Steinschal-Tradigist	Rab K1	37 A	H-Lst
Stetten	Ste	28 A	Bf
Steyr	Stb	34 B	Bf

Station	Code	Page	Type
Steyr Lokalbf		34 B	
Steyr Münichholz	Sbw H1	34 B	Hst
Steyr Ramingdorf-Haidershofen	Rh	34 B	Hst
Steyrdurchbruch		33 D	
Steyregg	Sy	23 A, **103 D**	Bf
Steyrermühl	Stm	33 D	Bf
Steyrling	Sng	33 D	Bf
Stiefern	Stn	16 C	Hst
Stiegengraben-Ybbstalerhütte	Luz H2	36 C	Hst
Stillfried	Ag H1	29 A	Hst
Stockerau	Su	27 B	Bf
Stoob Lst	Dk L5	54 C	Lst
Stöttham		31 B, 32 A	
Strallegg		71 B	
Strandbäder	Nw H3	28 B, **109 C**	Hst
Straning	Lim H1	16 B	Hst
Straß im Zillertal		61 A	Bf
Straßburg		83 D	
Straß-Emling		22 B	
Straßfeld		23 A	
Straßgang	Sgg	86 B, **105 C**	Bf
Straßham-Schönering		22 A	
Straßhof	Str	28 B	Bf
Straßhof Hst	Wg H2	28 B	Hst
Straßhof an der Aschach		22 A	
Straßwalchen	Stw	31 A	Bf
Straudorf	Brs H1	29 C	Hst
Strelzhof		39 C, 52 B	
Strem		89 A	
Strengen	Sen	76 A	Bf
Stripfing	Gae H2M	29 A	Hst
Strobl		46 A	
Stroham		22 C	
Stuben/Arlberg (St. Anton/A. 2)	Ao U2	75 A	Üst
Stübing	Pg K1	70 D, 86 B	H-Lst (Awanst)
Studenzen-Fladnitz	Stu	87 D	
Stuhlfelden	Slf	62 B	Bf
Suben	Ant K1	10 C	H-Lst (Awanst)
Suetschach	Fei H2	94 D, 100 B	Bf
Sulz Museumsdorf	Sn	19 C	Bf
Sulzau Lst	Gg L1	45 C	Lst
Sulzbachtäler	Ner H1	62 C	Hst
Sulz-Röthis	Rk H1	56 C	Hst
Summerau	Smr	12 D	Bf
Süßenbrunn	Sue	28 B, **109 B**	Bf
Süßenbrunn Entseuchung	9Su	**109 B**	Bf
Süßenbrunn Mitte	Sum	28 A, **109 B**	Bft
Süßenbrunn Nord		**109 B**	Abzww
Süßenbrunn West	Suw	**109 B**	Bft
Szentgotthard	Gh	89 C	Bf

T

Station	Code	Page	Type
Tainach-Stein	Tas	95 D, 96 C	Bf
Takern-St. Margarethen	Gld K1	87 B	H-Lst
Tallesbrunn	Gae H2	29 A	Hst
Tamsweg		82 A	
Tamsweg-St. Leonhard		82 A	
Tarvisio Boscoverde	Tbv	93 C	Bf
Tassenbach	Sil H1	90 A	Hst
Taßhof		39 A	
Tattendorf	Tat	39 D, 40 C	Bf
Tauchendorf-Haidensee	Lif H1	94 B	Hst
Tauchen-Schaueregg	Tau	52 D, 72 B	Bf
Taufkirchen an der Pram	Tp	10 D, 21 B	Bf
Taunleiten		23 D	
Tauplitz	Ku	47 C	Bf
Taxenbach-Rauris	Ta	63 B	Bf
Taxwirt	Obd K1	85 A	H-Lst (Awanst)
Teesdorf	Tdf	39 D	Bf
Teichstätt	Nst H2A	31 A	Hst
Telfer Wiesen		60 C, **104 C**	
Telfes im Stubai		60 C	
Telfes im Stubai Tenniscamp		60 C	
Telfs-Pfaffenhofen	Ts	77 A	Bf
Tenneck	Gg K2	45 C	H-Lst (Awanst)
Terfens-Weer	Sw H1	60 B	Hst
Terfens-Weer Üst (Schwaz 3)	Sw U3	60 B	Üst
Ternberg	Te	34 A	Bf
Ternitz	Tn	53 C	Bf
Ternitzerhütte	Wah H1	52 A	Hst
Teufelmühle		31 C	
Teufelsdorf	Bi H1	25 D	Hst
Teufenbach		83 D	
Thal	Tl	90 B	Bf
Thalgau		31 C	
Thalheim-Pöls	Tel	68 D	Bf
Thallern Üst (Mödling 2)	Md U2	38 C, 39 B	Üst
Thanellerkar		58 B	

Station	Code	Page	Type
Thaya	Wkn L2	6 D	Lst
Theresienfeld	Fld H1	39 D	Hst
Thern		31 B, 32 A	
Thomasroith		21 D	
Thörl		50 D	
Thörl-Maglern	Th	93 C	Bf
Thurnharting		23 A	
Tiefenbach	Sou H1	88 A/C	Hst
Tiffen	Fel H1	94 C	Hst
Timelkam	Tm	32 A	Bf
Tischlerhäusl	Tih	63 B	Bf
Tisis	Fk H3N	74 C	Hst
Töschling	Pow H1	94 C	Hst
Traboch-Timmersdorf	M H1	69 B	Hst
Traisen	Trn	37 B, 38 A	Bf
Traisen Markt	Lil H2	37 B	Hst
Traisengasse	Nw H1	28 C, **109 C**	Hst
Traiskirchen Aspangbahn	Ti	39 B, 40 A	Bf
Traiskirchen Lokalbahn		38 C	Bf
Traismauer	Tra	26 B	Bf
Trasdorf	Mos H1	27 A	Hst
Trattenbach	Te H1	34 C	Hst
Traun	T	23 C	Bf
Traunfall		33 A	
Traunkirchen	Tk	32 D	Bf
Traunkirchen Ort	En H2	32 D	Hst
Trautenfels	Rg H1	47 C	Hst
Trautmannsdorf an der Leitha	Goe H1A	40 D	Hst
Trautmannsdorf in Steiermark		88 C	
Traxenbichl	Tx	33 C	Bf
Treffling		23 A	
Treglwang	Was K1	48 D, 68 B	H-Lst (Awanst)
Treibach-Althofen	Tr	83 D, 84 C	Bf
Tribuswinkel-Josefsthal		38 C	Hst
Trieben	Tb	48 C	Bf
Triebendorf		83 C	
Trimmelkam	Tro	30 A	
Trofaiach	Tro	69 C	Bf
Tröpolach	Her H3	92 C	Hst
Trumau	Ti K1	39 B, 40 A	H-Lst
Tschagguns	Amo K1	74 D	H-Lst
Tulln	Tu	27 A	Bf
Tullnerbach-Preßbaum	Pm	27 B	Bf
Türnitz	Tue	37 C	Bf
Twimberg	Tw	85 C	Bf

U

Station	Code	Page	Type
Übelbach	Ueb	70 C	Bf
Übelbach Vormarkt		70 C	
Übersbach	Fue H1	88 B	Hst
Uderns		61 A	Bf
Ulmerfeld-Hausmening	Ul	35 C	Bf
Ulrichsbrücke-Füssen	Rt H3	58 B	Hst
Ulrichskirchen	Wol H1	28 B	Hst
Unter Buchberg	Lae H1	36 D	Hst
Unter Höflein	Wil H1	39 C, 52 B	Hst
Unter Kritzendorf	Ken H2	28 A	Hst
Unter Oberndorf	Hu H1	27 C	Hst
Unter Purkersdorf	Up	27 D	Bf
Unter Purkersdorf 2	Up U2	27 D	Üst
Unter Radlberg	Ho K1	26 D	H-Lst (Awanst)
Unter Retzbach	R A1	8 C, 17 A	Awanst
Unter Tullnerbach	Up H2	27 D	Hst
Unter Waltersdorf	Mim K1	40 A	H-Lst (Awanst)
Unterbach		56 B	
Unterbergen		94 D	
Unterberg-Stefansbrücke	I H1	60 C, **104 C**	Hst
Untereggendorf	Ef H1	39 D, 40 C	Hst
Untergaumberg		**103 C**	
Unterhart	Uh	22 D, 33 B	Bf
Unterhaus		34 A	
Unterhillinglah		22 B	
Unterhimmel-Christkindl		34 B	
Unterloiben	Smt H1	26 A	Hst
Unterloisdorf		73 B	
Unterm Wald		33 C	
Untermarkersdorf		17 B	
Untermeggenbach		21 D	
Unterperfuss		77 B	
Unterpetersdorf		54 C	
Unterpullendorf		73 B	
Unterschützen		72 D	
Untersiebenbrunn	Sbl H1	29 C	Hst
Unterweißwasser		48 C	
Unzmarkt	Um	68 C, 83 B	Bf
Urbersdorf		89 A	
Urschendorf	Wz H1	39 C, 52 B	Hst
Urstein	Aj H3A	45 A	Hst

Name	Abk.	Seite	Art
Uttendorf-Helpfau	Mho K1	30 B	H-Lst
Uttendorf-Stubachtal	Ut	63 A	Bf

V

Name	Abk.	Seite	Art
Vandans	Amo H1	74 D	Hst
Velden am Wörthersee	Vel	94 C	Bf
Vellach-Kühnburg	Gtf H2	92 C	Hst
Vetterbach		31 C	
Viechtwang	Viw	33 C	Bf
Viehofen	Vn	26 C	Bf
Viert		21 D	
Viktring	Kt H2	94 D	H-Lst
Villach Hbf	Vb	93 D, **101 D**	Bf
Villach Hbf Ostbf	Vbo	93 D, **101 D**	Bf
Villach Seebach	Foe H1	93 D, **101 D**	Hst
Villach St. Ruprecht	Ru	93 D	Bf
Villach Süd Gvbf			
- Auen	Vu	93 D, **101 D**	Bf
- Ausfahrgruppe	Va	**101 D**	Bf
- Einfahrgruppe	Ve	**101 D**	Bf
- Fürnitz	Fn	**101 D**	Bf
- West	Vw	**101 D**	Hst
Villach Warmbad	Vf H1	**101 D**	Hst
Villach Westbf	Vf	**101 D**	Bf
Vils	Vi	58 B	Bf
Vitis	Vit	6 D, 15 A	Bf
Vöcklabruck	Vk	32 B	Bf
Vöcklabruck 1	Vk Z1	32 B	Abzw
Vöcklamarkt	Vm	31 B, 32 A	Bf
Vogelsang	Gsy H2	35 B	Hst
Voitsberg	Vob	86 A	Bf
Voitsdorf	Voi	33 B	Bf
Volders-Baumkirchen	Fw H1	60 B	Hst
Völkermarkt-Kühnsdorf	Vok	95 D, 96 C	Bf
Völlerndorf		26 C	
Völs	Vl	60 A/C	Bf
Vorchdorf Schule		33 A	
Vorchdorf-Eggenberg		33 A	
Vorderbrühl		39 B	
Vorderbrunnbach		34 A	
Vordernberg	Vd	49 D, 69 B	Bf
Vordernberg Markt	Vr	49 D	Bf
Vösendorf Shopping City Süd		39 D, **110 D**	Hst
Vösendorf-Siebenhirten		**110 D**	Bf

W

Name	Abk.	Seite	Art
Wacht		46 A	
Wackersbach		22 B	
Wagram-Grafenegg Hst	Fs H1	26 B	Hst
Wagram-Grafenegg Lst	Fs L1	26 B	Lst
Wahlmühle		34 A	
Waidegg	Rdj H1	92 C	Hst
Waidhofen an der Thaya	Wn	6 D	Bf
Waidhofen an der Ybbs	Wh	35 B	Bf
Lokalbahn	Whf	35 B	Bf
Schillerpark	Whf H1	35 B	Hst
Waisenegg		71 B	
Waizenkirchen		22 A	
Walchen (Kinderweltmuseum)		31 B, 32 A	
Walchen im Pinzgau	Ps K1	63 A	H-Lst
Wald am Arlberg	Waa	75 A	Bf
Wald am Schoberpaß	Was	48 D, 68 B	Bf
Wald am Schoberpaß 2	Was U2	48 D, 68 B	Üst
Wald im Pinzgau	Wap	62 D	Bf
Waldegg	Wag	39 C	Bf
Waldegg-Dürnbach	Wag H1	39 C	Hst
Waldhausen	Wau	15 C	Bf
Walding	Ott H1	22 B	Hst
Waldkirchen an der Thaya Lst	Wkn	7 A	Bf
Waldl		33 A	
Waldmühle Lst	Wam	27 D	Lst
Waldneukirchen		34 A	
Waldneukirchen-Adlwang		34 A	
Waldstein		70 C	
Wällerhütte		48 C	
Wallern im Burgenland	Wal	55 A	Bf
Wallersee	Nst H2	30 B	Hst
Walsberg		31 B, 32 A	
Wampersdorf	Wp	39 D, 40 C	Bf
Wandritsch		82 B	
Wang	Wan	36 A	Lst
Wankham	Ak H1	32 B	Hst
Wappensteinhammer		50 D	
Warmbad Villach	Vf H1	101 D	Hst
Wartberg a. d. Krems	Wak	33 B	Bf
Wartberg im Mürztal	War	51 C	Bf
Wasserboden		34 D	
Wasserofen		49 C	
Wasserstelle Am Hengst	Wah	52 A	Bf
Watschig	Her H2	92 C	Hst
Wehrgasse		22 B	
Weibern-Aistersheim		21 D	
Weichselbaum an der Raab	Jd H1	88 D	Hst
Weidach		33 A	
Weiden am See	Wds	41 C	Hst
Weidlingau-Wurzbachtal	Hf H2	27 D	Hst
Weigelsdorf	Ebr H1	39 D, 40 C	Hst
Weikendorf	Gae H1M	29 A	Hst
Weikendorf-Dörfles	Gae H1	29 A	Hst
Weikersdorf (Steinfeld)		39 C	
Weinberg-Gebollskirchen		21 D	
Weinburg	Klg H1	37 A	Hst
Weinern		7 C	
Weins-Isperdorf	Wj	25 C	Bf
Weinsteig-Groß Rußbach		18 D	
Weißachbrücke		56 B	
Weißenbach		46 A	
Weißenbach-Neuhaus	Web	39 A	Bf
Weißenbach-St.Gallen	Weg	48 B	Bf
Weißenkirchen in der Wachau	Wki	26 A	Bf
Weißenstein-Kellerberg	Pf H1	93 D	Hst
Weißkirchen	Wen	85 A	Bf
Weitenegg	Wig	25 D	Bf
Weitensfeld		83 C	
Weitersfeld a.d.Mur	Wem	99 A	Bf
Weitersfeld N.Ö.	Wet	8 C	Bf
Weitlanbrunn	Sc H3	90 A	Hst
Weitra	Wra	6 C, 14 A	Bf
Weitwörth-Nußdorf		30 A	
Weixelbaum a.d.Mur	Gof H2	99 B	Hst
Weiz	Wez	71 C	Bf
Weiz Stadt		71 C	Hst
Weizelsdorf	Wef	94 D, 100 B	Bf
Weizelsdorf Ort	Wef H1	94 D, 100 B	Hst
Welgersdorf		73 C	
Wels Hbf	We	22 D	Bf
Wels Lokalbahn	Wl	22 D	Bf
Wels Messe	Wl H1	22 D	Hst
Wels Puchberg		22 D	
Wels Vbf Abzw (Marchtrenk 1)	Mak Z1	22 D	Abzw
Wendling	Neu H1P	21 B	Hst
Weng	Nst H1	30 B	Hst
Wenns	Mp H1	62 B	Hst
Weppersdorf-Kobersdorf		54 C	
Werfen	Rf	45 D	Bf
Werndorf	Wr	86 A	Bf
Wernstein	Wer	10 C	Bf
Westendorf	Kit H1A	43 C	Hst
Wettmannstätten	Pwd K1	98 A	H-Lst
Wetzleinsdorf	Wed	18 C/D	Bf
Weyer	Wey	35 C	Bf
Weyer 1 / Kastenreith	Wey Z1	35 C	Abzw
Wien			
Albern Hafen	Alb	**111 D**	Lst
Altmannsdorf	Aa	**110 B**	Abzww
Atzgersdorf (Atzgersd.-Mauer)	Az H1	28 C, **110 C**	Hst
Blumental	Id	28 C, **110 D**	Bf
Breitenleer Straße	St H2S	28 C, **109 D**	Hst
Breitensee	Ok H1	**110 B**	Hst
Brigittenau	Wv	**108 D**	Bf
Brigittenau Handelskai	Hak	**109 C**	Hst
Brigittenau Nord	Wvn	**108 D**	Abzw
Brigittenau Süd	Wvs	**108 D**	Bf
Brünner Straße	F H1S	28 C, **109 A**	Hst
Donaukaibahnhof	Dl	**109 C, 111 A**	Bf
Donauuferbahnhof	Ub	**109 C**	Bf
Eichenstraße		**110 B**	Tram-Hst
Erdbergerlände	El	**111 A**	Bf
Erzherzog-Karl-Straße	St H1H	28 C, **109 C/D**	Hst
Floridsdorf	F	28 C, **109 A**	Bf
Floridsdorf Frachtenbahnhof	O	28 C, **109 A**	Bf
Franz-Josefs-Bahnhof	Wf	28 C, **108 D**	Bf
Freudenau Hafen	Dl L1	**111 B**	Lst
Geiselbergstraße	Sah H1	**111 A**	Hst
Gersthof	Ht H3	**108 D**	Hst
Grillgasse	Sg	**111 A**	Bf
Grinzing		**108 B**	
Gutheil-Schoder-Gasse		**110 B**	Hst
Haidestraße	Wbo H2	**110 A**	Hst
Handelskai	Nw H2	28 C, **109 C**	Hst
Hausfeldstraße	Hfs	28 D, **109 D**	Hst
Heiligenstadt	Ht	28 C, **108 D**	Bf
Hernals	Hns	**108 D**	Bf
Hetzendorf	Het	28 C, **110 B**	Hst
Hirschstetten-Aspern	Stc	28 C, **109 D**	Hst
Hütteldorf	Hf	27 D, **110 A**	Bf

Station	Abk.	Seite	Typ
Hütteldorf 22	Hf U22	27 D	Üst
Inzersdorf	Iz	**110 D**	Bf
Inzersdorf Lokalbahnhof		**110 D**	Bf
Inzersdorf Personenbahnhof		**110 D**	Bf
Jedlersdorf	J	28 C, **109 A**	Bf
Johann-Strauß-Gasse		**110 B**	Tram-Hst
Kahlenberg		**108 B**	
Kaiserebersdorf	Klf	**111 D**	Hst
Kliebergasse		**110 D**	Tram-Hst
Krapfenwaldl		**108 B**	
Krottenbachstraße	Ht H2	**108 D**	Hst
Laurenzgasse		**110 D**	Tram-Hst
Leopoldau	Lp	28 A, **109 A**	Bf
Lobau Hafen	Wlh	**111 B**	Bf
Lobau	El H2	**110 A**	Hst
Matzleinsdorf	Mat	28 C, **110 B**	Bf
Matzleinsdorfer Platz	Mat H1S	**110 B**	Hst
Oswaldgasse	Osw	**110 B**	Abzw
Mayerhofgasse		**110 B**	Tram-Hst
Meidling	Mi	28 C, **110 B**	Abzw
Mitte	Hz	**111 A**	Bf
Neu Erlaa		**110 D**	Hst
Nord	Nw	28 C, **109 C**	Bf
Nord 11	Nw U11	**111 A**	Üst
Nord Frachtenbahnhof	Ng	28 C, **109 C**	Bf
Nordwestbahnhof	Bw	**108 D, 109 C**	Bf
Nußdorf	Nf	28 C, **108 B**	Bf
Oberdöbling	Ht H1	108 D	Hst
Oper		**110 D**	Tram-Hst
Ottakring	Ok	**108 D, 110 B**	Bf
Paulanergasse		**110 D**	Tram-Hst
Penzing	Pz	**110 A/B**	Bf
Philadelphiabrücke		**110 B**	Tram-Hst
Praterkai	El H1	**110 A**	Hst
Rennweg	Ren	**111 A**	Hst
Schedifkaplatz		**110 B**	Tram-Hst
Schönbrunner Allee		**110 D**	Hst
Schöpfwerk		**110 B**	Hst
Siemensstraße	F H1	28 C, **109 A**	Bf
Simmering	Sim	**110 A**	Hst
Simmering Aspangbahn	Sah	**111 A**	Bf
Speising	Hf H1A	**110 A**	Hst
Spittelau	Wf H1	28 C, **108 D**	Hst
St. Marx (Vienna Biocenter)	Nw H1H	**111 A**	Hst
Stadlau	St	28 C, **109 C**	Bf
Strebersdorf	Sdf	28 C, **109 A**	Hst
Südbahnhof (Schnellbahn)	Mat H3S	**111 A**	Hst
Südbahnhof	Wb	28 C, **111 A**	Bf
Südbahnhof Ostseite	Wbo	**110 A**	Bf
Südbahnhof Frachtenbf	Of	**111 A**	Bf
Südbahnhof-Spitz	Oss	**110 A**	Bf
Südtiroler Platz	Mat H2S	**110 B**	Hst
Traisengasse	Nw H1	28 C, **109 C**	Hst
Westbahnhof	Ws	**110 B**	Bf
Westbahnhof Frachtenbf	Ow	**110 B**	Bf
Wolfganggasse		**110 B**	Tram-Hst
Zentralfriedhof	Cf	**111 C**	Bf
Zentralfriedhof 1	Cf U1	**111 C**	Üst
Wien Zvbf	Zur	**111 C**	Bf
Abzww Felixdorf	Zab	**111 C**	Bf
Ausfahrgruppe Kledering	Za	**111 C**	Bf
Einfahrgruppe	Ze	**111 C**	Bf
Nord	Zn	**111 C**	Bf
Ost	Zo	**111 C**	Hst
Süd			
Lanzendorf-Rannersdorf	Zs	40 A, **111 C**	Hst
Wiener Neudorf		39 B	Bf
Wiener Neustadt Hbf	Nb	39 D, 53 A	Bf
-Ausfahrbf	Nr	39 D, 53 A	Bf
-Einfahrbf	Ne	39 D, 53 A	Bf
Wiener Neustadt Anemonensee	Nb H1A	39 D	Hst
Wiener Neustadt Civitas Nova	Ed H1	39 D	Hst
Wiener Neustadt Nord	Fld H2	39 D	Hst
Wienerbruck-Josefsberg	Gng H1	36 D	Hst
Wies Markt	Pfb H1	98 A	Hst
Wies-Eibiswald	Wew	98 A	Bf
Wieselburg an der Erlauf	Wie	25 C	Bf
Wiesenau	Bal H1	85 C	Bf
Wiesenfeld-Schwarzenbach	Vg H1	38 A	Hst
Wiesenschwang-Oberndorf	Jti H1	43 D	Hst
Wiesen-Sigleß	Sau K1	53 D	H-Lst (Awanst, AB)
Wiesmühle	Gdf H1	33 B	
Wieterdorf	Wtf	84 C	Hst
Wieting	Hb H1	84 C	Hst
Wildbad Einöd (Neumarkt/St. 1)	Nes U1	83 D, 84 A	Üst
Wildendürnbach (Alt Prerau)		9 D	
Wilder Graben		34 D	
Wildon	Wi	86 D	Bf
Wildshut		30 A	
Wildungsmauer	Reg H1	29 C, 41 A	Hst
Wilfersdorf-Hobersdorf Lst	Mis L1	19 C	Lst
Wilfleinsdorf	Goe H2	40 B	Hst
Wilfling	Voi H2	33 C	Hst
Wilhelmsburg an der Traisen	Wm	26 C, 38 A	Bf
Willendorf	Wil	39 C, 52 B	Bf
Willendorf in der Wachau	Sz H2	25 B	Hst
Willersdorf (Zollfeld)		94 C	
Willersdorf an der Aschach		22 A	
Windau	Kit H2	43 C	Hst
Windbrücke-Raxbahn		53 D	
Winden	Ns H2	41 C	Hst
Windigsteig	Wn H2	6 D	Hst
Windischgarsten	Win	48 A	Bf
Winkl		70 A	
Winkl im Rosental	Lez H1	94 C	Hst
Winterbach	Lae K1	36 B/D	H-Lst
Winzendorf	Wz	39 C, 53 A	Bf
Wittmannsdorf	Wit	39 C	Bf
Wolfgangstein		33 C	
Wolfpassing		36 A	
Wolfsberg	Wog	85 C, 97 A	Bf
Wolfsbergkogel	Bt H1	53 C, 53 D	Hst
Wolfsdoppl		32 A	
Wolfshütte	At H2	32 B	Hst
Wolfsthal	Wof	29 D	Bf
Wolfurt	Wo	56 A	Bf
Wolfurt Lauterach Hst	Lsa H1	56 A	Hst
Wolfurt Lauterach Nord	Lna	56 A	Abzw
Wolfurt Lauterach Süd	Lsa	56 A	Abzw
Wolfurt Lauterach West	Lwa	56 A	Abzw
Wolkersdorf	Wol	28 C	Bf
Wöllersdorf	Woe	39 C	Bf
Wöllersdorf Marchgraben	Woe H1A	39 C	Hst
Wollsdorf		87 B	
Wopfing	Op H1	39 C	Hst
Wörgl	W	42 D	Bf
Wörgl Terminal Nord	Wtn	42 D	Bf
Wörgl Terminal Süd	Wts	42 D	Bf
Wörgl Kundl	Kn	42 D	Bf
Wörgl 2	W U2	42 D	Üst
Wörschach Schwefelbad	Wch	47 C	Bf
Wösendorf-Joching	Wki H1	26 A	Hst
Wufing		21 D	
Wulkaprodersdorf	Wul	40 C	Bf
Wulkaprodersdorf 1	Wul Z1	54 C	Abzw
Wulkaprodersdorf Haltestelle	E H1	40 C	Hst
Wulzeshofen		18 A	
Würnitz-Hetzmannsdorf	Wue	18 D, 28 A	Bf
Wurzerhütte		25 A	

Y

Station	Abk.	Seite	Typ
Ybbs a.d.Donau	Y	25 C	Bf
Ybbs 11	Y U11	25 C	Üst
Ybbs-Kemmelbach		25 C	
Ybbs Stadtplatz		25 C	
Ybbsitz	Yb	35 B/D	Bf

Z

Station	Abk.	Seite	Typ
Zarnsdorf		36 A	
Zehmemoos		30 A	
Zeiselmauer-Königstetten	Aw H1	27 B	Hst
Zell am See	Z	63 B	Bf
Zell am See 1	Z U1	63 B	Üst
Zell am Ziller		61 C	Bf
Zell an der Pram	Ri H1	21 B	Hst
Zellermoos	Tih H3	63 B	
Zellerndorf	Zd	17 A	Bf
Zellerndorf Platt	Gud H1	17 A	Hst
Zeltweg	Zg	69 C	Bf
Ziegelhaiden		30 A	
Ziersdorf	Zf	16 D	Bf
Zinkenbach		46 A	
Zirl	Zl	77 B	Bf
Zirl 2	Zl U2	77 B	Üst
Zissersdorf	Zi	7 D	H-Lst
Zistelalpe		102 B	
Zistersdorf	Zis	19 D	Bf
Zistersdorf Stadt	Zss	19 C/D	Bf
Zitoll		70 A	
Znojmo	Zno	8 D	Bf
Zöbing	Sbk H1	16 C	Hst
Zurndorf	Zu	41 B	Bf
Zweinitz		83 C	
Zwettl	Zw	15 A	Bf
Zwettl Stadt	Zws	15 A	Hst
Zwingendorf Lst	Pew L1	17 B, 18 A	Lst

Verzeichnis der Eisenbahntunnel

Name	Länge (m)	Seite	Name	Länge (m)	Seite	Name	Länge (m)	Seite	Name	Länge (m)	Seite
Ahrnwald	164,70	104 C	Hechenberg	26,02	60 A	Oberer Klamm	744,01	64 B	Sonnberg	544,00	48 D
Alpfahrt	59,70	65 A	Hieflauer	171,10	49 C	Oberer Lindisch	260,00	80 D	Sonnenburg	315,40	104 A
Altenmarkt	35,10	48 B	Hochsteg	121,00	49 C	Oberer Litzeldorfer	48,00	80 D	Sonnstein	1428,36	32 C
Altmannsdorferstr.	334,00	106 B	Hochstraß	523,50	72 B	Ochenig	690,00	80 D	Spitzer	99,63	25 B
Ameiskogel	45,84	36 D	Hungerbichl	522,46	33 D	Ofenauer	939,84	45 D	Spritzbach	346,00	64 A
An der Wand I	109,50	77 B	Hüttauer	98,40	65 A	Opponitzer	87,20	35 D	St. Georgener	56,55	25 D
An der Wand II	202,43	77 B	Inntal	12756,00	60 B/C	Patscher	175,50	104 C	St. Jodok	480,30	78 B
Annaberg	158,00	69 B	Ischler	69,30	46 B	Persenbeuger	344,73	25 C	St. Michaeler	77,31	26 A
Apries	171,00	75 B	Itter	45,30	42 D	Pettenbach	185,25	53 D	Stafflacher	283,30	78 A
Arlberg	10249,90	75 A/B	Johannesberg	480,00	97 A	Pfaffenberg	499,00	80 D	Stans-Terfens	10570,00	60 B
Atzenbrugger	2460,00	27 A	Kalvarienberg I	1410,00	22 C	Pfaffentobel	97,30	74 B	Stationstunnel	816,00	28 D
Au	210,00	43 C	Kalvarienberg II	159,00	32 D	Pflegertal	31,77	59 D	Stein	90,30	32 C
Beinriegel	121,53	36 D	Kantnerkogel	202,80	53 D	Pistentunnel	733,00	28 D	Steinbach	49,13	36 D
Berg Isel	661,70	104 A	Kaponig	5096,00	80 B/D	Platten	1394,00	49 D	Steinbauer	88,27	53 D
Bettina	502,00	23 C	Karawanken	7976,00	94 C	Plattentobel	162,00	74 B	Steiner	206,30	26 A
Blaue Wand	370,00	64 B	Kastenreither	324,25	35 C	Polleroswand	337,00	53 D	Stettenriegel	43,26	36 D
Blisadona	2400,00	75 A	Kehr-T. (Berg Isel)	158,00	104 A	Post	248,08	33 D	Steudel	283,00	106 B
Bosruck	4766,58	48 A/C	Kendlbruck	34,00	82 A	Präbichl	591,00	49 D	Stierschweiffeld	3293,00	27 C
Breitenseer	812,72	106 B	Kerlstein	93,33	36 D	Pregarten	34,00	23 B	Tauern	8370,00	80 A/B
Bruderndorfer, Großer	262,20	14 A	Kerschbuch	214,23	60 A	Prinztal	132,76	37 C	Taxenbach	277,00	64 A
Bruderndorfer, Kleiner	44,50	14 A	Kienbach	375,00	36 D	Pürnstein	72,83	11 D	Teufelsmauer	12,43	25 B
Brunntal	99,30	59 D	Kirchleiten	106,00	71 B	Radfeld-Wiesing	11387,00	42 C, 61 A	Thumersbacher	380,00	64 B
Burgstaller	334,60	47 D	Klamm I	191,99	53 D	Raingraben	269,04	36 D	Trattensach	58,00	64 A
Dickenauer	154,70	37 C	Klammwald	262,00	49 D	Raingruben	2775,00	27 C	Trausinger	34,30	25 C
Dössen	891,19	80 B	Klammwand	138,00	84 A	Rattenberg	182,29	42 C	Türkenschanz, Großer	704,56	104 D
Dürnsteiner	120,70	26 A	Klausen	512,54	58 B	Reiserberg	1370,00	27 C	Türkenschanz, Kleiner	244,68	104 D
Ehnbach	347,21	59 D	Klausgraben, Großer	102,00	36 D	Reithmauer	63,14	36 D	Twimberger	255,21	85 C
Eichberg	88,80	53 D	Klausgraben, Kleiner	35,40	36 D	Rekawinkler	307,13	27 C	Überwölbter Einschnitt	31,80	74 B
Eisberg, Großer	273,58	26 C	Klein Pöchlarner	209,00	25 D	Röcken	68,30	74 B	Unterberg	49,40	104 C
Eisberg, Kleiner	138,10	26 C	Kleiner Bosruck	18,20	48 A	Römerberg	710,00	32 B	Unterburg	185,00	47 D
Engelwäldchen	209,10	74 B	Kleiner Dürreberg	247,12	27 C	Rosental	244,00	86 A	Unterdöblinger	71,10	104 D
Engelwand	279,79	74 B	Kleiner Krausel	13,82	53 D	Rothenhof	76,70	26 A	Unterer Kaponig	789,22	80 D
Ennsmauer I	53,00	49 C	Kranebitterklamm	34,65	60 A	Rumpler	52,66	53 D	Unterer Klamm	739,38	64 B
Ennsmauer II	101,00	49 C	Kremser	103,00	86 A	Rupertus	326,70	64 B	Unterer Lindisch	379,00	80 D
Erlaufklause	111,16	36 D	Kressenberg	154,00	49 D	Saladorfer	729,00	27 C	Unterer Litzeldorfer	200,00	80 D
Eulofen	110,02	85 C	Kreuzberg	711,10	64 B	Salza	296,39	49 A	Untersberg	270,00	64 B
Falkenstein	67,00	80 D	Kronburg	330,00	76 A	Samberg	349,16	52 D	Unterstein I (Gleis 1)	463,80	64 A
Fiedlerbrunn	225,66	33 D	Kugelstein	400,00	70 B	Sarmingstein, Großer	142,80	24 C	Unterstein II (Gleis 2)	851,00	64 A
Flohberg	405,00	106 B	Lainzer	10900,00	27 D	Sarmingsteiner, Kleiner	40,75	24 C	Unterwald	1075,00	69 A
Florkogel	77,52	36 D	Landl	57,00	49 A	Sarstein	201,30	46 D	Vadisen	579,00	75 B
Forst	110,00	32 D	Langenberg	1443,00	97 C	Sattelberg	81,20	56 C	Vorberg I	147,77	59 D
Fragenstein	394,62	59 D	Laßnitz	531,16	87 A	Schacherbauer	453,88	48 A	Vorberg II	97,65	59 D
Fritzens-Baumkirchen	3940,00	60 B	Laussa-Kesselberg	176,20	48 B	Schafbergspitze I	87,00	31 D, 46 A	Vorberg III	46,82	59 D
Frondsberg	93,00	71 D	Leidegg	327,00	43 C	Schafbergspitze II	26,00	31 D, 46 A	Vorberg IV	43,62	59 D
Fünffingertobel	78,10	74 B	Leithen	84,29	59 D	Schallmarbacher	156,00	25 C	Waag	93,13	49 C
Galgenberg	5460,00	69 B	Lermoos	105,06	59 C	Schattenburg	908,50	74 A	Wachberg I	291,58	25 D
Gamperl	78,20	53 D	Lessacher	111,00	94 C	Schichtturm	132,35	49 D	Wachberg II	1001,00	25 D
Garstner	28,60	34 B	Leutschacher	247,00	80 D	Schloß	106,40	33 D	Wandau	103,75	49 C
Gerichtsberg I	205,10	52 D	Lofer	395,00	49 A	Schloßbach	721,52	59 D	Weberkogel	406,91	53 D
Gerichtsberg II	168,00	38 A	Maienbach	359,00	75 B	Schloßberg	568,89	26 A	Wehrgraben	165,00	46 D
Gesäuse-Eingang	237,62	48 D	Marbacher	201,80	25 C	Schmiedtobel	94,00	74 B	Weinzettelfeld	238,96	53 D
Geyeregger	80,95	53 D	Martinswand I	573,70	64 A	Schneeberg, Erster	151,10	52 A	Weinzettelwand	688,00	53 D
Goldberg	569,00	26 A	Martinswand II	1810,23	59 D	Schneeberg, Zweiter	120,00	52 A	Weinzirl	212,20	76 C
Gösing	2369,46	36 D	Mason	146,80	74 B	Schnellbahn I	1235,00	106 B, 107 A	Weißenburg	98,37	36 D
Göttweig	135,00	26 A	Matrei	124,40	60 C	Schönauer	61,45	36 B	Weitenegger	159,30	25 D
Gratschacher	357,00	80 D	Meierlberg	89,21	36 D	Schönau-Fockenauer	224,00	48 B	Wienerwald	11600,00	27 B/D
Greiner	30,00	24 D	Melker	1845,00	25 D	Schönberg	89,29	104 D	Wiesenhöf	1212,20	72 B
Grieser	173,29	78 A	Moltertobel	1643,00	76 C	Schupfen	34,70	104 C	Wiesing-Jenbach	4473,00	61 A
Großreiflinger	348,80	49 A	Moosbach	32,20	37 C	Schürfes	118,20	104 C	Wildentobel	1157,52	75 A
Großtobel	505,10	75 A	Moserwiese	74,00	60 C	Schwarzacher	189,50	64 B	Windhof-Kehrtunnel	559,25	52 D
Grüntunnel St. Peter	404,00	35 A	Mühltal	872,00	104 D	Semmering, Alter	1433,50	53 D	Wolfsbachau	92,70	49 C
Gumpoldskirchner	156,00	38 C	Murau	102,00	83 A	Semmering, Neuer	1511,50	53 D	Wolfsberg	439,53	53 D
Hankenfelder	663,00	27 C	Mutterer	148,00	104 C	Sieberg	6480,00	23 D	Wolfsgruben	1743,00	75 B
Hartberg, Großer	2477,31	52 D	Natters	29,65	36 B	Siegesbach	223,80	32 D	Zammer	2335,00	76 A
Hartberg, Kleiner	273,12	52 D	Neufelder	139,00	11 D	Silvia	500,00	23 C	Zinken, Großer	68,53	36 D
Hart-Puch	223,00	71 D	Oberer Kaponig			Simastobel	140,00	75 A	Zinken, Kleiner	59,00	36 D
Hausruck	709,75	21 D	(Rettungsstollen)	236,05	80 D	Sittenberg	4692,00	25 C	Zwenberg	391,00	80 D

127

Bahnunternehmen · railway and tramway companies

ÖBB Infrastruktur Betrieb AG
Elisabethstr. 9, 1010 Wien
☎ (01) 93000-0, www.oebb.at

    ÖBB Personenverkehr AG   EVU
    ÖBB Traktion GmbH   EVU
    Rail Cargo Austria AG   EVU

10   Wiener Lokalbahnen AG   EVU
Eichenstr.1, 1121 Wien
☎ (01) 90444, www.wlb.at

11   City Air Terminal Betriebsges.mbH (CAT)   EVU
Praterstern 4, 1020 Wien,
www.cityairporttrain.com

12   Wiener Linien -
Wiener Stadtwerke Verkehrsbetriebe
Erdbergstr. 202, 1031 Wien
☎ (01) 7909-0, www.wienerlinien.at

20   Niederösterreichische Schneebergbahn GmbH
Bahnhofplatz 1, 2734 Puchberg am Schneeberg
☎ (02636) 3661, www.schneebergbahn.at

21   Lokalbahn Payerbach-Hirschwang GmbH
Hirschwang 77, 2651 Reichenau an der Rax

25   Niederösterreichische Lokalbahnen
Betriebsgesellschaft mbH
Poschgasse 6, 1140 Wien

38   Waldviertler Schmalspurbahnverein
Postfach 1, 3950 Gmünd

40   Stern & Hafferl Verkehrsges. mbH   EVU
Kuferzeile 32, 4810 Gmunden
☎ (07612) 79 52 00, www.stern-verkehr.at

41   Linz AG - Linz Linien GmbH
Wiener Str. 151, 4041 Linz
(0732) 3400-7400, www.linzag.at

44   EHG Ennshafen GmbH
Donaustr.3, 4470 Enns

45   LogServ - Logistik Service GmbH   EVU
Lunzer Str. 41, 4031 Linz
☎ (070) 6598-3274, www.logserv.at

47   Österreich. Gesellschaft für Eisenbahngeschichte
Postfach 11, 4018 Linz

48   Florianerbahn
www.florianerbahn.at

50   Salzburg AG - Salzburger Lokalbahn   EVU
Plainstr. 70, 5020 Salzburg
☎ (0662) 4480-0, www.slb.at

58   Taurachbahn GmbH
Bahnhof, 5570 Mauterndorf

60   Zillertaler Verkehrsbetriebe AG
Austraße 1, 6200 Jenbach
☎ (05244) 606-0, www.zillertalbahn.de

61   Achenseebahn AG
Bahnhofstr. 3, 6200 Jenbach
☎ (05244) 62243-0, www.achenseebahn.at

62   Innsbrucker Verkehrsbetriebe und
Stubaitalbahn GmbH
Pastorstr. 5, 6020 Innsbruck
☎ (0512) 5307-500, www.ivb.at

65   Montafonerbahn AG
Bahnhofstr. 15b, 6780 Schruns
☎ (05556) 9000-800, www. montafonerbahn.at

66   Bregenzerwald-Museumsbahn
6941 Langenegg

70   Raab-Oedenburg Ebenfurther Eisenbahn AG
Bahnhofplatz 5, 7041 Wulkaprodersdorf   EVU
☎ (02687) 62224-0, www.raaberbahn.at

71   Neusiedler Seebahn AG
Bahnhofplatz 5, 7041 Wulkaprodersdorf
☎ (02687) 62224-0, www.nsb.at

75   Südburgenländische Regionalbahn GmbH
Bahnstr. 1, 7508 Großpetersdorf
www.maerchenbahn.at

80   Steiermärkische Landesbahnen   EVU
Eggenberger Str. 20, 8020 Graz
☎ (0316) 812581-0, www.stlb.at

82   Graz-Köflacher Bahn und Busbetrieb GmbH
Köflacher Gasse 35-41, 8020 Graz   EVU
☎ (0316) 5987-0, www.gkb.at

84   Cargo Center Graz Betriebsges. mbH & Co KG
Am Terminal 1, 8402 Werndorf
☎ (03135) 54445-0, www.cargo-center-graz.at

85   Grazer Stadtwerke AG - Verkehrsbetriebe
Steyrergasse 114, 8010 Graz
☎ (0316) 887-401, www.stadtwerke-graz.co.at

87   Marktgemeinde Stainz, 8510 Stainz

88   Feistritztalbahn Betriebsgesellschaft
Hauptplatz 13, 8190 Birkfeld
☎ (03174) 4507-20

90   Reisseck-Bergbahnen - Tauern-Touristik GmbH
Kohldorferstr. 98, 9020 Klagenfurt
☎ (0463) 20232259

95   Nostalgiebahnen in Kärnten
Postfach 27, 9028 Klagenfurt

96   Kärntner Museumsbahn
Pöckstein, 9330 Treibach-Althofen

EVU = auf dem Netz der ÖBB Infrastruktur Betrieb AG zugelassenes Eisenbahnverkehrunternehmen

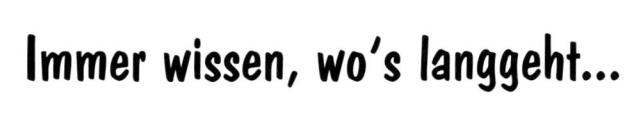

Immer wissen, wo's langgeht...

... mit unseren Eisenbahnatlanten sind Sie mit Sicherheit auf dem richtigen Weg!

VERLAG SCHWEERS + WALL GMBH
Eupener Str. 150 · 50933 Köln
Tel. (0221) 290 27 72 · (Fax 0221) 290 27 73
mail@schweers-wall.de · www.schweers-wall.de

Privatbahnen
Private railways

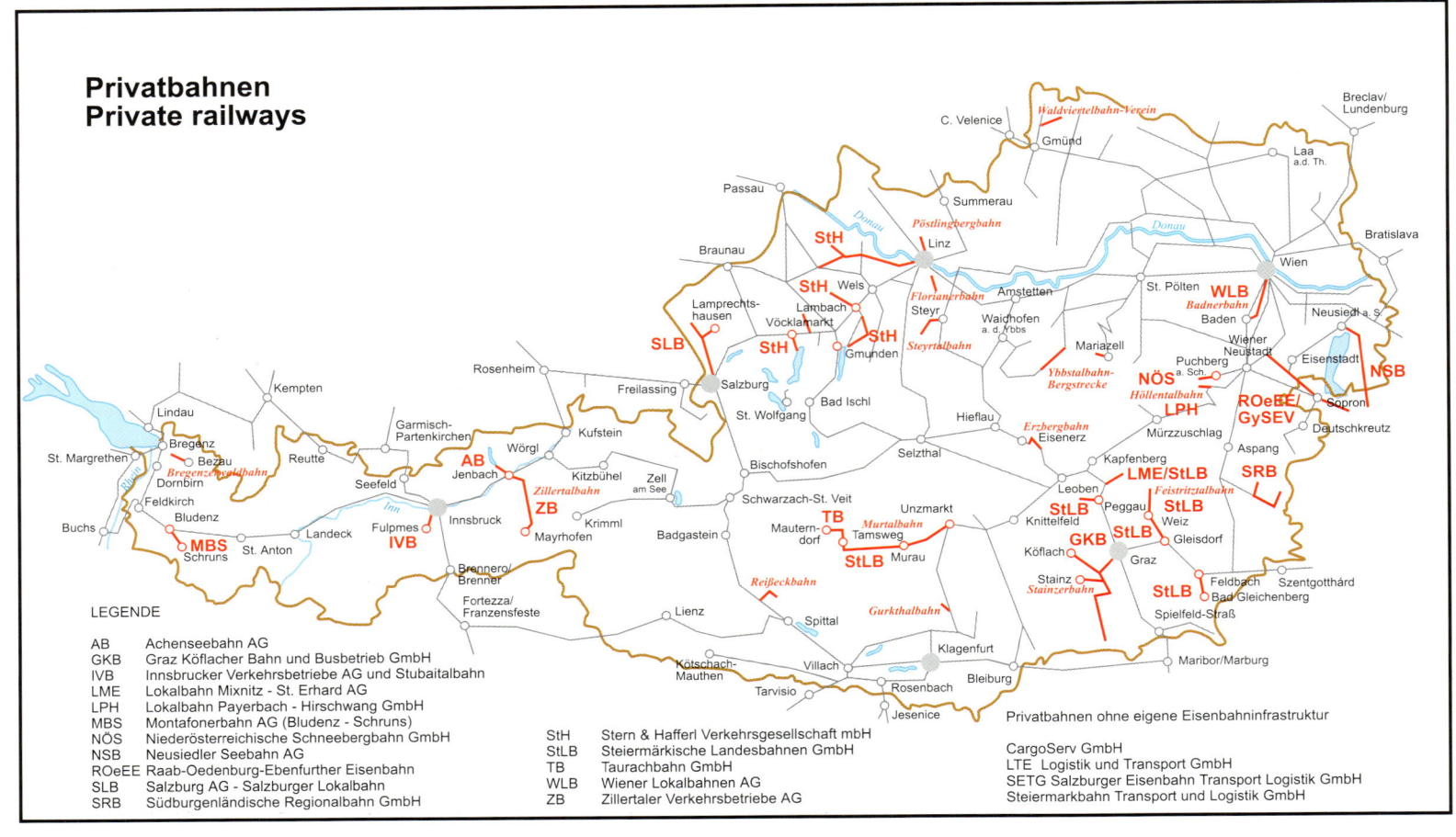

LEGENDE

AB	Achenseebahn AG
GKB	Graz Köflacher Bahn und Busbetrieb GmbH
IVB	Innsbrucker Verkehrsbetriebe AG und Stubaitalbahn
LME	Lokalbahn Mixnitz - St. Erhard AG
LPH	Lokalbahn Payerbach - Hirschwang GmbH
MBS	Montafonerbahn AG (Bludenz - Schruns)
NÖS	Niederösterreichische Schneebergbahn GmbH
NSB	Neusiedler Seebahn AG
ROeEE	Raab-Oedenburg-Ebenfurther Eisenbahn
SLB	Salzburg AG - Salzburger Lokalbahn
SRB	Südburgenländische Regionalbahn GmbH
StH	Stern & Hafferl Verkehrsgesellschaft mbH
StLB	Steiermärkische Landesbahnen GmbH
TB	Taurachbahn GmbH
WLB	Wiener Lokalbahnen AG
ZB	Zillertaler Verkehrsbetriebe AG

Privatbahnen ohne eigene Eisenbahninfrastruktur

CargoServ GmbH
LTE Logistik und Transport GmbH
SETG Salzburger Eisenbahn Transport Logistik GmbH
Steiermarkbahn Transport und Logistik GmbH

Schmalspurbahnen
Narrow gauge railways

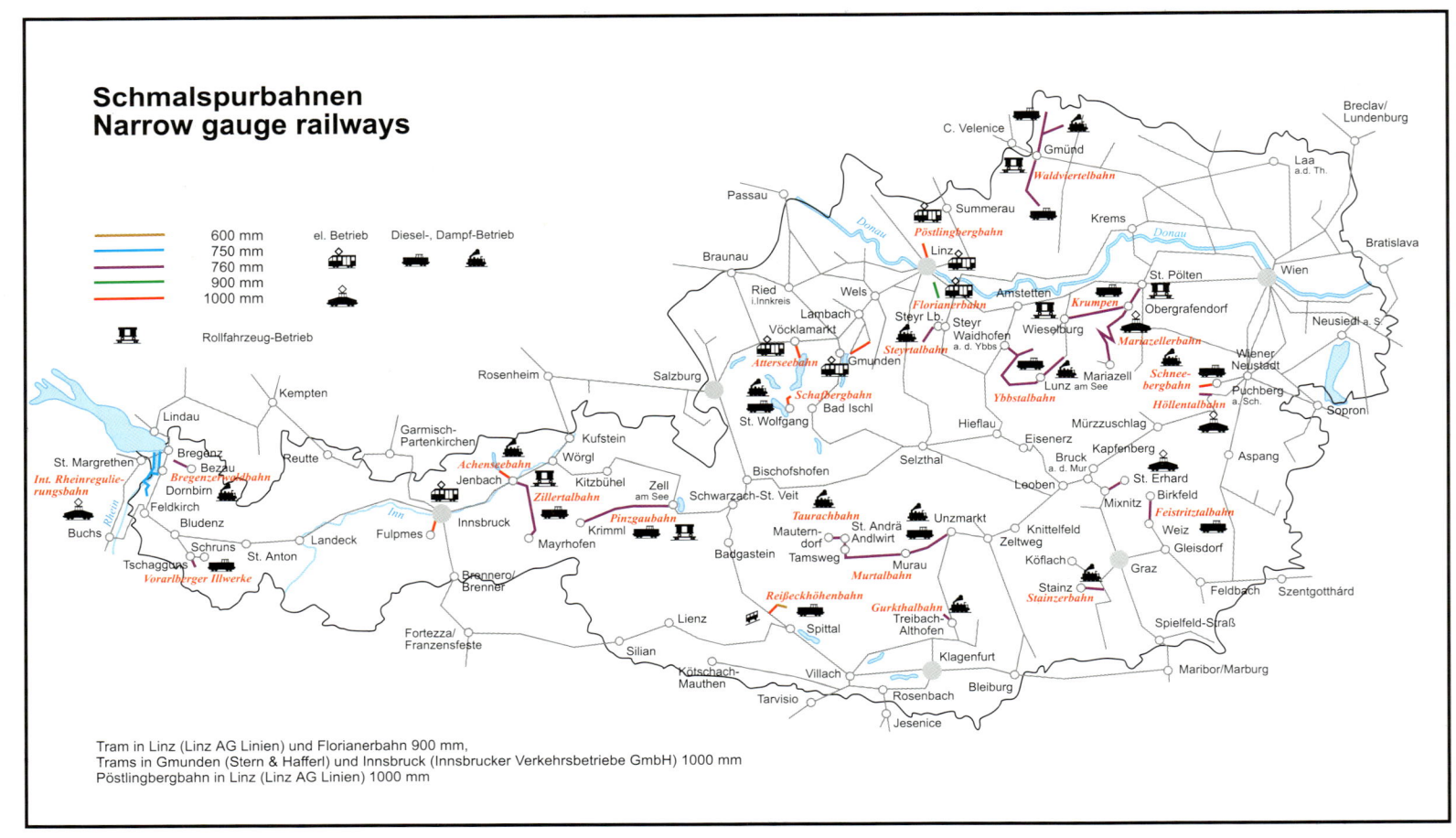

- 600 mm
- 750 mm
- 760 mm
- 900 mm
- 1000 mm

el. Betrieb Diesel-, Dampf-Betrieb

Rollfahrzeug-Betrieb

Tram in Linz (Linz AG Linien) und Florianerbahn 900 mm,
Trams in Gmunden (Stern & Hafferl) und Innsbruck (Innsbrucker Verkehrsbetriebe GmbH) 1000 mm
Pöstlingbergbahn in Linz (Linz AG Linien) 1000 mm